会计信息化实用教程

(用友 T3 会计信息化专版)

汪 刚　王新玲　主编

清华大学出版社

北　京

内 容 简 介

本书在充分调研了中小企业信息化需求的基础上,从企业会计信息化建设的实际出发,结合用友 T3 会计信息化软件中所提供的管理功能,介绍了软件能够帮助企业做什么,以及如何做才能更好地助力企业信息化建设等内容。

本书共分 10 章。第 1 章总括地介绍了会计信息化的相关概念,简明地对企业会计信息化的建设过程及其中的关键问题做了阐述;第 2 章~第 9 章以用友 T3 会计信息化软件为蓝本,结合企业应用,介绍了系统管理、基础设置、总账管理、报表管理、工资管理、固定资产管理、财务分析及购销存系统集成应用;第 10 章遴选了部分会计信息化应用的企业案例,从企业的角度讲述了信息化如何帮助他们成功。

为了便于读者学习,本书配有一张光盘,内容包括用友 T3 会计信息化教学专版、实验账套、多媒体教学课件等辅助学习资料。

本书作为用友会计信息化认证的推荐教材,既适合作为各类高校会计、信息管理、企业管理、物流、电子商务等相关专业的教材,也适合广大企业用户参考学习。

本书封面贴有清华大学出版社防伪标签,无标签者不得销售。

版权所有,侵权必究。侵权举报电话:010-62782989　13701121933

图书在版编目(CIP)数据

会计信息化实用教程(用友 T3 会计信息化专版)/汪刚,王新玲　主编. —北京:清华大学出版社,2009.10(2020.1重印)

ISBN 978-7-302-21122-8

I. 会…　Ⅱ. ①汪…②王…　Ⅲ. ①会计—管理信息系统—教材②会计—应用软件—教材　Ⅳ. F232

中国版本图书馆 CIP 数据核字(2009)第 173643 号

责任编辑:刘金喜
封面设计:久久度文化
版式设计:孔祥峰
责任校对:胡雁翎
责任印制:宋　林

出版发行:清华大学出版社
　　　　　网　　　址:http://www.tup.com.cn,http://www.wqbook.com
　　　　　地　　　址:北京清华大学学研大厦 A 座　　　　邮　　编:100084
　　　　　社 总 机:010-62770175　　　　　　　　　　邮　　购:010-62786544
　　　　　投稿与读者服务:010-62776969,c-service@tup.tsinghua.edu.cn
　　　　　质 量 反 馈:010-62772015,zhiliang@tup.tsinghua.edu.cn
印 装 者:三河市铭诚印务有限公司
经　　销:全国新华书店
开　　本:185mm×260mm　　　　印　张:16.5　　　　字　数:371 千字
　　　　　附光盘 1 张
版　　次:2009 年 10 月第 1 版　　　　　　　　印　次:2020 年 1 月第 19 次印刷
定　　价:58.00 元

产品编号:035070-04

前　言

信息化是当今世界发展的必然趋势，是推动我国现代化建设和经济社会变革的技术手段和基础性工程。《2006—2020 年国家信息化发展战略》明确指出，国家信息化发展的战略重点包括推进国民经济和社会信息化、加强信息资源开发利用、推行电子政务、完善综合信息基础设施、提高国民经济信息应用能力等。全面推进会计信息化工作，是贯彻落实国家信息化发展战略的重要举措，对于全面提升我国会计工作水平具有十分重要的意义。

从早期的会计电算化到今天的会计信息化，得益于一批有识之士的不懈努力，其中便有一支致力于推进信息化教育的庞大队伍。他们及时、适时地把最新的管理理念、管理软件与教育教学过程相结合，以培养企业需要的实用型人才为目标，以教材、多媒体学习资料等为载体，传播着一种文化、一种信息化的思维方式。我们有幸作为其中的一员，在自己所擅长的领域常耕不怠、矢志创新，这从本教材及课件体系架构上可见一斑。

1．结构清晰，内容完整

本书从企业会计信息化建设的实际出发，结合国内先进的用友 T3 管理软件所提供的管理功能，简明地介绍了各个模块的主要功能、与其他模块之间的相互关系及应用流程。读者从中可以体验到管理软件能够帮助企业做什么，以及如何做才能更好地助力企业会计信息化建设。

本书共分 10 章。第 1 章首先对企业会计信息化的概念及过程进行了概述性描述；第 2 章～第 9 章以用友 T3 会计信息化软件为蓝本，介绍了财务业务一体化管理软件的基本功能、应用流程及工作原理；第 10 章侧重于企业信息化实践与应用。全书结构清晰，内容完整。

2．注重实效，配套齐全

本书在每一章的开始都明确列示了本章学习目标，用以提示本章要了解和掌握的内容；每一章的末尾都配有复习思考题、管理软件实战练习（实验），用以检验是否能学以致用，达到理论与实践相结合的目的。

本书的配套光盘中包含了用友 T3 会计信息化专用教学软件、实验准备账套、多媒体教学课件等辅助内容。用友 T3 会计信息化专用教学软件为学习者提供了实战练习平台；实验准备账套为学习者分步学习、循序渐进提供了方便；多媒体教学课件更是名师相伴——它们都可以从不同角度帮助学习者快速入门、融会贯通。

3．关注企业，服务企业

与其他教材不同，本书的第 10 章从用友 T3 管理软件大批的成功用户中筛选了典型用户，从企业用户的角度讲述他们的成功故事，这种效果是传统的说教所不能表述的，给读者的体验也是全新的。通过阅读本书，相信读者对企业会计信息化会有新的理解和感受。

对正准备实施信息化的企业用户来说，企业会计信息化的建设过程、管理软件如何助力企业管理、同行的成功经验，都是被普遍关注并亟待了解的。在这些方面，本书的内容一应俱全。对从事高等院校和职业院校教学的老师来说，为学生讲授最新的会计信息化系统及企业应用案例，让学生学有所用，是每位老师的心愿。本书内容全部以我们身边最新的实际应用案例为蓝本，教学环节设置合理，大大提高了课程知识的实用性并减少了教师的烦琐工作。

本书由汪刚、王新玲主编，曾志勇、庞立军、陈江北策划。参与编写的人员还有陈利霞、房琳琳、吕志明、彭飞、石焱、宋郁、陈江北、王晨、王贺雯、王腾、吴彦文、张冰冰、张恒嘉、张霞等。在本书的创作团队中，不仅有教育教学一线的教师，还有用友 T3 的产品专家和应用专家，他们是陈江北、王新玲、汪刚、刘玲、李晓华、李小雪、林泽东、姜国强、王庆芝、张开秀、喻涛、刘猛、李晓东、孙熠、杨宇春、蔡宏斌、杨莲、赵政。在课件制作过程中得到了中国软件行业协会副秘书长许建钢先生、清华大学工商管理案例库前主任张文女士、南京欣荣保健品有限公司的张新华女士、粤兴纸品有限公司的谢总、康鑫家电总经理助理黄占圳先生、济宁世通化纤纺织有限公司财务部部长郭德良先生、北京工商大学付得一教授，以及用友软件股份有限公司的孙国平、宋永忠、郭敬一、黄菁、孟凡成、江建华、庞立军、夏兵、江凌云、于忠弘、李永胜、王文良、谭兆成、李民、梁灵芝等在会计信息化实践领域奋斗的一线专家的指导和大力支持，在此，我们深表感谢。

"助您成功！"是我们大家的共同心愿。在本书的使用过程中，如果您发现问题或有更好的改进思路，可直接登录 http://tong.ufida.com.cn 论坛中会计信息化教学专区进行交流。为便于教学，本书附有相配套的考试系统和相关的教学课件等学习工具，期待您的参与和支持。

作　者

2009 年 7 月

目　　录

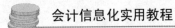

会计信息化实用教程

第1章

会计信息化概论

本章学习目标

通过本章内容的学习，你将能够：

1. 解释会计信息化的含义。

2. 理解会计信息化与会计电算化的关系。

3. 明确企业会计信息系统的建设过程。

4. 描述用友 T3 管理软件各模块间的数据关系。

5. 了解用友 T3 管理软件的安装过程。

1.1 会计信息化概述

21 世纪是一个充满竞争和创新的世纪，科学技术特别是计算机技术、网络技术和通信技术的飞速发展，世界经济环境的变迁以及中国加入 WTO，使我国企业直接面对全球市场和信息化社会的巨大挑战。在世界级的竞争对手面前，如何将现代信息技术与企业的管理实践相结合，寻求高效的管理模式以提升企业的竞争能力，是摆在我们面前的一项长期而艰巨的任务。

1.1.1 会计信息化的概念

现代信息技术在发展过程中，与社会诸领域及其各个层面动态地相互作用，形成信息化过程。会计信息化是现代信息技术与会计的融合。具体地说， 会计信息化是全面运用以计算机、网络和通信为主的信息技术，对伴随企业经营过程发生的原始数据进行获取、加工、传输、存储、分析等处理,为企业经营管理、控制与决策提供及时、准确的信息。会计信息化是企业管理信息化的一部分。

1.1.2 会计信息化的特点

会计信息化应用现代信息技术对传统手工会计体系进行变革，其目的是建立以信息技术为技术特征的新的信息会计体系。会计信息化具有以下特点。

1. 全面性

会计信息化要求对会计进行全方位的变革。它涉及会计的基本理论与方法、会计实务工作、会计教育以及政府对会计的管理等所有会计领域，是对传统会计的系统、全面的发展。

2. 渐进性

会计信息化的目标是建立一个打破传统会计模式、全面使用现代信息技术、处理高度自动化、会计信息资源高度共享的开放的新系统。这个过程是一个分步骤、分阶段的渐进发展过程。

3. 动态性

现代信息技术日新月异，它决定了会计与信息技术的融合也是一个不断发展、不断变化的动态过程。信息技术的发展无法预见，会计信息化下的会计信息系统的建立也是无法想象的。因此，会计信息化必然是一个长期动态的发展过程。

4. 兼容性和多元性

由于我国各地区、各行业信息化水平严重不平衡，因此在相当长的一段时期内，传统会计组织方式与信息化管理组织方式必将并存，但从社会发展的要求来看，会计信息化是必然趋势。

1.1.3　会计信息化是会计电算化的高级阶段

提到会计电算化，大家一定不会陌生。会计电算化是计算机应用于会计工作的简称，那么，它和会计信息化是一种什么样的关系呢？

会计电算化是会计信息化的初级阶段。会计电算化表现为对手工会计的模拟，主要是利用计算机代替手工完成记账、算账、报账的会计事务处理工作，对应于原财务会计的知识范畴，其主要目的是使会计人员摆脱繁杂的账务处理工作，提高工作效率。随着社会信息化的发展，加强管理成为提升企业竞争力的重要手段。因此，对会计信息系统所提供的信息也提出了更高的要求，不仅需要拓展提供信息的范畴，而且要注重对数据的分析和深度挖掘。会计信息化是根据会计目标，按信息管理原理与信息技术重整会计流程，它改变了会计处理的程序和方法，实现了对会计业务的信息化管理，能够充分发挥会计在企业管理和决策中的核心作用。因此，会计电算化是会计信息化的基础阶段，会计信息化是会计电算化顺应信息化发展、对传统会计进行变革的必然结果。

从系统层次看，会计信息化是企业业务处理及管理系统的组成部分，不仅包括事务处理层，还包括信息管理层、决策支持层。而会计电算化系统只定位在财务部门的内部事务管理，属于事务处理层。

会计电算化一直未能解决好两个问题：一是"无缝连接"问题，很多业务如生产、采购、库存、销售管理等与会计信息系统没有很好地连接；二是"信息孤岛"问题，企业与企业外部的信息交流处于阻塞状态。传统会计的组织工作及会计信息系统的操作和运用主要由财务部门把握。财务部门的工作非常专业化，与其他组织没有紧密的联系，财务部门管理信息系统与企业管理信息系统缺乏交流。这种状况不能适应现代管理一体化、集成化的要求，不利于提高企业整体竞争优势。信息技术的迅猛发展使企业期望信息技术更智能化，并为企业带来实实在在的经济效益。因此，我们提倡把会计信息系统的构建置于企业管理和社会信息化的大背景下，建立会计与企业和社会的有机联系。信息化的会计系统是与其他管理系统和外部系统的有效联合，是一种更开放、更智能化、能随时感知信息变化、实时处理、便于进行交互式活动的信息系统。

1.1.4　会计信息化是国家信息化的重要组成部分

信息化是当今世界发展的必然趋势，是推动我国现代化建设和经济社会变革的技术手段和基础性工程。《2006—2020年国家信息化发展战略》明确指出，国家信息化发展的战略重点包括：推进国民经济和社会信息化、加强信息资源开发利用、推行电子政务、完善综合信息基础设施、提高国民经济信息应用能力等。全面推进会计信息化工作，是贯彻落实国家信息化发展战略的重要举措，对于全面提升我国会计工作水平具有十分重要的意义。

会计工作是经济社会发展的基础，直接关系到企事业单位会计信息质量和内部管理，国家宏观决策、社会管理和市场监管，以及市场经济秩序和社会公众利益等各个方面。随着社会主义市场经济不断完善和经济全球化，现代信息技术和网络技术的日益普及，会计工作应当按照国家信息化发展战略的要求，全面推进信息化建设。会计工作与信息化建设密切相关、相辅相成、相互促进。通过全面推进会计信息化建设，能够进一步提升会计工作水平，促进经济社会健康发展。

我国会计改革已经取得了显著成效和长足进展。企业会计准则实现了国际趋同并得到有效实施，企业内部控制规范体系建设基本完成，会计人员市场准入制度及会计人才评价体系业已建立，注册会计师行业管理全面加强，以委托代理记账为主要形式的农村会计服务已经启动，会计理论研究与会计教育水平逐步提升，会计参与企事业单位和社会管理的作用不断加强。在新的形势下，全方位的会计改革与发展要求推进会计信息化建设，会计信息化建设本身也属于会计改革的重要内容，应当顺时应势、抓住机遇，全面推进会计信息化工程，为我国经济社会全面协调可持续发展作出应有的贡献。

全面推进我国会计信息化工作的目标是：力争通过5～10年左右的努力，建立健全会计信息化法规体系和会计信息化标准体系[包括可扩展商业报告语言(XBRL)分类标准]，全力打造会计信息化人才队伍，基本实现大型企事业单位会计信息化与经营管理信息化融合，进一步提升企事业单位的管理水平和风险防范能力，做到数出一门、资源共享，便于不同信息使用者获取、分析和利用，进行投资和相关决策；基本实现大型会计师事务所采用信息化手段对客户的财务报告和内部控制进行审计，进一步提升社会审计质量和效率；基本实现政府会计管理和会计监督的信息化，进一步提升会计管理水平和监管效能。通过全面推进会计信息化工作，使我国的会计信息化达到或接近世界先进水平。

根据以上目标，全面推进我国会计信息化工作的主要任务是：

(1) 推进企事业单位会计信息化建设。一是会计基础工作信息化，会计基础工作涉及企事业单位管理全过程，只有基础工作信息化，才能为企事业单位全面信息化奠定扎实的基础；二是会计准则制度有效实施信息化，通过将相关会计准则制度与信息系统实现有机结合，自动生成财务报告，进一步贯彻执行相关会计准则制度，确保会计信息等相关资料更加真实、完整；三是内部控制流程信息化，根据企事业单位内部控制规范制度要求，将内部控制流程、关键控制点等固化在信息系统中，促进各单位内部控制规范制度的设计与运行更加有效，形成自我评价报告；四是财务报告与内部控制评价报告标准化，各企事业单位在贯彻实施会计准则制度、内部控制规范制度并与全面信息化相结合的过程中，应当考虑 XBRL 分类标准等要求，以此为基础生成标准化财务报告和内部控制评价报告，满足不同信息使用者的需要。

(2) 推进会计师事务所审计信息化建设。一是财务报告审计和内部控制审计信息化，加强计算机审计系统的研发与完善，实现审计程序和方法等与信息系统的结合，全面提升注册会计师执业质量和审计水平；二是会计师事务所内部管理信息化，通过信息化手段实现会计师事务所内部管理的科学化、精细化，促进注册会计师行业做强做大，全面提升会计师事务所的内部管理水平和执业能力。

(3) 推进会计管理和会计监督信息化建设。一是建立会计人员管理系统，创新会计人员后续教育网络平台，实现对全社会会计人员的动态管理；二是在全国范围内逐步推广无纸化考试，提高会计从业资格管理工作效率和水平；三是推进信息系统在会计专业技术资格考试工作中的应用，完善会计人员专业技术资格考试制度，切实防范考试过程中的舞弊行为；四是完善注册会计师行业管理系统，建立行业数据库，对注册会计师注册、人员转所、事务所审批、业务报备等实行网络化管理；五是推动会计监管手段、技术和方法的创新，充分利用信息技术提高工作效率，不断提升会计管理和会计监督水平。

(4) 推进会计教育与会计理论研究信息化建设。一是建立会计专业教育系统，实时反映和评价会计专业学历教育情况，掌握会计专业学生的培养状况以及社会对会计专业学生的需求，改进教学方法和教学内容，促进会计专业毕业生最大限度地满足社会需求；二是建立会计理论研究信息平台，及时发布和宣传会计研究最新动态，定期统计、推介和评估有价值的会计理论研究成果，促进科研成果转化为生产力，以指导和规范会计理论研究，为会计改革与实践服务。

(5) 推进会计信息化人才建设。一是完善会计审计和相关人员能力框架，在知识结构、能力培养中重视信息技术方面的内容与技能，提高利用信息技术从事会计审计和有关监管工作的能力；二是加强会计审计信息化人才的培养，着力打造熟悉会计审计准则制度、内部控制规范制度和会计信息化三位一体的复合型人才队伍。

(6) 推进统一的会计相关信息平台建设。为了实现数出一门、资源共享的目标，应当构建以企事业单位标准化会计相关信息为基础，便于投资者、社会公众、监管部门及中介机构等有关方面高效分析利用的统一会计相关信息平台。该平台应当涵盖数据收集、传输、验证、存储、查询、分析等模块，具备会计等相关信息查询、分析、检查与评价等多种功能，为会计监管等有关方面预留接口，提供数据支持。在建立统一的会计相关信息平台过程中，应当关注信息安全。

1.1.5 XBRL 简介

可扩展商业报告语言(eXtensible Business Reporting Language, XBRL)是一种基于 XML 的标记语言, 用于商业和财务信息的定义和交换。XBRL 标准的制定和管理由 XBRL 国际联合会(XBRL International)负责。1999 年 8 月, 美国注册会计师协会与五大会计师事务所(普华永道、德勤、毕马威、安永和安达信)、Edgar 在线、微软公司等 12 个组织, 组建了最初的 XBRL 执行委员会。为了更好地推进 XBRL 的应用, XBRL 执行委员会决定成立 XBRL 国际组织。XBRL 国际组织由 XBRL 执行委员会、标准委员会和 9 个工作组组成。该组织为非营利性的组织, 其使命是带领全世界对 XBRL 感兴趣的企业、机构和个人, 为推广、应用、发展 XBRL 而努力。XBRL 国际组织的会员目前已有 550 多家, 会员所属行业涵盖了全球信息供应链, 从政府监管机构、会计师事务所、软件公司、信息发布商, 到银行、证券、保险、税务等, 其成员包括注册会计师协会、银行、交易所、IT 厂商、信息商等, 如德意志银行、联邦储蓄保险公司、富士、日立、通用电气、IBM、微软、摩根斯坦利、PeopleSoft、普华永道、路透社、SAP 和其他公司。这使得 XBRL 逐渐在全球经济发展上起到越来越重要的作用。

XBRL 国际组织每年举办两三次国际会议, 从 2001 年 2 月第一次会议以来, 至 2008 年 4 月先后在英国、美国、德国、加拿大、日本、荷兰、新西兰等地举办了 17 次国际会议。XBRL 国际组织的平时运营由 XBRL 国际执行委员会负责, XBRL 国际组织会员定期举行国际会议来执行委员会的工作。国际组织目前有 17 个正式地区组织和 7 个临时地区组织。(截至 2008 年 10 月)

XBRL 主要是指提供企业决策者的经营管理信息。XBRL 最初称为 XFRL(XML based Financial Report Markup Language), 即基于 XML 的会计报表标记语言, 主要是设想为投资人士、交易方提供财务信息披露用的, 但是, 后来发现, 该语言更可以用于企业内部等更多情况, 所以改称为"商业报告语言"。

XBRL 的作用很广泛, 企业的各种信息, 特别是财务信息, 都可以通过 XBRL 在计算机互联网上有效地进行处理。信息发布者一旦输入了信息, 就无须再次输入, 通过 XBRL 就可以很方便地转换成书面文字、PDF 文件、HTML 页面, 或者其他相应的文件格式。而且, 通过 XBRL 获取到的信息, 也无须打印或再次输入, 就可以方便快捷地运用于各种财务分析等领域。

中国已于 2008 年 11 月 12 日成立了 XBRL 中国地区组织。当然以国内目前的现状来说, XBRL 的应用还处于起步阶段, 还有很多问题。

1.2　会计信息系统建设

　　会计信息系统建设是指企业建立会计信息系统的全过程。无论企业规模大小，结构及业务复杂程度如何，建立会计信息系统的工作程序都大致相同，如图 1-1 所示。本节就站在企业的角度针对会计信息系统建设过程中各关键环节的工作内容加以展开，对每个环节应该注意的问题加以阐释，以有效指导企业会计信息系统的建设工作。

图 1-1　建设会计信息系统的工作程序

1.2.1　会计信息系统建设的总体规划

　　提到会计信息系统建设，很多人认为就是"购置硬件+配置软件"。事实上，硬件和软件的投资仅仅是系统建设和投资的一部分，而设计解决方案、形成信息处理规范、培训业务和管理人员、准备初始数据、完善现行的管理制度等都是构成会计信息系统建设的重要环节。企业会计信息系统的建设是一项复杂的系统工程，涉及企业各个方面，诸多业务环节，任何一个环节都会影响到系统建设的成败。因此，企业在建设会计信息系统之前，应制定会计信息系统的发展战略并进行系统的总体规划。

1. 制定总体规划的意义

　　企业会计信息系统总体规划，是对会计信息系统所要达到的目标以及如何有效地、分步骤地实现这个目标所做的规划，它是企业会计信息系统建设的指南，是开展各项具体工作的依据，决定了系统建设的成败。因此，会计信息系统建设规划应得到企业各级领导和有关职能部门的高度重视。

2. 制定总体规划的原则

　　会计信息系统总体规划要服从于企业整体战略规划的要求，在制定规划时要注意：

　　(1) 整体规划，分步实施

　　整体规划原则是解决会计信息建设中各个子系统间关系的基本原则。会计信息系统是企业管理信息系统的一个重要子系统，因此制定会计信息系统总体规划时，必须与企业发展的总目标和企业整体信息化建设的目标相一致，按照系统论的观点，综合考虑、统筹安排各项工作。会计信息系统由若干个相互关联的子系统构成，在建设过程中应保证各子系统之间协调一致，要有统一的规范，包括规范的数据、规范的编码、规范的程序设计、规范的文档等，充分实现信息的传递和资源的共享，保证各子系统之间有机地衔接。同时，由于会计信息系统又是整个企业管理系统中的一个子系统，因此还要考虑它同其他子系统之间的联系，设计统一的数据编码并做好接口设计，为建立全方位的管理信息系统做好基础工作。

会计信息系统是一个规模庞大、结构复杂的有机整体，它由若干个相互关联的子系统构成。企业应根据自身的具体情况，按照循序渐进、逐步提高的原则分阶段组织实施，对每一个阶段的任务、目标都要做出规定，以指导和协调各阶段的工作，使每一阶段的工作都成为通向总目标的阶梯。

(2) 把握自身需求，力图方便实用

会计信息系统建设的目标要符合企业的客观需要。每个企业的特点不同，对会计信息系统的要求也不同。有些企业是为了提高数据处理效率，以获得及时和准确的会计信息；而有些企业则把重点放在对数据的深加工上，使会计信息系统能为企业管理的预测和决策活动服务。因此，会计信息系统的设计应从实际出发，进行认真的调查分析，找出企业存在的关键问题，建立适合本单位的会计信息系统。这样，即使建成的系统功能不那么全、水平不特别高，但只要能解决企业一些迫切需要解决的实际问题，产生直接的效益，就是一个成功的系统。

3. 单位信息系统建设总体规划的内容

制定企业会计信息系统总体规划应立足本单位实际，具体包括以下几项内容：

(1) 会计信息系统建设的目标

会计信息系统建设的目标应指明企业几年内要建设一个什么样的会计信息系统，它明确了系统的规模和业务处理范围。

制定目标的基本依据是本企业发展的总目标。这是因为会计信息系统的建设不仅是解决会计的核算手段问题，更重要的是提高会计信息处理的准确性和实时性，真正做到会计的事前、事中、事后的有效控制，提高会计的辅助管理和辅助决策能力，为全面提升企业的管理水平服务。

(2) 会计信息系统建设的工作步骤

会计信息系统建设的工作步骤是按照会计信息系统建设目标的要求和企业实际情况对会计信息系统建设过程的任务进行分解，主要规定系统的建设分哪几步进行，每一步的阶段目标和任务，各阶段资源配置情况等。

(3) 会计信息系统建设的组织机构

规划中应明确规定会计信息系统建设过程中的管理体制及组织机构，以利于统一领导、专人负责，高效率地完成系统建设的任务。

会计信息系统建设过程不仅会改变企业会计工作的操作方式，还会引起会计业务处理流程、岗位设置甚至企业整个管理模式的一系列重大变革。因此，组织机构在系统建设过程中，还要投入大量的时间、组织专门的人员根据本企业的具体情况建设适应新系统的工作流程、管理制度、组织形式以及绩效考核标准等。

(4) 资金预算

会计信息系统建设需要投入资金，因此要对资金统筹安排，合理使用。会计信息系统建设过程中的资金耗费主要是由系统硬件配置、购置会计软件、人员培训费、咨询费和后期的运行维护费用等构成。

1.2.2 会计软件选型

会计软件是会计信息系统的核心，是会计信息化的主要手段和工具。会计软件是否符合国家统一会计制度的规定并充分考虑用户的使用习惯，是保证会计核算质量和会计工作正常进行的重要前提。

1. 会计软件的概念

会计软件是指专门用于完成会计工作的计算机软件，包括采用各种计算机语言编制的一系列指挥计算机完成会计工作的程序代码和有关的技术资料及文档。

2. 会计软件的分类

会计软件可分为多种不同类型：按适用范围划分，可分为通用会计软件和定点开发会计软件；按提供信息的层次划分，可分为核算型会计软件和管理型会计软件，即财务业务一体化管理软件；按软件开发地域划分，可分为国内会计软件和国外会计软件。下面将按分类顺序分别介绍几种会计软件的特点。

(1) 通用会计软件和定点开发会计软件

通用会计软件是指在一定范围内适用的会计软件。通用会计软件又分为全通用会计软件和行业通用会计软件。通用会计软件的特点是内置了多个系统参数和多种会计核算方法，由用户自行选择设定符合企业管理特点的会计核算规则。但软件越通用，企业初始化的工作量就越大，而且不容易兼顾不同用户会计核算的个性细节。为此，人们开发了一些面向行业的通用软件，如面向行政单位、面向商品流通行业、面向制造业等。目前市场上的商品化软件一般为通用会计软件。

定点开发会计软件也称为专用会计软件，是指仅适用于个别单位会计业务处理的会计软件，通常由企业针对自身的会计核算和管理特点自行开发或委托他人开发研制。定点开发会计软件的特点是立足本单位会计核算和企业管理特点，将会计核算规则与管理方法直接固化在程序中。其优点是比较符合使用单位的具体情况，最大程度地减小初始化工作量，使用方便；其缺点是自行开发成本高、灵活性较差，例如会计核算方法一经变动就要修改程序。

因此，商品化通用会计软件成为企业信息化的首选。

(2) 核算型会计软件和财务业务一体化管理软件

核算型会计软件是指专门用于完成会计核算工作的计算机应用软件，主要完成会计核算的电算化。它面向事后核算，采用一系列专门的会计方法，实现会计数据处理的电子化，提供会计核算信息，完成会计电算化基础工作。软件主要模块包括总账、工资、固定资产、报表处理等财务部分，模块之间数据独立，适合小型企业会计核算使用。

从 20 世纪 90 年代中期开始，财务业务一体化管理软件的开发和实施成为会计电算化发展的热点。财务业务一体化管理软件不仅限于解决企业的会计核算问题，而是要对企业的资金流、物流和信息流进行一体化、集成化管理。从软件结构上看，企业管理信息系统各模块既能独立运行，又能集成运行；从软件功能上来看，不仅包括账务处理、工资管理、固定资产管理、应收/应付款管理，还包括采购管理、销售管理、库存管理等业务活动的管理。

3. 会计软件的选型

近年来，我国会计软件市场已初具规模，面对为数众多的商品化会计软件，企业怎样选择呢？以下原则可供借鉴和参考。

(1) 软件功能是否满足本单位业务处理的要求

明确企业业务处理要求并了解软件功能能否满足这些要求，是企业选择会计软件时首先需要考虑的问题。

用户首先应明确本企业所属行业，因为不同的软件可能适应不同的行业。目前市场上销售的会计软件，功能上大同小异，在细微处却略有不同，而企业对功能的需求也主要体现在细节上。这就要求企业在选购软件时，先要了解软件在功能细节上能否满足自己的特殊要求，特别是有些软件从表面上看或宣传上具有的某项功能实际上根本不是企业真正需要的，也就是说软件在功能实现的准确性方面不一定能全部到位。然后，还要完整地了解软件的功能。企业可能需要分阶段建立会计信息系统，例如，先实现总账、报表、工资、固定资产的计算机管理，再考虑使用购销存业务处理，最后解决成本核算问题。在这种情况下，企业购买某一软件时，应考虑软件是否具有上述所有功能。

(2) 考察软件的灵活性、开放性与可扩展性

会计信息系统的建设实际上是在现代管理理论的指导下，用现代信息技术加强、改造、完善或建立全新的信息管理系统。因此，在软件系统运行后，还必须考虑由于信息技术的飞速发展所引起的商业活动方式的变化对企业经营管理方式提出的新要求。例如，随着企业的机构变革和业务流程重组，以及随着经营活动范围的扩大和方式的多样化，产生了许

多新的市场机会，企业抓住这些机会的必要条件之一就是要进一步调整、增强和完善信息管理系统的功能。这就要求软件系统的设置具有一定的灵活性，以便调整软件操作规程和适应新的业务处理流程的变化。同时，软件在与其他信息系统进行数据交换以及进行二次开发方面的功能，对于适应企业不断变化中的管理工作也是非常重要的。

(3) 根据企业业务量和规模选择会计软件的网络体系结构

企业当月凭证量以及业务票据的多少，对于选择特定结构体系的网络会计软件是非常重要的。对单一企业而言，如果企业规模比较大，业务量和凭证量也比较大，则应考虑选择基于大型数据库开发的软件和客户/服务器(C/S)结构体系的网络版软件。对于跨地域经营的集团型企业，为了实现财务的集中化管理，在选择软件时还要考虑软件系统是否支持Internet 技术，可考虑选用基于广域网浏览器/服务器(B/S)结构体系的会计软件。一般地，基于小型数据库的会计软件只适用于规模小、业务量少的企业。

(4) 考察会计软件的运行稳定性和易用性

软件运行的稳定性是软件质量和技术水平的体现，如果软件在运行时经常死机或非法中断，势必会影响会计信息系统的运行效果和数据的安全性。一般而言，软件开发至少需要一年以上的时间才能形成产品；而在软件推向市场时，还需要一年时间的磨合，经过众多用户的实际运行测试才能趋向稳定；再需要半年至一年时间，才能趋向成熟。用户可以从软件开发与投放市场时间的长短初步判断软件的稳定性，再通过一些实际操作或试运行进一步确定其稳定性。

软件的易学易用对人员培训的工作量以及软件系统的应用效果是有直接影响的，也是企业在选购软件时应该考虑的。

(5) 选择稳定的开发商和服务商

软件开发商的技术实力和发展前景也是企业在选择会计软件时应该考虑的一个重要方面。如果软件开发商的技术实力有限或者根本没有稳定的开发队伍，则今后软件版本的升级和软件功能的改进都将存在问题，用户后续服务支持将无法保证。此外，某一软件的售后服务体系是否健全、服务水平高低以及服务态度如何将影响到软件能否顺利投入使用，今后软件在运行过程中出现问题能否得到及时解决也是至关重要的。需要特别注意的是，最好选用的软件在企业所在城市或地区设立售后服务部门，这是软件长期稳定运行的一个重要保障。

1.2.3　运行平台建设

会计信息系统运行平台是指会计信息系统赖以运行的软硬件环境。它包括两个方面的内容：一是计算机硬件环境；二是运行会计信息系统所需的软件环境，包括操作系统、数据库管理系统等。

1. 硬件平台

硬件是会计信息系统的实体设备,主要任务是按照指令完成数据的采集、存储、加工、传递和输出等。计算机硬件设备的不同组合方式构成了不同的硬件体系结构,不同的硬件体系结构决定了会计信息系统的工作方式。常见的体系结构包括单机结构、多用户结构和网络结构。

在以往的教材中,通常把运行平台的建设置于软件选型之前,从逻辑上似乎也更合理一些,但笔者认为选购软件是会计信息系统建设的重中之重,不同的软件对硬件和系统软件的要求是不同的,企业应该根据所购软件情况决定硬件配置。如果反其道而行之,在选择软件之前就已经建好了计算机网络、安装了计算机与服务器操作系统以及数据库管理系统,则在选择会计软件时就要考虑如何保护和充分利用已有投资、现有资源,这样势必会束缚手脚,以损失软件功能及适用性为代价。

2. 软件平台

会计信息系统运行所需的软件平台主要包括操作系统及数据库管理系统等。

随着分布式网络计算技术的发展,计算机网络服务器一般可分为数据库服务器、Web服务器、应用服务器、通信服务器等。网络版会计软件的应用,应根据网络会计软件的体系结构(如二层、三层或多层 C/S 结构、B/S 结构等)购置网络服务器和选择网络操作系统。

数据库系统主要分为服务器数据库系统和桌面数据库系统。服务器数据库主要适合于大型企业的使用,代表系统主要有 Oracle 和 SQL Server 等。服务器数据库系统处理的数据量大,数据容错性和一致性控制较好;但服务器数据库系统的操作与数据维护难度比较大,对用户水平要求高,而且投资大。桌面数据库主要适用于数据处理量不大的中小企业,主要产品有 Access、FoxPro、Paradox 等,桌面数据库系统处理的数据量要小一些,在数据安全性与一致性控制方面的性能也要差一些,但易于操作使用和进行数据管理,投资较小。

1.2.4 解决方案设计

从表象上看,从手工系统过渡到计算机信息系统是平台上的跨越,是操作方式的转变。事实远不止如此。企业购进的是通用软件,而每个企业所属行业各异,管理方式各不相同,与软件提供的管理模式和基于计算机平台的业务处理流程必然存在差异。解决方案设计就是考虑将软件提供的功能与企业管理实际相结合,优化业务流程,最大限度地发挥信息系统的优势。

1.2.5　人才建设

会计信息系统是一个人-机系统，其中人的因素是起主导作用的基本因素。对于企业来说，按照工作性质不同，会计信息系统的人员一般可分为三类。

1. 会计信息系统的操作人员

会计信息系统的操作人员主要负责系统日常运行中的经常性工作，包括数据的录入、会计账表及其他数据的打印输出。这也是需求量最大的一类人员。

2. 会计信息系统的维护人员

会计信息系统的维护人员负责系统日常使用中的硬件和应用软件的维护工作。硬件维护主要负责机房、网络系统、计算机硬件等设备的维护与管理。软件维护主要负责应用程序故障的排除，根据业务处理的需要对应用程序中的项目进行增加、修改、删除等维护工作，对数据进行备份，并能解决操作系统升级和软件本身升级带来的问题，对系统的正常运行负责。

会计信息系统的维护人员也就是通常所说的系统管理员，按照企业维护工作量的大小可分别设硬件维护人员和软件维护人员，如果业务量小，也可由一人担任。

3. 会计信息系统的管理人员

会计信息系统的管理人员主要负责会计信息系统总体规划以及系统运行过程中的管理工作。

1.2.6　基础工作规范

规范的基本含义是制定统一的规则并严格遵守规则。鉴于会计在经济管理过程中的重要地位，对会计工作始终存在着规范化的要求，并制定了相应的规范体系。由于各企业的管理水平、会计人员的素质差别和手工处理的局限性，各企业在不同程度上存在基础工作不规范的问题。计算机引入会计工作，改变了原有的数据处理方法和处理流程，需要建立与之相适应的规范。

1. 会计基础工作规范化要依据国家法律、法令的规定

《中华人民共和国会计法》(以下简称《会计法》)作为会计工作的根本法，是所有企业必须严格遵守的第一层次的会计规范。《会计法》科学地概括了会计工作的职能和基本任务，要求一切发生会计事务的企业都必须依法进行会计核算、会计监督，这有利于保证各企业的会计工作在统一的法律规范下进行，加强会计基础工作，建立健全企业内部的管理

制度，解决当前会计工作中普遍存在的会计监督乏力，会计信息失真的问题。

《企业会计准则》和据此制定的行业制度，是会计工作应遵守的第二层次规范。社会主义市场经济的建立与发展，客观上要求会计信息系统必须为多层次的信息使用者服务。这些使用者包括国家及政府各部门、企业所有者和债权人、企业的经营管理者和与企业有经济往来的其他部门。企业的会计核算方法和会计信息牵扯到与企业有关的各集团或个人的经济利益，为了使社会各有关利益集团能够取得其决策所需要的会计信息，必须对企业的会计工作进行约束，以便保证企业提供的会计信息符合社会的标准。由于经济活动的复杂性，存在着大量的不确定因素和主观任意因素，使得企业提供的会计信息的真实性和精确性受到了限制，因此需要制定一系列的指导会计工作的制度规范，使这种真实性和精确性尽量得到保证。《企业会计准则》和行业制度对会计核算的一般原则和会计基本业务及特殊行业的会计核算作出了具体规定，因此是指导我国会计工作的规范。

2. 会计基础工作规范化要满足企业管理的需要

企业处于市场经济的大潮中，随时面对着残酷的市场竞争。在这决定企业兴衰成败的关键时刻，迫切需要一个信息面广、真实准确、敏锐迅捷的信息系统，会计在这个信息系统中占据着核心的地位。会计工作不仅要完成基本的核算工作，而且要为加强经济管理、提高经济效益服务。会计信息系统的建设为实现这一职能创造了良好的条件。为了满足管理的需要，在规范会计的基础工作时，不能仅仅是把原有的手工会计工作固化在先进的平台上，而应在准则和制度规定的各种核算方法中，选择最科学、最准确、最能为管理服务的核算方法。例如，发出存货的计量采用移动加权平均法比全月一次平均法更为准确，计提折旧时个别折旧法比综合折旧法更科学。通过优化核算方法，提高核算的精度、深度和广度，从而提供高质量的会计信息。

3. 会计基础工作规范化应适应计算机的工作特点

计算机数据处理有其自身的特点，这些特点对会计的基础工作提出了一定的规范化要求。

(1) 建立规范化的数据处理流程和相关的核算方法，以便于企业应用面向管理的会计软件。

(2) 通用的商品化软件，一般都有大量的初始设置要求。通过系统初始化，可以将一个通用软件改造为适合本企业特点的软件。因此，必须根据软件的要求对会计基础工作，包括科目体系、凭证类别、各种核算方法等一系列内容进行规范，以便高质量完成初始设置工作。

(3) 计算机环境中，最重视输入环节。输入环节中需要人工进行大量的数据录入，为了保证录入正确，还设置了严格的检验措施。为了方便录入，会计软件设有标准的输入格式，并允许用户存储大量的数据词典，如标准摘要、常用凭证等，以提高录入速度。因此必须严格按照规定的格式和要求输入数据，从而对基础工作提出了按所要求格式进行组织的规范要求。

会计基础工作规范化的内容包括会计数据的规范化、会计工作程序的规范化、会计输出信息的规范化和企业内部规章制度的规范化。

1.2.7 新旧系统转换

新旧系统转换是指原有系统(手工系统或原有计算机系统)向新系统的过渡。

1. 系统上线

系统上线是解决方案的实现过程，是在计算机系统中建立企业账套、设置各项基础档案数据、输入期初数据，正式使用新系统的过程。

2. 新旧系统并行

新旧系统并行是指新系统上线后，原有系统并不立即停止业务处理，而是与新系统同时进行会计业务的处理，并行时间一般为三个月。通过新旧系统的同时运行，可以检验两种方式下的处理结果是否一致，以验证新系统数据处理的可靠性，发现新系统存在的问题，并及时总结、分析，为新系统的正式运行积累经验。

1.2.8 管理持续改善

任何形式的管理软件，都只是企业管理提升的一种工具。系统上线只是第一步，要充分发挥信息系统的效益，还有大量的工作要做。

1. 周期性运行检查

在软件实施阶段，限于种种原因，项目组成员实施的模块及功能一般来说只是最基本的、必需的，但不一定是最好的解决方案。这些因素包括实施顾问对企业管理需求的理解程度、关键用户对软件所能实现功能的未知、项目实施的进度要求等，这都意味着软件功能与企业实际不可能实现完美融合。况且，变化是永恒的。随着企业的不断发展，随时都会出现新的管理需求和业务的变化，这都需要对软件系统的运行进行审查，并及时调试。

系统上线后，经过一段时间的使用，用户对软件所包含的功能有了一定的了解，业务流程逐渐顺畅，积累了一定的运行经验，各级管理人员对系统有了深层次的理解，或多或少地发现了一些问题，希望对已实现的功能进行修正或完善，或扩充系统实现的功能。

2. 建立完善的管理制度

管理工具的变化必然导致内部控制和管理制度的变革，新的工作规程和管理制度的建立是保证会计信息系统安全运行的必要条件。

(1) 操作管理制度

操作管理包括系统操作规程和操作权限的设置。严格操作管理的前提是明确岗位分工，将每项工作落实到人。企业管理信息系统建立后，单位应根据系统需要设立相应的业务岗位，严格划定每个人的操作权限、设置密码、制定相应的内部控制制度。每个人都应该按照操作规程运行系统，履行自己的职责，从而保证整体流程顺畅。

(2) 软、硬件管理制度

计算机硬件和软件的安全运行是会计电算化工作顺利开展的基本条件，因此应制定相应的管理制度，如机房管理制度，软件使用、维护及保管制度，修改会计软件的审批及监督制度等。

(3) 会计档案管理制度

计算机会计信息系统中，会计档案所包含的内容和管理方式都有其新的特点。会计档案主要以磁介质和纸介质两种形式存储。会计档案在产生和保管过程中存在许多不安全因素。例如，从硬件角度来说，计算机突然断电会引起数据混乱和丢失；从软件角度来说，计算机病毒的入侵轻则破坏数据，重则会引起整个系统瘫痪。另外，还有人本身的因素，如操作不当、蓄意破坏等。为了保证会计资料的完整，应建立严格的会计档案保管制度，例如每月将机内资料打印输出、定期备份会计数据、定期检查复制等。

1.3 用友 T3 简介

会计信息化是借助会计信息系统为载体实现的，会计信息系统的核心是应用软件，应用软件是支撑企业业务处理的实体。本教材选用了用友 T3 作为蓝本介绍会计信息系统的功能特性。

1.3.1 功能特点

用友 T3 是配合 2004 年 4 月财政部颁布的《小企业会计制度》推出的。它关注小企业会计信息管理现状和需求，针对成长型企业在发展过程中面临的各种问题，以"精细管理，卓越理财"为核心理念，以财务核算为主轴，业务管理为导向，提供财务业务一体化的解决方案，帮助企业实现业务运作的全程管理与信息共享，是切实帮助小企业应对市场变化，实现长期可持续发展，稳定、安全的管理系统。

1.3.2　功能结构

　　会计信息系统通常由若干个子系统(也称为功能模块)组成，每个子系统具有特定的功能，各个子系统之间又存在紧密的数据联系，它们相互作用、相互依存，形成一个整体。功能结构就是指系统由哪些子系统组成，每个子系统完成怎样的功能，以及各子系统之间的相互关系。

　　用友 T3 主要包括财务通信息系统和业务通信息系统两大组成部分。财务通信息系统包含总账管理、出纳管理、财务报表、票据管理、工资管理、固定资产管理和财务分析功能模块，业务通信息系统包含进销存管理(采购管理、销售管理、库存管理)和核算功能模块。

1. 子系统之间的数据传递关系

　　用友 T3 是财务业务一体化管理系统，包含众多功能模块，模块之间存在复杂的数据联系，如图 1-2 所示。

　　(1) 采购管理系统录入采购入库单，在库存管理系统对该入库单登记出入库台账，在核算系统核算采购成本。

　　(2) 销售管理系统开出销售出库单，在库存管理系统对该出库单登记出入库台账，在核算系统核算销售成本。

　　(3) 在库存管理系统录入各种出入库单，登记出入库台账。

　　(4) 核算系统生成存货成本的凭证传递到总账。

　　(5) 核算系统对采购管理系统的采购发票、付款单、供应商往来转账和销售管理系统的销售发票、收款单、客户往来转账生成凭证。

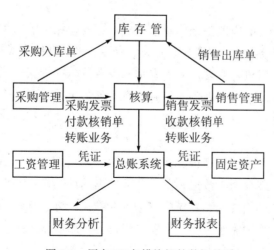

图 1-2　用友 T3 各模块间的数据关系

(6) 工资管理系统生成计提工资凭证传递到总账。

(7) 固定资产管理系统生成折旧等凭证传递到总账。

(8) 库存管理系统为采购管理、销售管理提供库存量。

(9) 财务分析系统可以制定各项支出费用等预算，在总账系统中进行控制预警。

(10) 财务报表和财务分析可以从总账中取数进行分析。

1.3.3 应用流程

企业应用会计信息系统之初，应正确安装软件，并设计基于信息系统的管理解决方案，准备各项基础数据。然后按照系统初始化—日常业务处理—期末处理的流程开始系统应用。

1. 系统初始化

系统初始化是通过选择系统内置参数设置企业的具体核算规则，将通用财务软件转化为专用财务软件，将手工会计业务数据经过设计、规范并输入计算机系统中作为计算机业务处理的起点。

系统初始化一般包括系统参数设置、基础信息录入、输入期初数据。

(1) 系统参数设置

用友 T3 是通用管理软件，需要适用于多个行业、多种企业类型，而不同的行业存在着不同的行业特点，不同类型的企业也有不同的管理要求。为了体现这些差异，用友 T3 的各个子系统中预置了一些反映企业会计核算和管理要求的选项，企业需要在系统初始化时根据单位的具体情况做出选择。通过这一环节，把通用的管理软件改造为适合企业特点的专用软件。

(2) 基础信息录入

企业核算或汇总分析必需的基础信息，如与业务处理相关的组织机构设置、职员、客户、供应商、固定资产分类、人员类别、存货、仓库、采购及销售类型等，在手工环境下，这些信息分散在各个部门进行管理，大多根本就没有规范的档案，这对计算机来说是致命的。计算机业务处理建立在全面规范的基础档案管理之上，且要求事先设置各种分类、统计口径，才能在业务处理过程中分类归拢相关信息，并在事后提供对应的分析数据。

(3) 输入期初数据

很多企业多年来一直采用手工核算方式，采用计算机信息管理后，为了保证手工业务与计算机系统的衔接、继承历史数据、保证业务处理的连续性，要将截止到当前为止手工核算的余额过录到计算机信息处理系统中作为期初数据，才能保持业务的完整性。

对财务业务一体化管理系统来说，不仅要准备各个账户截止到当前的累计发生额和上个期间的期末余额，还要准备各业务环节未完成的初始数据。

2. 日常业务处理

企业日常业务涵盖了人、财、物、产、供、销等方方面面，既要反映物料的流动，也要反映资金的流动，以确保财务、业务信息的同步和一致。日常业务处理主要完成原始业务的记录，数据输入、处理和输出等。

3. 期末处理

每个会计期末，企业需要完成以下工作：

(1) 工资费用分配及相关费用计提。

(2) 固定资产折旧处理。

(3) 账账、账实核对。

(4) 各系统结账。

1.4　系 统 安 装

正确安装会计软件是建立会计信息系统的首要环节，由于涉及较多的计算机和网络知识，因此一般由软件公司的专业人员安装或在专业人员指导下由企业的系统管理员安装。本书所附光盘为用友软件股份有限公司面向小企业应用的用友 T3 演示版，安装较简便，读者可以参照本节提示自行安装。

1.4.1　运行环境

用友 T3 属于应用软件范畴，需要按以下要求配置硬件环境并准备系统软件。

1. 硬件环境

(1) 单机版主机配置要求

CPU 为 PIII 550MHz 或以上，内存 128MB 或以上，硬盘 10GB 或以上，至少应有 1 个 CD-ROM。

(2) 网络版配置要求

网络服务器：CPU 为 PIII 800MHz 或以上，内存 256MB 或以上，硬盘 20GB 或以上，至少应有 1 个 CD-ROM。

客户端：同单机版主机配置要求。

2. 系统软件

系统软件包括操作系统和数据库管理系统。

(1) 操作系统

表 1-1 列出了系统支持的常见操作系统，并指明每个操作系统需要安装的补丁程序，

如 SP2、SP4 等。

表 1-1　用友 T3 支持的常见操作系统

操作系统(简体中文)	服 务 器	客 户 端	单 机 模 式
Windows 2000 Server+SP4	支持	支持	支持
Windows 2000 AD Server+SP4	支持	支持	支持
Windows 2003 Server	支持	支持	支持
Windows XP+SP1 或者 SP2		支持	支持
Windows 2000 Professional+SP4		支持	支持
Windows 98		支持	支持

(2) 数据库管理系统

会计软件采集、加工的原始数据及中间结果、最终结果等需要存储在数据库管理系统中。用友 T3 选择了 SQL Server 2000 作为其数据库。

提示

如果没有 SQL Server 2000 软件，用友 T3 安装盘上提供了 MSDE 2000 安装程序供用户使用。MSDE 2000 是 SQL Server 数据库的数据引擎，只提供了最基本的 SQL 数据库功能，缺乏 SQL Server 数据库进行管理的许多工具，但足以支持用友 T3 的运行。安装 MSDE 2000 与安装 SQL Server 数据库后使用产品的方法完全相同。

1.4.2　安装前的注意事项

为确保系统安装成功，提醒注意以下问题。

(1) 安装时操作系统所在的磁盘分区剩余磁盘空间应大于 180MB。

(2) 安装产品的计算机名称中不能带有 "-" 或者用数字开头。

(3) 用友 T3 不能和用友其他版本的软件安装在同一个操作系统中。

(4) 安装产品之前关闭防火墙和实时监控系统。

提示

用友 T3 可与用友商贸通同时安装使用，且安装无先后顺序。

1.4.3　系统安装指南

必须先进行 SQL Server 2000 的安装或 MSDE 2000 的安装，然后才能安装用友 T3。

下面以在一台计算机上安装 MSDE 2000 数据库和用友 T3 软件为例，说明用友 T3 的安装方法。

(1) 在光盘\"用友 T3 会计信息化专用教学软件"文件夹中，双击 🔵 图标，打开如图 1-3 所示窗口。

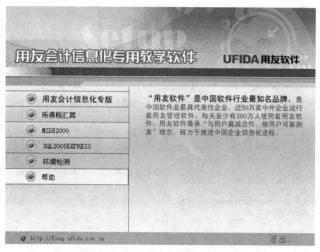

图 1-3 用友 T3 安装界面

(2) 安装用友 T3 软件前，首先进行所需系统环境的检测，单击图 1-3 左侧列表中的"环境检测"选项，打开如图 1-4 所示画面。此处给出了安装用友 T3 所需的环境，用户可查看系统环境是否已满足需求。

💡 **提示**

IIS 的安装可通过 Windows 控制面板→添加/删除程序→Windows 组件来进行。安装时需要插入 Windows 系统盘。

检查项目	是否安装	版本号	是否符合	建议结果
操作系统：	是	Windows XP	符合	无建议
系统补丁：	是	Service Pack 3	符合	无建议
数据库：	是	MSDE 2000	符合	无建议
数据库补丁：	是	Service Pack 4	符合	无建议
IIS：	是	Version 5.1	符合	无建议
计算机名称		LJX	符合	无建议

图 1-4 系统环境检测结果

(3) 系统环境满足后。可单击图 1-3 中的 MSDE 2000 选项，安装 MSDE 2000 数据库。

(4) 安装 MSDE 2000 后，重新启动系统。

提示

重新启动系统后，在屏幕右下角任务栏中会出现服务管理器图标 ，表明 MSDE 2000 安装成功，数据库服务已经启动。

---

(5) 再次双击 图标，在打开的图 1-3 所示的窗口中，单击"用友会计信息化专版"选项，开始安装用友 T3。安装过程中，保持系统默认设置，只需单击"下一步"按钮即可。

(6) 安装完成后，重新启动系统。

(7) 系统启动后，会出现一个窗口，让用户新建账套或进行其他操作。桌面上会添加两个图标：系统管理、用友会计信息化专用教学软件。

(8) 用户可通过双击桌面快捷图标，或从"开始"菜单中选择相应程序选项，进入用友通系统管理，进行操作。

提示

- 如果安装完毕后系统提示是否执行未进行数字安全认证的程序，选择"是"继续。
- 如果已安装卸载过用友 T3，则会提示是否覆盖原数据库，选择"否"则保留原数据库；选择"是"，则清空原数据库中所有账套数据。

复习思考题

1. 如何理解会计信息化？其特点是什么？
2. 建立会计信息系统的工作程序是怎样的？
3. 制定企业信息化规划的指导原则有哪些？
4. 单位信息系统总体规划包括哪些基本内容？
5. 企业应该如何选择会计软件？
6. 简要说明会计信息系统运行平台的构成。
7. 建设会计信息系统的基础工作包括哪些内容？
8. 用友 T3 管理软件各模块间的数据关系是怎样的？
9. 管理软件的应用流程是怎样的？
10. 安装用友 T3 管理软件时需要注意哪些问题？

第 2 章

系统管理

本章学习目标

通过本章内容的学习，你将能够：

1. 明确系统管理的地位和作用。

2. 区分账套和年度账的概念。

3. 识别系统管理员和账套主管权限的不同。

4. 描述账套管理的主要任务。

5. 理解权限设置的意义。

6. 掌握如何建立企业账套，如何设置操作员及权限。

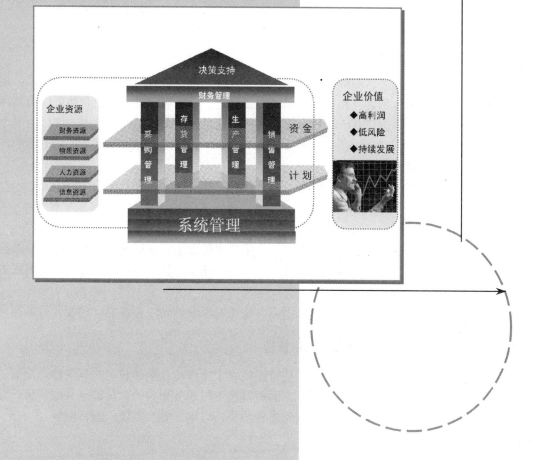

用友 T3 管理软件由多个子系统组成，各个子系统服务于企业的不同层面，为不同的管理需要服务。子系统本身既具有相对独立的功能，彼此之间又具有紧密的联系，它们共用一个企业数据库，拥有公共的基础信息、相同的账套和年度账，为实现企业财务、业务的一体化管理提供了基本条件。

2.1　系统管理概述

在财务、业务一体化管理应用模式下，用友 T3 管理系统为各个子系统提供了一个公共平台——系统管理，用于对整个系统的公共任务进行统一管理。例如，企业账套及年度账的建立、修改、删除和备份，操作员及权限的集中管理、系统安全运行的管理及控制等。其他任何产品的独立运行都必须以此为基础。

2.1.1　系统管理功能概述

系统管理的主要功能是对用友 T3 的各个产品进行统一的操作管理和数据维护，具体包括以下几个方面管理功能。

1. 账套管理

账套是一组相互关联的数据。每一个独立核算的企业都有一套完整的账簿体系，把这样一套完整的账簿体系建立在计算机系统中就称为一个账套。每一个企业都可以为其每一个独立核算的下级单位建立一个核算账套。换句话讲，在企业管理系统中，可以为多个企业(或企业内多个独立核算的部门)分别立账，且各账套数据之间相互独立、互不影响，使资源得以最大程度地利用。

账套管理功能一般包括建立账套、修改账套、删除账套、引入/输出账套等。

2. 年度账管理

年度账与账套是两个不同的概念。一个账套中包含了企业所有的数据，把企业数据按年度进行划分，称为年度账。年度账可以作为系统操作的基本单位，因此设置年度账主要是考虑到管理上的方便性。

年度账管理包括年度账的建立、引入、输出，以及结转上年数据、清空年度数据等。

3. 系统操作员及操作权限的集中管理

为了保证系统及数据的安全，系统管理提供了操作员及操作权限的集中管理功能。通过对系统操作分工和权限的管理，一方面可以避免与业务无关的人员进入系统，另一方面可以对系统所包含的各个子产品的操作进行协调，以保证各负其责，流程顺畅。

操作权限的集中管理包括设置操作员、分配功能权限。

4. 设立统一的安全机制

对企业来说，系统运行安全、数据存储安全是必须的，为此，每个应用系统都无一例外地提供了强有力的安全保障机制。例如，设置对整个系统运行过程的监控机制，清除系统运行过程中的异常任务等。

5. 系统启用

系统启用是指设定在用友 T3 管理系统中各个子系统开始使用的日期。只有启用后的子系统才能进行登录。

2.1.2　系统管理员与账套主管

鉴于系统管理模块在整个会计信息系统中的地位和重要性，因此，需要对登录系统管理的人员做出严格界定。系统只允许以两种身份注册进入系统管理，一是以系统管理员的身份，二是以账套主管的身份。

1. 系统管理员

系统管理员负责整个系统的安全运行和数据维护。以系统管理员身份注册进入，可以进行账套的建立、引入和输出，设置操作员和权限，监控系统运行过程，清除异常任务等。具体来说，系统管理员主要负责以下几项工作内容：

(1) 按岗位分工要求设置系统操作员，分配其对应权限。

(2) 按已确定的企业核算特点及管理要求进行企业建账，启用相关子系统。

(3) 随时监控系统运行过程中出现的问题，清除异常任务、排除运行故障。

(4) 保障网络系统的安全，预防计算机病毒侵犯。

(5) 定期进行数据备份，保障数据安全、完整。

2. 账套主管

账套主管负责所辖账套的管理，其工作任务为确定企业会计核算的规则、对企业年度账进行管理、为该账套内操作员分配权限、组织企业业务处理按既定流程运行等。对所管辖的账套来说，账套主管是级别最高的，拥有所有模块的操作权限。

由于账套主管是由系统管理员指定的，因此第一次必须以系统管理员的身份注册系统管理，建立账套和指定相应的账套主管之后，才能以账套主管的身份注册系统管理。系统管理员和账套主管看到的系统管理登录界面是有差异的。系统管理员登录界面只需包括服务器、操作员、密码三项，而账套主管登录界面除以上三项外还必须包括账套、会计年度及操作日期。

2.2 账 套 管 理

账套管理包括账套的建立、修改、引入、输出和启用。其中，系统管理员有权进行账套的建立、引入和输出操作，而账套信息的修改则由账套主管负责。

2.2.1 建立账套

1. 账套的概念

企业应用会计信息系统时，首先需要在系统中建立企业的基本信息、核算方法、编码规则等，称之为建账，这里的"账"是"账套"的概念。在计算机管理信息系统中，每一个企业的数据都存放在数据库中，称为一个账套。在手工核算方式下，可以为会计主体单独设账进行核算；在计算机中则体现为多个账套。在用友 T3 管理系统中，可以为多个企业(或企业内多个独立核算的部门)分别立账，各账套间相互独立、互不影响。系统最多允许建立 999 套企业账套。

2. 企业建账的工作流程

为了快速、准确地完成企业账套的创建过程，以下提供了企业建账的工作流程供参考，如图 2-1 所示。

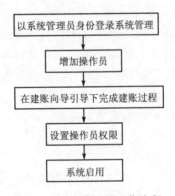

图 2-1　企业建账的工作流程

3. 企业建账的工作内容

为了方便操作，会计信息系统中大都设置了建账向导，用来引导用户的建账过程。建立企业账套时，需要向系统提供以下表征企业特征的信息，归类如下。

(1) 账套信息：包括账套号、账套名称、账套启用日期及账套路径。

由于在一个会计信息系统中可以建立多个企业账套，因此必须设置账套号作为区分不同账套数据的唯一标识。

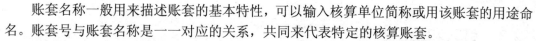

账套名称一般用来描述账套的基本特性，可以输入核算单位简称或用该账套的用途命名。账套号与账套名称是一一对应的关系，共同来代表特定的核算账套。

账套路径用来指明账套在计算机系统中的存储位置。为方便用户，应用系统中一般预设一个存储位置，称其为默认路径，但允许用户更改。

账套启用日期用于规定该企业用计算机进行业务处理的起点，一般要指定年、月。启用日期在第一次初始设置时设定，一旦启用不可更改。在确定账套启用日期的同时，一般还要设置企业的会计期间，即确认会计月份的起始日期和结账日期。

(2) 核算单位基本信息：包括单位名称、单位简称、地址、邮政编码、法人、通信方式等。

在以上各项信息中，单位名称是必须项，因为发票打印时要使用企业全称，其余全部使用单位简称。

(3) 账套核算信息：包括记账本位币、行业性质、企业类型、账套主管、编码规则、数据精度等。

记账本位币是企业必须明确指定的，通常系统默认为人民币，很多软件也提供以某种外币作为记账本位币的功能。为了满足多币种核算的要求，系统都提供设置外币及汇率的功能。

企业类型是区分不同企业业务类型的必要信息，选择不同的企业类型，系统在业务处理范围上有所不同。

行业性质表明企业所执行的会计制度。从方便使用出发，系统一般内置不同行业的一级科目供用户选择使用。在此基础上，用户可以根据本单位的实际需要增设或修改必要的明细核算科目。

编码方案设置是对企业关键核算对象进行分类级次及各级编码长度的指定，以便于用户进行分级核算、统计和管理。可分级设置的内容一般包括科目编码、存货分类编码、地区分类编码、客户分类编码、供应商分类编码、部门编码和结算方式编码等。编码方案的设置取决于核算单位经济业务的复杂程度、核算与统计要求。

数据精度是指定义数据的保留小数位数。在会计核算过程中，由于各企业对数量、单价的核算精度要求不一致，有必要明确定义主要数量、金额的小数保留位数，以保证数据处理的一致性。

以上账套参数确定后，应用系统会自动建立一套符合用户特征要求的账簿体系。

2.2.2　修改账套

账套建立完成后，在未使用相关信息时，可以根据业务需要，对某些已设定的内容进行调整。

💡 **注意**

● 只有账套主管有权修改账套。

● 部分信息无法修改，如账套号、启用会计期等。

2.2.3　引入和输出账套

1. 账套输出

账套输出是将系统产生的数据备份到硬盘或其他存储介质，备份的作用体现在以下几个方面：

(1) 保证数据安全

任何使用计算机系统的企业，均会视安全性为第一要务。安全威胁来自众多的不可预知因素，如病毒入侵、硬盘故障、自然灾害等，这些都会造成数据丢失，对企业的影响是不可估量的。因此，应定期将系统中的数据进行备份并保存在另外的存储介质上。一旦系统内数据损坏，可以通过引入最近一次备份的数据及时恢复到上一次备份的水平，从而保证企业日常业务的正常进行。

(2) 解决集团公司数据合并问题

子公司的账套数据可以定期输出并被引入到母公司的计算机系统中，以便进行有关账套数据的分析和合并工作。如果需要定期将子公司的账套数据引入到总公司系统中，最好预先在建立账套时就进行规划，使各公司的账套号不一样，以避免引入子公司数据时因为账套号相同而覆盖其他账套的数据。

(3) 删除账套

如果企业初始建账时数据错误很多或某些情况无须再保留企业账套，可以将已有账套删除。账套删除会一次将该账套下的所有数据彻底清除，因此执行此操作时应格外慎重。为数据安全起见，系统一般提供账套删除前的强制备份，并且只授权于系统管理员。

2. 账套引入

通过输出账套输出的账套数据，必须通过引入账套功能引入系统后才能使用，因此引入账套是输出账套的对应操作。引入账套功能是指将系统外某账套数据引入本系统中。在计算机环境中，系统及数据安全性是企业首要关注的，无论计算机故障或病毒侵犯，都会致使系统数据受损。这时利用账套引入功能，恢复备份数据，可以将损失降到最小。另外，这一功能为集团公司的财务管理提供了方便，子公司的账套数据可以定期被引入母公司的系统中，以便进行有关账套数据的分析和合并工作。

2.2.4　系统启用

用友 T3 是通用的管理软件，包含若干个子系统，它们既可独立运行，又可以集成使用，但两种用法的数据流程是有差异的。一方面企业可以根据本身的管理特点选购不同的子系统；另一方面企业也可能采取循序渐进的策略，有计划地先启用一些模块，一段时间之后再启用另外一些模块。系统启用为企业提供了选择的便利，它可以表明企业在何时点、

启用了哪些子系统。只有设置了系统启用的模块才可以登录。

　　有两种方法可以设置系统启用。一种是在企业建账完成后立即进行系统启用，另一种是在建账结束后由账套主管在系统管理中进行系统启用设置。

2.3　年度账管理

　　年度账管理主要包括建立年度账、年度账的引入和输出、结转上年数据、清空年度账。对年度账的管理只能由账套主管进行。

1. 年度账的概念

　　在系统管理中，用户不仅可以建立多个账套，而且每个账套中可以存储不同年度的会计数据，不同年度的数据存储在不同的数据库中，称为年度账。采用账套—年度账两级管理，系统的结构清晰、含义明确、可操作性强，而且由于系统自动保存了不同会计年度的历史数据，对利用历史数据的查询和比较分析也显得特别方便。

2. 建立年度账

　　新年度到来时，应首先建立新年度核算体系，即建立年度账，再进行与年度账相关的其他操作。

3. 年度账的引入和输出

　　年度账操作中的引入和输出与账套操作中的引入和输出的含义基本一致，作用都是对数据的备份与恢复。但两者的数据范围不同，年度账操作中引入和输出的不是整个账套的全部数据，而是针对账套中的某一年度的数据。为了区分这两种不同类型的备份文件，系统会用特定的文件名称或扩展名来进行标识。

4. 结转上年数据

　　一般情况下，企业是持续经营的，因此企业的会计工作是一个连续性的工作。每到年末，启用新年度账时，就需要将上年度中的相关账户的余额及其他信息结转到新年度账中。如果企业管理信息系统涵盖了财务、业务等多个模块，进行年度数据结转时还要注意先后顺序。

5. 清空年度数据

　　如果年度账中错误太多，或者不希望将上年度的余额或其他信息全部转到下一年度，这时便可使用清空年度数据的功能。"清空"并不是指将年度账的数据全部删除，而是还要保留一些信息的，如账套基础信息、系统预置的科目报表等。保留这些信息主要是为了方便用户使用清空后的年度账重新做账。

2.4 操作员及权限的管理

实施企业财务管理软件时，首先明确指定各系统授权的操作人员，并对操作人员的使用权限进行明确规定，以避免无关人员对系统进行非法操作，同时也可以对系统所包含的各个功能模块的操作进行协调，使得流程顺畅，从而保证整个系统和会计数据的安全性和保密性。

2.4.1 操作员管理

操作员是指有权登录系统并对系统进行操作的人员。每次注册或登录系统，都要进行操作员身份的合法性检查。操作员及权限管理提供了按照预先设定的岗位分工进行授权、分权功能，只有进行严格的操作分工和权限控制，才可能一方面避免与业务无关人员对系统的操作，另一方面对系统所含的各个子产品的操作进行协调，以保证系统的安全与保密。

操作员管理包括操作员的增加、修改、删除和注销，由系统管理员全权管理。

1. 增加操作员

只有系统管理员有权限增加操作员。增加系统操作员时，必须明确以下关于操作员的特征信息：编号、姓名、口令和所属部门。

(1) 编号

操作员编号是系统区分不同操作人员的唯一标志，因此必须输入。

 提示

- 操作员编号在系统中必须唯一，即使是不同的账套，操作员编号也不能重复。
- 所设置的操作员一旦被引用，便不能被修改和删除。

(2) 姓名

操作员姓名一般会出现在其处理的票据、凭证上，因此应记录其真实姓名，以便对其操作行为进行监督。

 提示

如果存在两个名字完全一样的操作员，需要加特殊标记以示区别。

(3) 口令

指操作员进行系统注册时的密码。口令可由多个数字、字母及特殊符号构成。可以说，口令是操作员身份的识别标记。第一次输入时，可以由系统管理员为每个操作员赋予一个空密码，当操作员登录系统时，建议立即设置新密码，并严格保密。此后，每隔一定时间，需要更换密码，以确保密码的安全性。系统还要求操作员二次输入口令以验证正确性。二

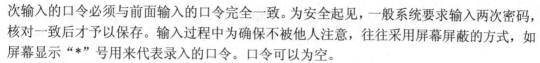

次输入的口令必须与前面输入的口令完全一致。为安全起见，一般系统要求输入两次密码，核对一致后才予以保存。输入过程中为确保不被他人注意，往往采用屏幕屏蔽的方式，如屏幕显示"*"号用来代表录入的口令。口令可以为空。

(4) 所属部门

输入该操作员所属部门，可选项。

2. 修改或删除操作员

操作员刚设置完成时，可以对其姓名及口令进行更改，一旦以其身份进入过系统，便不能被修改和删除。

3. 注销操作员

如果因为各种原因，个别操作员调离企业，可以利用修改功能注销该操作员。被注销的操作员不得再登录系统进行操作。

2.4.2　设置操作员权限

根据企业内部控制的要求，系统操作员要有严格的岗位分工，不能越权操作。权限设置就是对允许登录系统的操作员规定操作权限，严禁越权操作的行为发生。

前面已谈到系统中的两种角色，即系统管理员和账套主管，两者都有权设置操作员的权限。所不同的是，系统管理员可以指定或取消某一操作员为一个账套的主管，也可以对系统内所有账套的操作员进行授权；而账套主管的权限局限于他所管辖的账套，在该账套内，账套主管默认拥有全部操作权限，可以针对本账套的操作员进行权限设置。

账套主管自动拥有所在模块的所有操作权限。账套主管可以为一个操作员赋予几个模块的操作权限，例如将购销存业务处理赋予一个操作员；也可以为一个操作员赋予一个模块中部分功能权限，例如出纳是日常财务工作中的一个岗位，在系统中属于总账模块，与出纳有关的有日记账管理、出纳凭证签字、资金日报的管理等，赋权时需要将总账功能选中，再将其他出纳不能操作的功能细项排除即可。更进一步，还有更为精细的功能权限的划分，目的都是方便管理、保证系统使用的安全性。

2.5　系统运行安全管理

对企业来说，系统运行安全是至关重要的。

1. 系统运行监控

以系统管理员身份注册进入系统管理后，可以查看到两部分内容，一部分列示的是已经登录的子系统，还有一部分列示的是登录的操作员在子系统中正在执行的功能。这两部分的内容都是动态的，它们都根据系统的执行情况而自动变化。

2. 注销当前操作员

如果需要以一个新的操作员身份注册进入，以启用系统其他功能，就需要将当前的操作员从系统管理中注销；或者需要暂时离开，而不希望他人对系统管理进行操作的话，也应该注销当前操作员。

3. 清除系统运行异常

系统运行过程中，由于死机、网络阻断等都有可能造成系统异常。系统异常应及时予以排除，以释放异常任务所占用的系统资源，使系统尽快恢复正常秩序。

4. 上机日志

为了保证系统的安全运行，系统随时对各个产品或模块的每个操作员的上下机时间、操作的具体功能等情况都进行登记，形成上机日志，以便使所有的操作都有所记录、有迹可寻。

实验一　企业建账

【实验目的】

1. 理解计算机会计信息系统中企业账的存在形式。
2. 掌握计算机会计信息系统中企业账的设立过程。
3. 理解系统操作员和权限的含义及设置方法。

【实验内容】

1. 增加操作员。
2. 建立企业账套。
3. 进行系统启用。
4. 进行财务分工。
5. 备份/引入账套数据。

【实验要求】

将计算机日期调整至 2009 年 1 月 1 日，以系统管理员(Admin)的身份进行企业建账。

【实验资料】

1. 企业相关信息

北京海达科技有限公司(简称海达科技)位于北京市海淀区中关村大街 126 号，法人代表汪涵，联系电话为 62766666，传真为 62766622，企业税务登记号 110108473287215。

该企业属于工业企业，从事软硬件及相关产品生产及销售，采用 2007 年新会计准则核算体系，记账本位币为人民币，于 2009 年 1 月采用计算机系统进行会计核算及企业日常业务处理。

企业只有几个主要供应商，但客户很多，最好分类管理，而且有外币业务。

编码规则：科目编码级次 4222，客户分类编码级次 122，部门编码级次 122，结算方式编码级次 12。核算时数字精确到两位小数，单价设置 5 位小数。

2. 企业内部岗位分工

企业内部岗位分工情况如表 2-1 所示。

表 2-1　海达科技岗位分工情况

编号	姓名	职　责	拥有权限的模块
01	郑通	负责系统日常运行管理	全部
02	贺敏	负责总账、工资管理、固定资产管理和报表	总账、工资、固定资产和财务报表
03	汪扬	负责往来管理、材料成本核算及项目管理	往来、成本和项目
04	孙娟	负责对收付款凭证进行核对并管理现金日记账、银行日记账、资金日报以及银行对账	总账—出纳、现金管理
05	魏大鹏	负责企业的材料采购	采购、应付、库存及核算
06	田晓宾	销售一部负责人，管理一部销售工作	销售、应收、库存及核算
07	孟倩	销售二部负责人，管理二部销售工作	销售、应收、库存及核算
08	潘小小	负责管理材料收发、产品出入库	库存

注：为操作简便起见，只设置"郑通"口令为 1，其他操作员口令为空。

3. 进行系统启用设置

由账套主管郑通启用总账系统，启用日期为 2009 年 01 月 01 日。

4. 备份及引入账套数据

【实验指导】

1. 以系统管理员的身份注册进入系统管理

操作步骤如下：

① 执行"开始"|"程序"|"用友 T3 系列管理软件"|"用友 T3"|"系统管理"命令，进入"用友 T3【系统管理】"窗口。

注意

如果是安装完成后第一次进入系统管理，系统会自动创建系统库和演示数据库。

② 执行"系统"|"注册"命令，打开"注册【控制台】"对话框。

③ 服务器文本框中默认为本地计算机名称，如果本机即为服务器或单机用户，则默

认当前设置；否则单击 按钮，打开"网络计算机浏览"对话框，从中选择要登录的服务器名称。

④ 在用户名输入栏中输入系统管理员名称 Admin，系统默认管理员密码为空。

⑤ 单击【确定】按钮，系统管理界面最下行的状态栏中显示当前操作员 Admin。

注意

- 为了保证系统的安全性，在"注册【控制台】"对话框中，可以设置或更改系统管理员的密码。例如，设置系统管理员密码为 super 的操作步骤是：单击【修改密码】按钮，打开"设置操作员口令"对话框，在"新密码"和"确认密码"文本框中均输入 super，最后单击【确定】按钮，返回控制台。
- 一定要牢记设置的系统管理员密码，否则无法以系统管理员的身份进入系统管理，也就不能执行账套数据的输出和引入。
- 考虑实际教学环境，建议不要设置系统管理员密码。

2. 增加操作员

操作步骤如下：

① 以系统管理员身份注册进入系统管理，执行"权限"|"操作员"命令，进入"操作员管理"窗口。

② 单击【增加】按钮，打开"增加操作员"对话框。

③ 按表 2-1 中所提示的资料输入操作员信息，每增加一个操作员完成后，单击【增加】按钮增加下一位操作员，全部完成后，单击【退出】按钮返回。

提示

- 未使用的操作员可以通过"删除"功能从系统中删除。
- 已使用但调离本企业的操作员可以通过"修改"功能将该操作员注销，状态为"注销"的操作员此后不允许再登录本系统。

3. 建立账套

操作步骤如下：

① 以系统管理员的身份登录系统管理，执行"账套"|"建立"命令，打开"创建账套——账套信息"对话框。

② 账套信息

已存账套：系统将已存在的账套以下拉列表框的形式显示，用户只能查看，不能输入或修改，目的是避免重复建账。

账套号：账套号是该企业账套的唯一标识，必须输入，且不得与机内已经存在的账套号重复。可以输入 001～999 之间的任意 3 个字符。本例输入账套号 202。

账套名称：账套名称可以输入核算单位的简称，必须输入，进入系统后它将显示在正在运行的软件的界面上。本例输入"海达公司"。

账套路径：用来确定新建账套将要被放置的位置，系统默认的路径为 C:\UFSMART\Admin，用户可以人工更改，也可以利用 ⋯⋯ 按钮进行参照输入。本例采用系统的默认路径。

启用会计期：指开始使用计算机系统进行业务处理的初始日期，必须输入，系统默认为计算机的系统日期。本例更改为"2009 年 1 月"。

输入完成后，如图 2-2 所示。

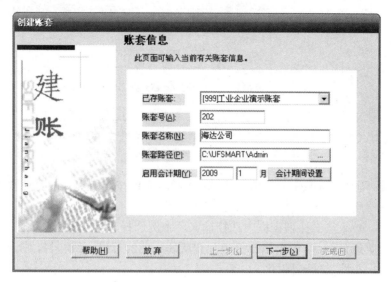

图 2-2 "创建账套—账套信息"对话框

单击【下一步】按钮，打开"创建账套——单位信息"对话框。

③ 单位信息

单位名称：用户单位的全称，必须输入。企业全称只在发票打印时使用，其余情况全部使用企业的简称。本例输入"北京海达科技有限公司"。

单位简称：用户单位的简称，最好输入。本例输入"海达科技"。

其他栏目都属于任选项，参照所给资料输入即可。

输入完成后，如图 2-3 所示。

单击【下一步】按钮，打开"账套信息——核算类型"对话框。

④ 核算类型

本币代码：必须输入。本例采用系统默认值"RMB"。

本币名称：必须输入。本例采用系统默认值"人民币"。

企业类型：用户必须从下拉列表框中选择输入。系统提供了工业、商业两种类型。本例选择"工业"。

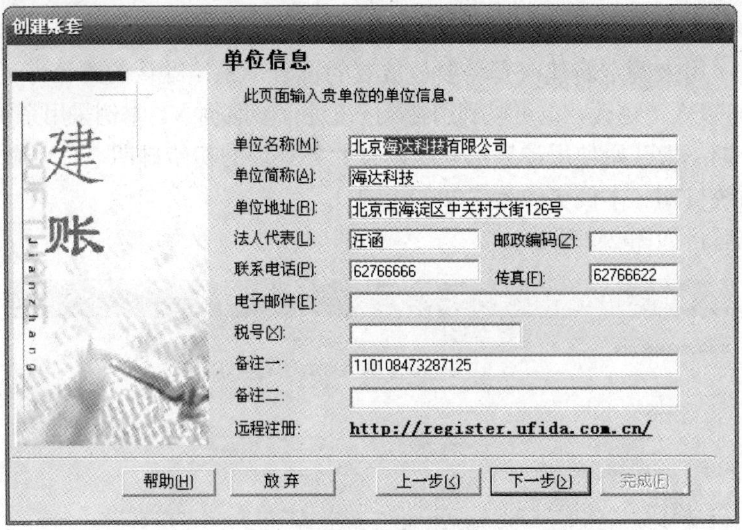

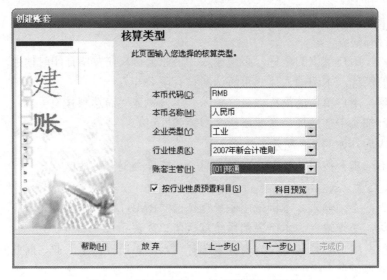

图 2-3　"创建账套——单位信息"对话框

行业性质：用户必须从下拉列表框中选择输入，系统按照所选择的行业性质预置科目。本例选择行业性质为"2007 年新会计准则"。

账套主管：必须从下拉列表框中选择输入。本例选择"01 郑通"。

按行业性质预置科目：如果用户希望预置所属行业的标准一级科目，则选中该复选框。本例选择"按行业性质预置科目"。

输入完成后，如图 2-4 所示。

图 2-4　"创建账套——核算类型"对话框

单击【下一步】按钮，打开"创建账套——基础信息"对话框。

⑤ 基础信息

　　如果单位的存货、客户、供应商相对较多，可以对他们进行分类核算。如果此时不能确定是否进行分类核算，也可以建账完成后由账套主管在"修改账套"功能中设置分类核算。

　　按照本例要求，选中"存货是否分类"、"客户是否分类"、"有无外币核算"几个复选框，如图 2-5 所示。

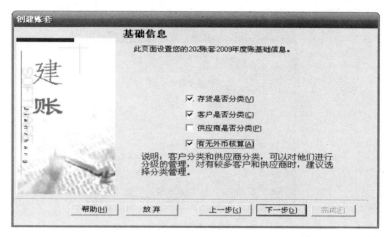

图 2-5　"创建账套——基础信息"对话框

　　单击【下一步】按钮，再单击【完成】按钮，弹出系统提示"可以创建账套了吗？"，单击【是】按钮，稍候，打开"分类编码方案"对话框。

　　⑥　分类编码方案

　　为了便于对经济业务数据进行分级核算、统计和管理，系统要求预先设置某些基础档案的编码规则，即规定各种编码的级次及各级的长度。

　　按资料所给内容修改系统默认值，如图 2-6 所示。

项目	最大级数	最大长度	单级最大长度	是否分类	第1级	第2级	第3级	第4级	第5级	第6级	第7级	第8级	第9级
科目编码级次	9	15	9	是	4	2	2	2					
客户分类编码级次	5	12	9	是	1	2	2						
部门编码级次	5	12	9	是	1	2							
地区分类编码级次	5	12	9	是	2	3	4						
存货分类编码级次	8	12	9	是	2	2	2	2	3				
货位编码级次	8	20	9	是	1	1	1	1	1	1	1	1	
收发类别编码级次	3	5	9	是	1	1	1						
结算方式编码级次	2	3	9	是	1	2							
供应商分类编码级次	5	12	9	否	2								

说明：背景色为灰色的，用户不能调整。

图 2-6　"分类编码方案"对话框

单击【确认】按钮，打开"数据精度定义"对话框。

⑦ 数据精度定义

数据精度涉及核算精度问题。涉及购销存业务环节时，会输入一些原始单据，如发票、出入库单等，需要填写数量及单价，数据精度定义是确定有关数量及单价的小数位数。设置完成后，如图2-7所示。

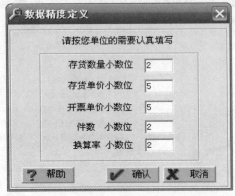

图2-7 "数据精度定义"对话框

单击【确认】按钮，系统弹出提示"数据精度的定义发生了改变，是否保存修改结果？"，单击【是】按钮，系统再次弹出提示"创建账套｛海达公司：[202]｝成功。"单击【确定】按钮，系统弹出提示"是否立即启用账套"？单击【是】按钮，进入"系统启用"窗口。

4. 系统启用

操作时，既可以系统管理员的身份启用系统，也可以账套主管的身份启用系统。在系统启用窗口中，选中要启用的系统前的复选框，系统弹出"日历"窗口。选择总账启用日期为"2009-01-01"，如图2-8所示，单击【确定】按钮返回。

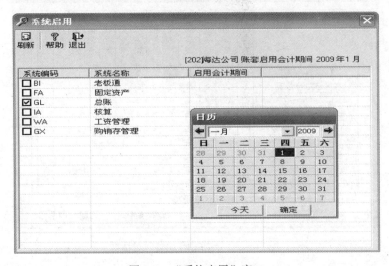

图2-8 "系统启用"窗口

注意

各系统的启用会计期间必须大于等于账套的启用期间。

如果在建账完成后再启用系统，需要在系统管理中，执行"系统"|"注销"命令，注销系统管理员，再重新执行"系统"|"注册"命令，打开"注册【控制台】"对话框，从用户名下拉列表中选择"[01]郑通"，选择"[202]海达公司"，单击【确定】按钮，以账套主管身份注册进入系统管理。然后执行"账套"|"启用"命令，进入"系统启用"窗口。

5. 权限设置

(1) 指定账套主管

可以在两个环节中确定企业账套的账套主管。一个是在建立账套环节，如图 2-4 所示；另一个是在权限设置环节。只有系统管理员能够指定账套主管。

指定账套主管的操作步骤如下：

① 以系统管理员身份注册进入系统管理，执行"权限"|"权限"命令，进入"操作员权限"窗口。

② 从账套列表下拉框中选择"[202]海达公司"。

③ 在操作员列表中选择"[01] 郑通"，选中"账套主管"复选框，系统弹出提示"设置操作员：[01]账套主管权限吗？"，如图 2-9 所示。

注意

● 一个账套可以设定多个账套主管，但整个系统只有一个系统管理员。

● 账套主管自动拥有该账套的所有权限。

图 2-9　指定账套主管

④ 单击【是】按钮。

(2) 为操作员赋权

系统管理员和账套主管都可以为操作员赋权。为操作员贺敏赋权的操作步骤如下：

① 在操作员权限窗口中，从操作员列表中选择"贺敏"，从账套列表下拉框中选择"[202]海达公司"，单击【增加】按钮，打开"增加权限——[02]"对话框。

② 在产品分类选择列表中双击"GL 总账"，使之变为蓝色，右侧与总账相对应的明细项目即自动选中(蓝色显示)，根据岗位分工要求，在右侧列表中双击需取消的明细权限，使之变为白色。

③ 依次选择贺敏拥有的其他产品的功能权限，如图 2-10 所示。完成后，单击【确定】按钮返回。

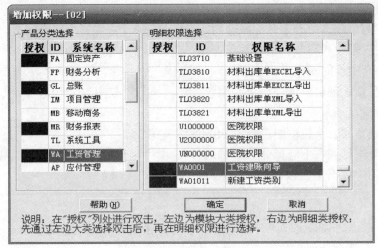

图 2-10　为操作员赋权

④ 依此类推，设置其他操作员的权限。

6. 输出和引入账套

进行账套输出的操作步骤如下：

① 以系统管理员身份注册进入系统管理，执行"账套"|"备份"命令，打开"账套输出"对话框，如图 2-11 所示。

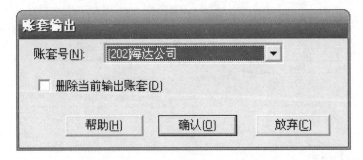

图 2-11　"账套输出"对话框

② 从"账套号"下拉列表中选择要输出的账套，单击【确认】按钮。

③ 系统对所要输出的账套数据进行压缩处理，系统压缩完成后，打开"选择备份目标"对话框。

④ 确定存放账套备份数据的文件夹，单击【确认】按钮，系统弹出提示"硬盘备份完毕!"，单击【确定】按钮。

注意

- 只有系统管理员有权限进行账套的输出和引入。输出账套之前，最好关闭所有系统模块。
- 如果将"删除当前输出账套"复选框选中，系统会先备份数据，然后进行删除确认提示，最后删除当前账套。

引入账套的操作步骤如下：

① 以系统管理员身份注册进入系统管理，执行"账套"|"恢复"命令，打开"恢复账套数据"对话框，如图 2-12 所示。

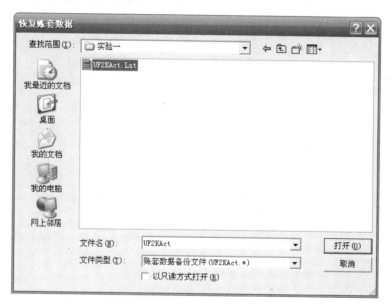

图 2-12　"恢复账套数据"对话框

② 选择要引入的账套数据备份文件，系统输出的备份文件前缀为 UF2KAct，单击【打开】按钮，系统弹出提示"此项操作会覆盖当前账套的所有信息，继续吗？"，单击【是】按钮，系统进行账套数据的引入，完成后提示"账套引入成功!"，单击【确定】按钮返回。

复习思考题

1. 系统管理的主要功能有哪些？

2. 系统管理员与账套主管的区别是什么？

3. 账套的含义是什么？怎样建账？

4. 为什么要输出和引入账套？

5. 年度账管理包括哪些内容？

6. 操作员权限管理的作用是什么？

7. 系统运行安全管理包括哪些内容？

第 3 章

基础设置

本章学习目标

通过本章内容的学习，你将能够：

1. 明确基础设置的重要性。
2. 了解基础档案整理的主要内容。
3. 识别设置各项基础档案的意义。
4. 掌握各项基础档案的设置方法。

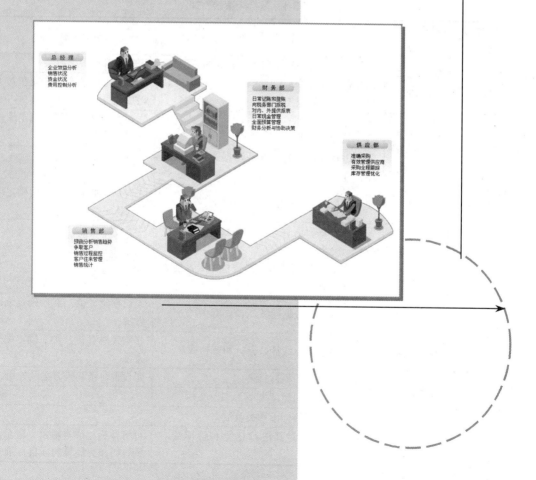

企业信息化一般选择商品化通用管理软件。软件安装完成之后，其中是不包括任何数据的。但用计算机系统处理企业日常业务需要用到大量的基础信息，如员工、部门、科目等，因此应根据企业的实际情况，结合计算机系统技术信息设置的要求，做好基础数据的整理准备，并正确地录入系统中，作为系统运行的基本条件。

3.1 基础档案整理

基础档案是指计算机系统运行必须的基础数据。用友通是财务业务一体化管理系统，基础数据不仅涉及财务部门，还会涉及业务部门，因此数据收集、整理的工作量很大。

计算机信息处理的特点主要表现在数据处理速度快、精确度高、分析统计汇总方便等方面，而基础档案是计算机汇总统计的依据。按照用友通的要求，需要准备的基础数据如表 3-1 所示。

表 3-1 基础档案的整理

基础档案分类	基础档案目录	档 案 用 途	前 提 条 件
机构设置	部门档案	设置与企业财务核算和管理有关的部门	先设置部门编码方案
	职员档案	设置企业的各个职能部门中需要对其核算和业务管理的职工信息	先设置部门档案，才能在其下增加职员
往来单位	客户分类	便于进行业务数据的统计、分析	先对客户分类，然后确定编码方案
	客户档案	便于进行客户管理和业务数据的录入、统计、分析	先建立客户分类档案
	供应商分类	便于进行业务数据的统计、分析	先对供应商分类，然后确定编码方案
	供应商档案	便于进行供应商管理和业务数据的录入、统计、分析	先建立供应商分类档案
	地区分类	针对客户/供应商所属地区进行分类，便于进行业务数据的统计、分析	
存货	存货分类	便于进行业务数据的统计、分析	先对存货分类，然后确定编码方案
	存货档案	便于存货核算、统计、分析和实物管理	先确定对存货分类、确定编码方案
财务	会计科目	设置企业核算的科目目录	先设置科目编码方案及外币
	凭证类别	设置企业核算的凭证类型	
	外币种类	设置企业用到的外币种类及汇率	
	项目目录	设置企业需要对其进行核算和管理的对象、目录	可将存货、成本对象、现金流量直接作为核算的项目目录

(续表)

基础档案分类	基础档案目录	档案用途	前提条件
收付结算	结算方式	设置资金收付业务中用到的结算方式	
	付款条件	设置企业与往来单位协议规定的收、付款折扣优惠方法	
	开户银行	设置企业在收付结算中对应的开户银行信息	
业务	仓库档案	设置企业存放存货的仓库信息	
	收发类别	设置企业的入库、出库类型	
	采购类型	设置企业在采购存货时的各项业务类型	先设置好收发类别为收的收发类别
	销售类型	设置企业在销售存货时的各项业务类型	先设置好收发类别为发的收发类别
	产品结构	用于设置企业各种产品的组成内容,以利于配比出库、成本计算	先设置存货、仓库档案

3.2 基础档案录入

用友通由多个子系统构成,如总账、工资、固定资产、购销存系统等。这些子系统有很多信息是公用的,如部门、职员、会计科目等;另外,也有一些基础信息为部分模块所特有,例如收发类别、仓库档案等为购销存系统所特有。本章先介绍一些公共基础档案的录入,而且侧重于与财务系统相关的基础档案设置,与购销存系统相关的基础档案设置将在第9章再集中介绍。

3.2.1 机构设置

1. 部门档案

这里的部门是指与企业财务核算或业务管理相关的职能单位,不一定与企业设置的现有部门一一对应。设置部门档案的目的在于按部门进行数据汇总和分析。

2. 职员档案

职员档案的作用是设置企业的各个职能部门中需要对其核算和业务管理的职工信息,以便按职员进行记录、查询和统计。

3.2.2 往来单位

1. 客户分类

当企业的往来客户较多时，可以按照某种分类标准对客户进行分类管理，以便分类汇总统计。对客户进行分类，既可以根据合作时间将客户分为长期客户、中期客户和短期客户，也可以按信用等级分类，还可以按客户所属行业分类。

2. 客户档案

客户是企业的重要资源。手工方式下，客户详细信息掌握在相应的业务员手中，一旦业务员工作变动，就会遗失大量客户信息，给企业带来损失。建立计算机管理系统时，需要全面整理客户资料并录入系统，以便有效地管理客户、服务客户。

客户档案中按客户信息类别分为"基本"、"联系"、"信用"、"其他"几个选项卡存放。

"基本"选项卡中主要记录客户的基本信息，如客户编码、客户名称、客户简称、税号等。客户名称与客户简称的用法有所不同：客户名称要输入客户全称，用于销售发票的打印；客户简称主要用于录入业务单据时屏幕上的参照显示。如果企业为一般纳税人，别忘了输入税号，否则专用销售发票中的税号栏为空。

"联系"选项卡中几乎包括了企业的各种联系方式，还可以记录该客户默认的发货地址、发货方式和发货仓库。

"信用"选项卡中记录有关客户信用的相关数据，有些数据是根据本企业的信用政策，结合该客户往年的销售量及信用情况评定计算的，如折扣率、信用等级等；有些数据与应收账款系统直接相连，如应收余额、最后交易日期、最后交易金额、最后收款日期、最后收款金额等。它们反映了该客户的当前信用情况。

"其他"选项卡中记录了客户的专管部门、专管业务员等信息。

客户档案必须建立在最末级客户分类之下。

3. 供应商分类

当企业的往来供应商较多时，可以按照某种分类标准对供应商进行分类管理，以便分类汇总统计。对供应商可以根据地区、行业、供料性质等进行分类。

4. 供应商档案

供应商档案与客户档案极为相似。供应商档案中也包含了与业务处理环节相关的大量信息，分为"基本"、"联系"、"信用"、"其他"四个选项卡存放。

供应商档案必须建立在最末级供应商分类之下。

5. 地区分类

如果需要对客户或供应商按地区进行统计，就应该建立地区分类体系。

3.2.3　财务

1. 会计科目

设置会计科目是会计核算方法之一,它用于分门别类地反映企业经济业务,是登记账簿、编制会计报表的基础。用友通管理软件中预置了现行会计制度规定的一级会计科目和部分二级会计科目,企业可根据本单位实际情况修改科目属性并补充明细科目。

(1) 设置会计科目的原则

设置会计科目时,应该注意以下问题:

- 会计科目的设置必须满足会计报表编制的要求,凡是报表所用数据需从系统提取的,必须设立相应科目。
- 会计科目要保持相对稳定。
- 设置会计科目要考虑各子系统的衔接。在总账系统中,只有末级会计科目才允许有发生额,才能接收各个子系统转入的数据,因此,要将各个子系统中的核算科目设置为末级科目。

一般来说,为了充分体现计算机管理的优势,在企业原有的会计科目基础上,应对以往的一些科目结构进行优化调整,而不是完全照搬照抄。当企业规模不大、往来业务较少时,可采用和手工方式一样的科目结构及记账方法,即将往来单位、个人、部门、项目通过设置明细科目来进行核算管理;而对于一个往来业务频繁、清欠和清理工作量大、核算要求严格的企业来说,则应该采用总账系统提供的辅助核算功能进行管理,即将这些明细科目的上级科目设为末级科目并设为辅助核算科目,并将这些明细科目设为相应的辅助核算目录。一个科目设置了辅助核算后,它所发生的每一笔业务都将会登记在总账和辅助明细账上。

当未使用辅助核算功能时,可将科目设置为:

科目编码	科目名称
1122	应收账款
112201	北京石化公司
112202	天津销售分公司
……	
1221	其他应收款
122101	差旅费应收款
12210101	王坚
12210102	李默
122102	私人借款
12210201	王坚
12210202	李默
……	

1401		材料采购
140101		甲材料
140102		乙材料
……		
1605		在建工程
160501		工程物资
16050101		A 部门
16050102		B 部门
……		
6602		管理费用
660201		办公费
66020101		A 部门
66020102		B 部门

当启用总账系统的辅助核算功能进行核算时，可将科目设置为：

科目编码	科目名称	辅助核算
1122	应收账款	客户往来
1221	其他应收款	
122101	差旅费应收款	个人往来
122102	私人借款	个人往来
1401	材料采购	项目核算
1605	在建工程	
160501	工程物资	部门项目
6602	管理费用	
660201	办公费	部门核算

(2) 增加会计科目

由于系统内已预置了行业一级科目，因此企业需要增加的主要是明细科目。增加会计科目时需要输入以下内容。

- 科目编码

科目编码就是按科目编码方案对每一科目进行编码定义。对科目进行编码便于反映上下级会计科目间的逻辑关系；便于计算机识别和处理；将会计科目编码作为数据处理的关键字，便于检索、分类及汇总；减少输入工作量，提高输入速度；促进会计核算的规范化和标准化。设置会计科目编码时应注意：一级会计科目编码要符合会计制度的统一要求，明细科目编码要满足建账时设定的编码规则。

- 科目名称

科目名称分为科目中文名称和科目英文名称，两者不能同时为空。科目汉字名称是证、账、表上显示和打印的标志，必须意义明确、用语规范，尽量避免重名。

- 科目类型

科目类型是按会计科目性质对会计科目进行划分。按照会计制度规定，科目类型分为五大类，即资产、负债、所有者权益、成本、损益。一级科目编码的首位数字与科目类型有一定的对应关系，即科目大类代码"1=资产类"、"2=负债类"、"3=共同类"、"4=所有者权益类"、"5=成本类"、"6=损益类"，因此，系统可以根据科目编码自动识别科目类型。

- 账页格式

账页格式规定了查询和打印时该科目的会计账页形式。账页格式一般分为金额式、外币金额式、数量金额式、数量外币式几类。一般情况下，有外币核算的科目可设为外币金额式，有数量核算的科目可设为数量金额式，既有外币又有数量核算的科目可设为数量外币式，既无外币又无数量核算的科目可设为金额式。

- 外币核算

该科目是否核算外币。如果是外币，则需要选择外币种类。一个科目只能核算一种外币。

- 数量核算

用于设定该科目是否有数量核算，以及数量计量单位。计量单位可以是任何汉字或字符，如千克、件、吨等。

- 汇总打印

在同一张凭证中，当某科目或有同一上级科目的末级科目需要有多笔同方向的分录时，如果希望将这些笔分录按科目汇总成一笔打印，则需要将该科目设置为"汇总打印"，汇总的科目设置成该科目的本身或其上级科目。

- 封存

被封存的科目在制单时不可以使用。

- 科目性质

增加登记在借方的科目，科目性质为借方；增加登记在贷方的科目，科目性质为贷方。用户只能在一级科目设置科目性质，下级科目的科目性质与其一级科目相同，已有数据的科目不能再修改科目性质。

- 辅助核算

辅助核算也叫辅助账类，用于说明本科目是否有其他核算要求。系统除完成一般的总账、明细账核算外，还提供以下几种专项核算功能：部门核算、个人往来核算、客户往来核算、供应商往来核算、项目核算。

一般地，收入或费用类科目可设置部门辅助核算。日常运营中，当收入或费用发生时，系统要求实时确认收入或费用的部门归属，记账时同时登记总账、明细账和部门辅助账；与客户的往来科目如应收账款、应收票据、预收账款可设成客户往来核算；应付账款、应付票据、预付账款可设成供应商往来核算；在建工程及收入成本类科目可设成项目核算，用于按项目归集收入或费用。

一个科目可同时设置两种专项核算。例如，主营业务收入既想核算各部门的使用情况，也想了解各项目的使用情况，那么可以同时设置部门核算和项目核算。个人往来核算不能与其他专项一同设置，客户与供应商核算不能一同设置。辅助账类必须设在末级科目上，但为了查询或出账方便，有些科目也可以在末级科目和上级科目同时设辅助账类。但若只在上级科目设辅助账核算，系统将不允许。

注意

- 银行存款科目要按存款账户设置，需进行数量、外币核算的科目要按不同的数量单位、外币单位建立科目。
- 只有在会计科目修改状态下才能设置汇总打印和封存。只有末级科目才能设置汇总打印，且汇总到的科目必须为该科目本身或其上级科目。当将该科目设成汇总打印时，系统登记明细账仍按明细登记，而不是按汇总数登记，此设置仅供凭证打印输出。

- 日记账

手工核算下，只对现金和银行科目记日记账。而在计算机环境下，突破了记账速度这个瓶颈，企业可以根据管理需要设置对任意科目记日记账。

- 银行账

对银行科目需要设置银行账。

(3) 修改和删除会计科目

如果需要对已建立会计科目的某些属性，如账页格式、辅助核算、汇总打印、封存标识等进行修改，可以通过系统提供的"修改"功能来完成。

如果会计科目未经使用，也可通过"删除"功能来删除。删除会计科目时应遵循"自下而上"的原则。

注意

- 如果科目已录入期初余额或已制单，则不能删除。
- 非末级会计科目不能删除。
- 被指定为"现金科目"、"银行科目"的会计科目不能删除；若想删除，必须先取消指定。
- 科目一经使用，即已输入凭证，则不允许删除，但可以增加同级科目或在该科目下增设下级科目(在已使用科目下增加下级科目时，该科目数据有可能会产生错误，因此建议对有重要数据的科目不要做增加下级科目处理)。

---

(4) 指定会计科目

指定会计科目是指定出纳的专管科目，一般指现金科目和银行存款科目。指定科目后，才能执行出纳签字，从而实现现金、银行管理的保密性，才能查看现金、银行存款日记账。

2．凭证类别

在手工环境下，企业多采用收、付、转三类凭证或银、现、转三类凭证，还有划分为银收、银付、现收、现付、转五类凭证的，当然，还有更复杂的分类。为什么要对凭证分类呢？其深层原因在于：一是手工环境下不同类别的凭证可以印制成不同的颜色，有些凭证只需要填写对方科目，节省书写的工作量；二是便于分类统计汇总。仔细探究这两个原因不难看出，转换到计算机环境后，以上两个问题已经不是问题了。因此，已经不再需要对凭证进行分类。但是实际情况也不尽然。例如，本章的实验二就沿用手工的凭证分类方式将凭证类别划分为收、付、转三类，同时规定了三类凭证的限制类型和限制科目，如果用户在输入转账凭证时误选择了收款凭证，那么计算机会准确地判断出来，并给出提示。

3. 外币种类

如果企业有外币核算业务，需要事先定义外币种类，并确定外币业务的核算方式。

外币设置时需要定义以下项目：

(1) 币符及币名：定义外币的表示符号及其中文名称。

(2) 汇率小数位：定义外币的汇率小数位数。

(3) 折算方式：分为直接汇率与间接汇率两种。直接汇率即"外币×汇率=本位币"，间接汇率即"外币÷汇率=本位币"。

(4) 外币最大误差：在记账时，如果外币×(或÷)汇率-本位币>外币最大误差，则系统给予提示，系统默认最大折算误差为 0.000 01，即不相等时就提示。

(5) 固定汇率与浮动汇率：对于使用固定汇率(即使用月初或年初汇率)作为记账汇率的用户，在填制每月的凭证前，应预先在此录入该月的记账汇率，否则在填制该月外币凭证时，将会出现汇率为零的错误。对于使用变动汇率(即使用当日汇率)作为记账汇率的用户，在填制凭证的当天，应预先在此录入该天的记账汇率。

注意

- 这里的汇率管理只提供录入汇率的功能，对于制单时使用固定汇率还是浮动汇率仅取决于总账系统选项的定义。
- 如果使用固定汇率，则应在每月月初录入记账汇率(即期初汇率)，月末计算汇兑损益时录入调整汇率(即期末汇率)；如果使用浮动汇率，则应每天在此录入当日汇率。

---

4. 项目目录

项目可以是工程，可以是订单，也可以是产品，总之，可以把需要单独计算成本或收入的这样一种对象都视为项目。在企业中通常存在多种不同的项目。对应地，在软件中可以定义多类项目核算，并可以将具有相同特性的一类项目定义为一个项目大类。为了便于管理，对每个项目大类还可以进行细分类，在最末级明细分类下再建立具体的项目档案。为了在业务发生时将数据准确归入对应的项目，需要在项目和已设置为项目核算的科目间建立对应关系。这是不是有些复杂呢？其实，只要遵循以下的提示就可以快速建立项目档案。

(1) 定义项目大类。定义项目大类包括指定项目大类名称、定义项目级次和定义项目栏目三项工作。项目级次是确定该项目大类下所管理的项目的级次及每级的位数。项目栏目是针对项目属性的记录。例如定义项目大类"工程",工程下又分了一级,设置 1 位数字即可,工程要记录的必要内容如"工程号"、"工程名称"、"负责人"、"开工日期"、"完工日期"等可作为项目栏目。

(2) 指定核算科目。指定设置了项目辅助核算的科目具体要核算哪一个项目,建立项目与核算科目之间的对应关系。

(3) 定义项目分类。例如,将工程分为"自建工程"和"外包工程"。

(4) 定义项目目录。定义项目目录是将每个项目分类中所包含的具体项目录入系统。具体每个项目录入哪些内容取决于项目栏目的定义。

3.2.4 收付结算

1. 结算方式

设置结算方式的目的,一是提高银行对账的效率,二是根据业务自动生成凭证时可以识别相关的科目。计算机信息系统中需要设置的结算方式与财务结算方式基本一致,如现金结算、支票结算等。手工系统中一般设有支票登记簿,因业务需要借用支票时需要在支票登记簿上签字,报销支票时再注明报销日期。计算机信息系统中同样提供票据管理功能,如果某种结算方式需要进行票据管理,只需选中"是否票据管理"标志即可。

2. 付款条件

付款条件也叫现金折扣,用来设置企业在经营过程中与往来单位协议规定的收、付款折扣优惠方法。这种折扣条件通常可表示为 5/10, 2/20, n/30,意思是客户在 10 天内偿还货款,可得到 5%的折扣;在 20 天内偿还货款,可得到 2%的折扣;在 30 天内偿还货款,则须按照全额支付货款;在 30 天以后偿还货款,则不仅要按全额支付货款,还可能要支付延期付款利息或违约金。系统最多同时支持 4 个时间段的折扣。

3. 开户银行

维护本单位的开户银行信息,并支持多个开户行及账号的情况。

实验二 基础档案设置

【实验目的】
1. 理解基础档案的作用。
2. 掌握基础档案的录入方法。
【实验内容】
基础档案设置。
【实验准备】
引入"实验一"账套数据。步骤如下:
(1) 将光盘中"实验基础账套"文件夹复制到本地计算机,取消文件夹所有文件只读

属性。将计算机当前日期调整为 2009 年 1 月 1 日，以系统管理员的身份注册进入系统管理，执行"账套"|"恢复"命令，打开"引入账套数据"对话框。

(2) 单击"查找范围"下拉列表框，选择实验一账套数据，找到账套文件 UF2KAct.Lst，单击【打开】按钮，系统弹出提示框，请用户确认账套引入路径。如果无须修改账套引入路径，单击【否】按钮，如果系统内已存在该账套号账套，系统会弹出提示框，要求用户确认是否覆盖已存在信息，单击【是】按钮选择覆盖，单击【否】按钮不覆盖。

【实验要求】

以郑通的身份进行基础档案设置。

【实验资料】

1. 部门信息

部 门 编 码	部 门 名 称	负 责 人
1	企管办	汪涵
2	财务部	郑通
3	采购部	魏大鹏
4	销售部	
401	销售一部	田晓宾
402	销售二部	孟倩
5	生产部	

2. 职员信息

职员编号	职员姓名	所属部门	职员属性	职员编号	职员姓名	所属部门	职员属性
101	汪涵	企管办	总经理	301	魏大鹏	采购部	部门经理
201	郑通	财务部	部门经理	401	田晓宾	销售一部	部门经理
202	贺敏	财务部	会计	402	孟倩	销售二部	部门经理
203	汪扬	财务部	会计	501	潘小小	生产部	仓库主管
204	孙娟	财务部	出纳				

3. 地区分类

地区分类编码	地区分类名称	地区分类编码	地区分类名称
01	北方区	03	中南区
02	华东区	04	西部区

4. 客户分类

客户分类编码	客户分类名称
1	批发商
2	代理商
3	零散客户

5. 客户档案

客户编号	客户名称	客户简称	所属分类码	所属地区码	税号	开户银行	账号	分管部门	专营业务员
001	北方管理软件学院	软件学院	1	01	1513246758944512	工行北京分行	11015892349	销售一部	田晓宾
002	创远系统集成公司	创远公司	3	02	34942983910111412	工行上海分行	22100032341	销售二部	孟倩
003	天津图书城	天津图书城	2	01	1203243242342113	工行天津分行	10210499852	销售二部	孟倩

6. 供应商分类

本企业只有几个主要供应商，长期稳定，不需要分类管理。

7. 供应商档案

供应商编号	供应商名称	供应商简称	所属分类码	所属地区码	税号	开户银行	账号	分管部门	分管业务员
001	大众印刷厂	大众	00	01	110108534875344	工行北京分行	10543982199	采购部	魏大鹏
002	联诚软件	联诚	00	01	110843543722553	工行北京分行	43828943234	采购部	魏大鹏

8. 外币设置

本企业采用固定汇率核算外币，外币只涉及美元一种，美元币符假定为 USD，2009 年 1 月初汇率为 6.8。

9. 会计科目

本企业常用会计科目及期初余额如下：

科目编号及名称	辅助核算	方　　　向	币别/计量	期初余额
库存现金(1001)	日记账	借		6 487.70
银行存款(1002)	银行账、日记账	借		211 057.16
人民币户(100201)	银行账、日记账	借		211 057.16
美元户(100202)	银行账、日记账	借	美元	
应收账款(1122)	客户往来	借		157 600.00
其他应收款(1221)		借		3 800.00

(续表)

科目编号及名称	辅助核算	方　向	币别/计量	期　初　余　额
备用金(122101)	部门核算	借		
应收个人款(122102)	个人往来	借		3 800.00
坏账准备(1231)		贷		10 000.00
预付账款(1123)	供应商往来	借		
材料采购(1401)		借		-80 000.00
原材料(1403)		借		11 300.00
光盘(140301)	数量核算	借		4 400.00
			张	2 200.00
复印纸(140302)	数量核算	借		6 900.00
			包	460.00
库存商品(1405)		借		27 078.00
杀毒软件(140501)	数量核算	借		10 650.00
			套	71.00
百问 ERP 多媒体课件(140502)	数量核算	借		7 840.00
			套	98.00
工商管理案例集(140503)	数量核算	借		8 588.00
			册	226.00
固定资产(1601)		借		260 860.00
累计折旧(1602)		贷		47 120.91
短期借款(2101)		贷		100 000.00
应付账款(2202)	供应商往来	贷		276 850.00
预收账款(2203)	客户往来	贷		
应交税费(2221)		贷		-16 800.00
应交增值税(222101)		贷		-16 800.00
进项税额(22210101)		贷		-33 800.00
销项税额(22210102)		贷		17 000.00
实收资本(4001)		贷		308 200.00
本年利润(4103)		贷		
利润分配(4104)		贷		-110 022.31
未分配利润(410401)		贷		-110 022.31
生产成本(5001)		借		17 165.74
直接材料(500101)	项目核算	借		10 000.00
直接人工(500102)	项目核算	借		4 000.74

（续表）

科目编号及名称	辅助核算	方　向	币别/计量	期　初　余　额
制造费用(500103)	项目核算	借		2 000.00
其他(500104)	项目核算	借		1 165.00
生产成本转出 (500105)	项目核算	借		
制造费用(5101)		借		
工资(510101)	项目核算	借		
折旧费(510102)	项目核算	借		
其他(510103)	项目核算	借		
主营业务收入(6001)		贷		
杀毒软件(600101)	数量核算	贷		
百问 ERP 多媒体课件(600102)	数量核算	贷		
工商管理案例集(600103)	数量核算	贷		
主营业务成本(6401)		借		
杀毒软件(640101)	数量核算	借		
百问 ERP 多媒体课件(640102)	数量核算	借		
工商管理案例集(640103)	数量核算	借		
销售费用(6601)		借		
工资(660101)		借		
办公费(660102)		借		
差旅费(660103)		借		
招待费(660104)		借		
折旧费(660105)		借		
其他(660106)		借		
管理费用(6602)		借		
工资(660201)	部门核算	借		
办公费(660202)	部门核算	借		
差旅费(660203)	部门核算	借		
招待费(660204)	部门核算	借		
折旧费(660205)	部门核算	借		
其他(660206)	部门核算	借		
财务费用(6603)		借		
利息支出(660301)		借		
手续费(660302)		借		

利用增加、修改、成批复制等功能完成对会计科目的编辑，最后指定会计科目。

10. 凭证类别

凭 证 分 类	限 制 类 型	限 制 科 目
收款凭证	借方必有	1001,1002
付款凭证	贷方必有	1001,1002
转账凭证	凭证必无	1001,1002

11. 项目目录

项目大类 项目分类 项目 核算科目	项目大类：产品		项目大类：工程
	教学课件开发	工具软件开发	软件园建设
	ERP 模拟体验光盘	ERP 普及教程	
500101 直接材料	是		
500102 直接人工	是		
500103 制造费用	是		
500104 其他	是		
510101 工资	是		
510202 折旧费	是		
510303 其他	是		

12. 结算方式

结算方式编码	结算方式名称	票 据 管 理
1	现金结算	否
2	支票结算	否
201	现金支票	是
202	转账支票	是
3	银行汇票	否
4	商业汇票	否
401	商业承兑汇票	否
402	银行承兑汇票	否
9	其他	否

13. 付款条件

编码	信用天数	优惠天数 1	优惠率 1	优惠天数 2	优惠率 2	优惠天数 3	优惠率 3
01	30	5	2				
02	60	5	4	15	2	30	1
03	90	5	4	20	2	45	1

14. 开户银行

编码: 01, 名称: 工商银行北京分行中关村分理处, 账号: 8316587962。

【实验指导】

1. 输入部门信息

操作步骤如下:

① 执行"开始"|"程序"|"用友 T3 系列管理软件"|"用友 T3"|"用友会计信息化专用教学软件"命令, 打开"注册【控制台】"对话框。以账套主管身份登录, 如图 3-1 所示, 单击【确定】按钮, 进入用友通主界面。

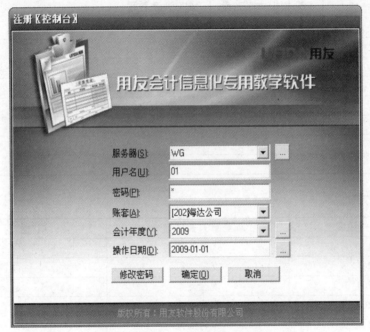

图 3-1 "注册【控制台】"对话框

② 执行"基础设置"|"机构设置"|"部门档案"命令, 进入"部门档案"窗口。

③ 单击【增加】按钮, 输入部门编码、部门名称信息, 单击【保存】按钮。

注意

在未建立职员档案前, 不能选择输入负责人信息。待职员档案建立完成后, 通过"修改"功能补充输入负责人信息。

2. 建立职员档案

操作步骤如下:

① 在用友通主界面, 执行"基础设置"|"机构设置"|"职员档案"命令, 进入"职员档案"窗口。

② 输入职员编号、职员名称、参照输入所属部门及职员属性，输入完成后，回车进入下一行，上一行内容自动保存。

 注意

职员档案建立完成后，可重新进入部门档案，通过"修改"功能增加负责人信息。

3．建立地区分类

操作步骤略。

4．建立客户分类

操作步骤略。

5．建立客户档案

操作步骤略。

6．建立供应商档案

操作步骤略。

7．外币设置

操作步骤如下：

① 在用友 T3 主界面，执行"基础设置"|"财务"|"外币种类"命令，进入"外币设置"对话框。

② 输入币符"USD"，币名"美元"，其他项目采用默认值，单击【确认】按钮。

③ 输入 2009 年 01 月初的记账汇率 6.8，按回车键确认，如图 3-2 所示。

图 3-2　"外币设置"对话框

④ 单击【退出】按钮，完成外币设置。

8．会计科目

(1) 增加会计科目

操作步骤如下：

① 在用友 T3 主界面，执行"基础设置"|"财务"|"会计科目"命令，进入"会计科目"窗口。

② 单击【增加】按钮，打开"会计科目_新增"对话框，如图 3-3 所示。

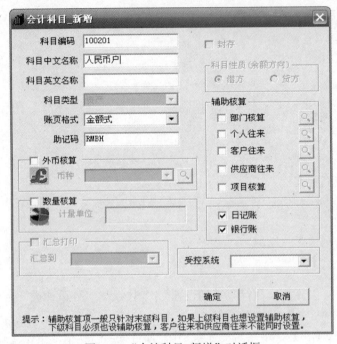

图 3-3 "会计科目_新增"对话框

③ 按资料输入各个项目，单击【确定】按钮保存。

(2) 利用"成批复制"功能增加会计科目

当完成库存商品下明细科目的增加后，可以利用成批复制功能增加主营业务收入下的明细科目。操作步骤如下：

① 在会计科目窗口中，执行"编辑"|"成批复制"命令，打开"成批复制"对话框。

② 输入复制源科目编码"1405"和目标科目编码"6001"，并选中"数量核算"辅助核算形式，如图 3-4 所示。

图 3-4 "成批复制"对话框

③ 单击【确认】按钮，保存。

(3) 修改会计科目

将"库存现金"科目设置"日记账"属性。操作步骤如下：

① 双击"1001 库存现金"科目，进入"会计科目-修改"对话框。

② 单击【修改】，选中"日记账"复选框，单击【确定】按钮。

(4) 指定会计科目

操作步骤如下：

① 在会计科目窗口中，执行"编辑"|"指定科目"命令，打开"指定科目"对话框。

② 选中"现金总账科目"单选按钮，从待选科目列表框中选择"1001 库存现金"科目，单击">"按钮，将现金科目添加到已选科目列表中。

③ 同样，将银行存款科目设置为银行总账科目，如图 3-5 所示。

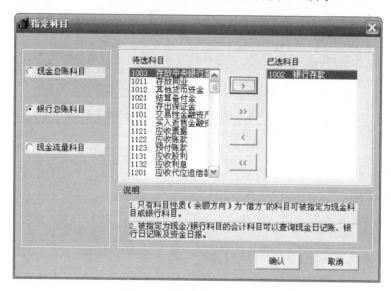

图 3-5　"指定科目"对话框

④ 单击【确认】按钮，保存。

9．凭证类别

操作步骤如下：

① 在用友 T3 主界面，执行"基础设置"|"财务"|"凭证类别"命令，打开"凭证类别"对话框。

② 单击"收款凭证 付款凭证 转账凭证"按钮，如图 3-6 所示。

③ 单击【确定】按钮，进入"凭证类别"窗口。

④ 双击"收款凭证"的限制类型，出现下拉箭头，选择"借方必有"，选择或输入限制科目"1001，100201，100202"。

> **注意**
>
> 限制科目之间的标点符号必须为半角符号，按 Esc 键可以退出增加类别状态。

⑤ 同样，设置其他限制类型和限制科目。

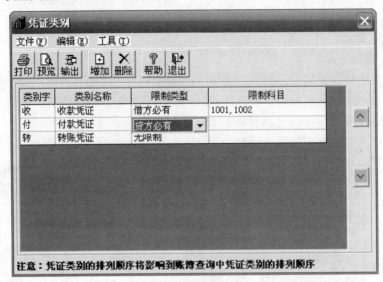

图 3-6 "凭证类别"窗口

10. 项目目录

操作步骤如下：

① 在用友 T3 主界面，执行"基础设置"|"财务"|"项目目录"命令，进入"项目档案"对话框。

② 单击【增加】按钮，打开"项目大类定义_增加"对话框。

③ 输入新项目大类名称"产品"，选择新增项目大类的属性"普通项目"，如图 3-7 所示。

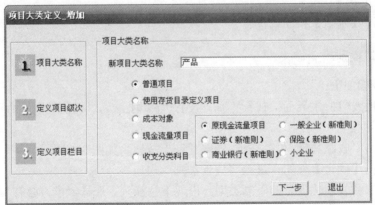

图 3-7 在"项目大类定义_增加"对话框中输入新项目大类名称

④ 单击【下一步】按钮，打开"定义项目级次"对话框，设定项目级次：一级 1 位，如图 3-8 所示。

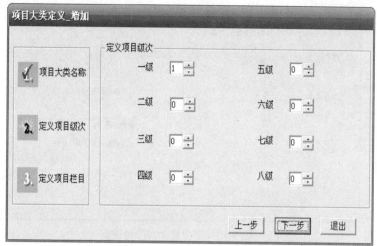

图 3-8　在"项目大类定义_增加"对话框中定义项目级次

⑤ 单击【下一步】按钮，打开"定义项目栏目"对话框，取系统默认值，不做修改。

⑥ 单击【完成】按钮，返回"项目档案"对话框。

⑦ 从"项目大类"下拉列表中选择"产品"，选中"核算科目"单选按钮，单击 ⊻ 按钮将全部待选科目选择为按产品项目大类核算的科目，单击【确定】按钮保存，如图 3-9 所示。

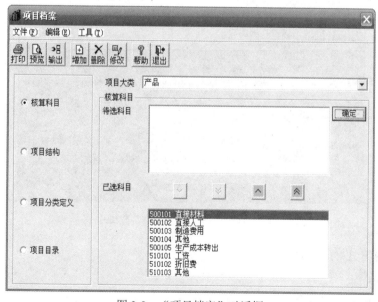

图 3-9　"项目档案"对话框

⑧ 选中"项目分类定义"单选按钮，输入分类编码"1"，分类名称"教学课件开发"，如图 3-10 所示，单击【确定】按钮。

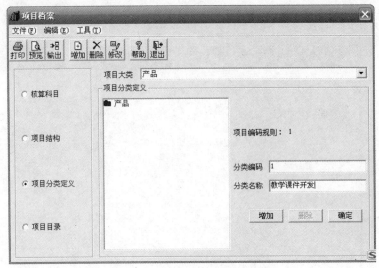

图 3-10　"项目档案"对话框

⑨ 选中"项目目录"单选按钮，单击【维护】按钮，进入"项目目录维护"窗口。

⑩ 单击【增加】按钮，输入项目"ERP 模拟体验光盘"和"ERP 普及教程"项目，如图 3-11 所示。

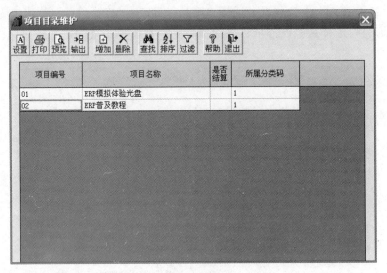

图 3-11　"项目目录维护"窗口

11. 结算方式

操作步骤如下：

① 在用友 T3 主界面，执行"基础设置"|"收付结算"|"结算方式"命令，进入"结算方式"窗口。

② 按要求输入企业常用结算方式，如图 3-12 所示。

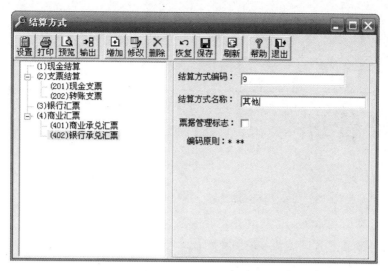

图 3-12　"结算方式"窗口

12. 付款条件

操作步骤略。

13. 开户银行

操作步骤略。

最后，备份实验二账套数据。

复习思考题

1. 基础设置的重要性是什么？
2. 按照财务业务一体化管理软件的要求，企业需要准备哪些基础数据？
3. 为了加强对客户的管理，客户档案中一般需要设置哪些内容？
4. 如何设置会计科目？
5. 指定会计科目的作用是什么？
6. 用友 T3 会计信息化软件中提供了哪些辅助核算功能？
7. 建立项目档案的程序是怎样的？
8. 付款条件的含义是什么？

第 4 章

总账管理

本章学习目标

通过本章内容的学习，你将能够：

1. 明确总账管理系统在管理软件中的地位。

2. 描述总账管理系统所具备的主要功能。

3. 描述总账管理系统的业务流程。

4. 明确总账初始化的重要意义。

5. 描述总账管理系统日常业务处理的主要内容。

6. 分析总账管理系统中提供的各项辅助核算的作用。

7. 分析自定义转账功能的实际应用。

8. 比较手工账务处理与计算机账务处理程序的不同。

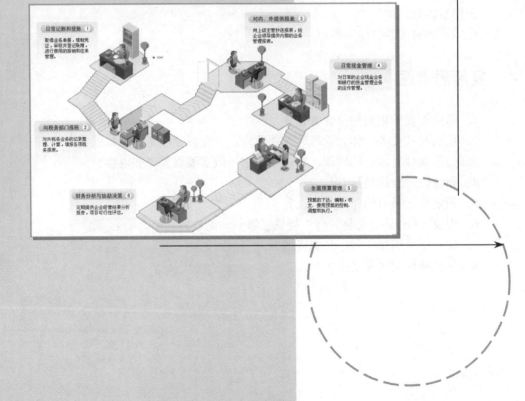

总账管理系统是用友通管理软件的核心子系统，适合于各行各业进行账务核算及管理工作。总账管理系统既可以独立运行，也可以同其他系统协同运转。

4.1　总账管理系统概述

4.1.1　总账管理系统功能概述

总账管理系统的主要功能包括初始设置、凭证管理、账簿管理、辅助核算管理和期末处理等，此外还包括现金管理、往来管理和项目管理。

1. 初始设置

由用户根据本企业的具体需要建立账务应用环境，将用友通总账管理系统变成适合本单位实际需要的专用系统。主要工作包括设置各项业务参数、明细账权限的设定和期初余额的录入等。

2. 凭证管理

通过严密的制单控制保证填制凭证的正确性。用友通提供资金赤字控制、支票控制、预算控制、外币折算误差控制以及查看最新余额等功能，加强对发生业务的及时管理和控制，完成凭证的录入、审核、记账、查询、打印，以及出纳签字、常用凭证定义等。

3. 账簿管理

强大的查询功能使整个系统实现总账、明细账、凭证联查，并可查询包含未记账凭证的最新数据。可随时提供总账、余额表、明细账、日记账等标准账表的查询。

4. 辅助核算管理

总账管理系统除了提供总账、明细账、日记账等主要账簿数据的查询外，还提供以下辅助核算管理。

(1) 个人往来核算

个人往来核算主要管理个人借款、还款业务，及时地控制个人借款，完成清欠工作，提供个人借款明细账、催款单、余额表、账龄分析报告及自动清理核销已清账等功能。

(2) 部门核算

部门核算主要用于考核部门收入、支出的发生情况，及时地反映控制部门费用的支出，对各部门的收支情况加以比较，便于按部门考核业绩，提供各级部门总账、明细账的查询，并对部门收入与费用进行部门收支分析等功能。

(3) 往来管理

往来管理主要进行客户和供应商往来款项的发生、清欠管理工作，及时掌握往来款项的最新情况，提供往来款的总账、明细账、催款单、往来账清理、账龄分析报告等功能。

(4) 现金管理

现金管理为出纳人员提供一个集成办公环境，便于加强对现金及银行存款的管理，可完成银行日记账、现金日记账，并随时给出最新资金日报表、余额调节表以及进行银行对账。

(5) 项目管理

项目管理主要用于生产成本、在建工程等业务的核算，以项目为中心，为使用者提供各项目的成本、费用、收入、往来等汇总与明细情况以及项目计划执行报告等。针对不同的企业类型，项目的概念有所不同，可以是科研课题、专项工程、产成品成本、旅游团队、合同、订单等，提供项目总账、明细账及项目统计表的查询。

5. 期末处理

灵活的自定义转账功能、各种取数公式可满足各类业务的转账工作，自动完成月末分摊、计提、对应转账、销售成本、汇兑损益、期间损益结转等业务，进行试算平衡、对账、结账、生成月末工作报告。

4.1.2 总账管理系统与其他系统的主要关系

总账管理系统与其他系统的主要关系如图 4-1 所示。

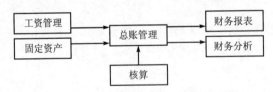

图 4-1 总账管理系统与其他系统的主要关系

4.1.3 总账管理系统的业务流程

总账管理系统的业务流程如图 4-2 所示。

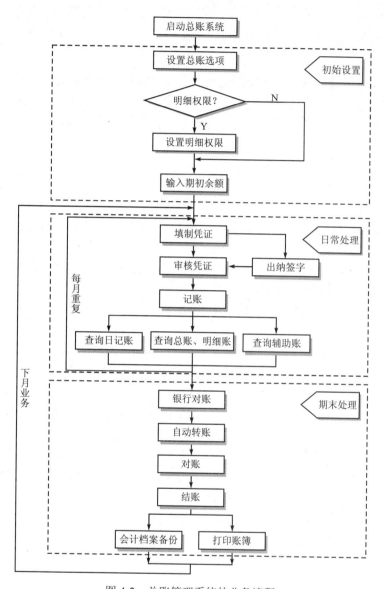

图 4-2　总账管理系统的业务流程

4.2　总账管理系统初始化

从原有系统(手工系统或计算机系统)过渡到新系统并不是完全照抄照搬,而是需要有一个重新设计的过程。总账初始化就是结合企业的具体管理需求和用友通管理软件的特点确定针对企业的业务流程及解决方案,具体体现为设置总账管理系统运行的各项参数及录入初始数据。

4.2.1 选项设置

首次使用总账管理系统时，需要确定反映企业具体核算要求的各种参数。通过选项设置定义总账管理系统的输入控制、处理方式、数据流程、输出格式等。总账管理系统中按控制内容将总账选项归并为凭证、账簿、会计日历和其他 4 类内容。

1. 凭证

(1) 制单控制

制单控制限定了在填制凭证时系统应对哪些操作进行控制。主要包括：

- 制单序时控制：选中该项意味着填制凭证时，随凭证编号的递增凭证日期按由小到大的顺序排列。
- 支票控制：若选择此项，在制单时录入了未在支票登记簿中登记的支票号，系统将提供登记支票登记簿的功能。
- 资金及往来赤字控制：若选择此项，则在制单时，当现金、银行科目的最新余额出现负数时，系统将予以提示。
- 制单权限控制到科目：系统允许设置有制单权限的操作员可以使用某些特定科目制单。
- 允许修改、作废他人填制的凭证：若选择该项，当前操作员可以修改或作废非本人填制的凭证。
- 可以使用其他系统受控科目：某系统的受控科目其他系统是不能用来制单的，如客户往来科目一般为应收系统的受控科目，总账系统是不能使用此类科目进行制单的。

(2) 凭证控制

- 打印凭证页脚姓名：设置在打印凭证时是否自动打印制单人、出纳、审核人、记账人的姓名。
- 凭证审核控制到操作员：有些时候，希望对审核权限作进一步细化，如只允许某操作员审核其本部门操作员填制的凭证而不能审核其他部门操作员填制的凭证时，则应选择此项。
- 出纳凭证必须经由出纳签字：若选择了此项，则含有现金、银行科目的凭证必须由出纳人员通过"出纳签字"功能对其核对签字后才能记账。

(3) 凭证编号方式

系统在填制凭证功能中一般根据凭证类别按月自动编制凭证编号，即"系统编号"，但有的企业需要系统允许在制单时手工录入凭证编号，即"手工编号"。

(4) 外币核算

如果企业有外币业务，则应选择相应的汇率方式为固定汇率或浮动汇率。若选择固定汇率，日常业务按月初汇率处理，月末进行汇兑损益调整；若选择浮动汇率，日常业务按当日汇率折算本位币金额，月末无须进行调整。

2. 账簿

- 打印位数宽度：定义正式账簿打印时摘要、金额、外币、数量、汇率、单价各栏目的宽度。
- 明细账查询权限控制到科目：有些时候，希望对查询和打印权限作进一步细化，如只允许某操作员查询或打印某科目明细账而不能查询或打印其他科目的明细时，则应选择此选项，然后再到系统菜单"设置"|"明细账权限"中去设置明细账科目查询权限。
- 凭证、账簿套打：打印凭证、正式账簿时是否使用套打纸进行打印。套打纸是指用友公司为总账系统专门印制的带格线的各种凭证、账簿。选择套打纸打印，无须打印表格线，打印速度快且美观。

3. 会计日历

在会计日历标签中，可以查看各会计期间的起始日期与结束日期以及启用会计年度和启用日期。此处仅能查看会计日历的信息，如需修改请到系统管理中进行。

 注意

- 总账管理系统的启用日期不能在系统的启用日期之前。
- 已录入汇率或已输入余额后不能修改总账启用日期。

4. 其他

- 数量、单价小数位设置：决定在制单或查账时系统对于数量、单价小数位的显示形式。
- 部门/个人/项目排序方式：决定在查询相关账目时，是按编码排序还是按名称排序。

4.2.2 明细账权限

系统管理中对操作员已做了功能权限的授权，但仅限于系统功能菜单一级，不能提供更明确的权限区分，而明细账权限正可以弥补这一不足。

1. 明细账科目权限设置

针对每位有账簿查询权限的操作员规定其所能查询的科目范畴。

2. 凭证审核权限设置

针对每位有审核权限的操作员规定其能审核哪些制单人填制的凭证。

3. 制单科目权限设置

针对有制单权限的操作员规定其制单时所能使用的科目。

4.2.3 期初余额

为了保证业务处理的连续性，初次使用总账管理系统时，应将经过整理的总账启用日期前一个月的手工账余额数据录入计算机，以此为起点继续未来的业务处理。在总账管理系统中主要输入各科目余额，包括明细科目余额和辅助账余额，总账科目余额自动计算。计算机信息系统需要的期初数据包括各科目的年初数，建账当前月的借、贷方累计发生额，及期末余额4项数据。由于4个数据项之间存在内在联系，因此，只需要输入借、贷方累计发生额和期末余额，就可以计算出年初数。例如，某企业2005年4月开始启用总账系统，那么，应将该企业2005年3月末各明细科目的期末余额及1~3月的累计发生额整理出来，录入到总账系统中，系统将自动计算年初余额；若科目有辅助核算，还应整理各辅助项目的期初余额。

如果企业选择年初建账，由于各科目本年无发生额，因此只需要准备各科目期初余额，大大简化了数据准备工作，这正是很多企业选择年初建账的原因。年初建账的另外一个优势是年度数据完整，便于今后的数据对比及分析。

在输入期初数据的过程中，需要注意以下问题。

1. 不同性质科目的余额输入

在总账期初余额表中，用不同的颜色区别了3种不同性质的科目。显示白色的单元格表示该科目为末级科目，可以输入期末余额；显示为黄色的单元格表示该科目为非末级科目，输入末级科目余额后该科目余额自动汇总生成；显示为蓝色的单元格表示该科目设置了辅助核算，需要双击该单元格进入辅助账期初余额录入界面，辅助账期初余额输入完成退出后，总账相应期初余额自动生成。

 注意

设置了辅助核算的科目可以直接录入累计发生额数据。

2. 关于科目的余额方向

在手工科目体系中，允许存在上级科目与明细科目余额方向不一致的情况。例如，应交税金科目余额方向为"贷"，而"应交税金—应交增值税—进项税"科目余额方向为"借"。在用友通管理系统中，上级科目与明细科目的余额方向必须一致。这样，应交税金科目及其所有明细科目的余额方向均为"贷"，当期末余额与规定的余额方向不一致时，输入"-"号表示。

如果需要改变科目的余额方向，可单击工具栏上的【方向】按钮。

3. 期初试算平衡

期初余额输入完成后，单击工具栏上的【试算】按钮进行科目余额的试算平衡，以保证初始数据的正确性。期初余额试算不平衡，可以填制凭证，但不能记账。已经记过账，则不能再输入、修改期初余额，也不能执行"结转上年余额"功能。

4.3 总账管理系统日常业务处理

在总账系统中，当初始设置完成后，就可以开始进行日常业务处理了。日常业务处理主要包括填制凭证、审核凭证、记账，查询和打印输出各种凭证、日记账、明细账、总账和各种辅助账等。

4.3.1 凭证管理

凭证管理是总账日常业务处理的起点，是保证会计信息系统数据正确的关键环节。"填制凭证—审核凭证—记账"是凭证处理的关键步骤。如果在总账选项中选择了"出纳凭证必须经由出纳签字"，则"出纳签字"也成为流程中必须的一项内容，其位置介于"填制凭证"和"记账"之间。

1. 填制凭证

在实际工作中，可以根据经济业务发生时取得的原始凭证直接在计算机上填制记账凭证。填制凭证的功能包括增加凭证、修改凭证、删除凭证、冲销凭证等。

(1) 增加凭证

记账凭证的内容一般包括三部分：一是凭证头部分；二是凭证正文部分；三是凭证尾部分。

凭证头内容：

① 凭证类别：可以输入凭证类别字，也可以参照输入。

② 凭证编号：一般情况下，由系统根据凭证类别按月自动编制，即每类凭证每月都从 0001 号开始。系统同时也自动管理凭证页号，系统规定每页凭证有 5 条记录，当某张凭证不止 1 页时，系统自动将在凭证号后标上分单号。例如，"收-0001 号 0002/0003"表示收款凭证第 0001 号凭证共有 3 张分单，当前光标所在分录在第 2 张分单上。如果在启用账套时设置凭证编号方式为"手工编号"，则用户可在此处手工录入凭证编号。

③ 制单日期：填制凭证的日期。系统自动取进入账务系统前输入的业务日期为记账凭证日期，如果日期不对，可进行修改或参照输入。

提示
- 日期只能随凭证号递增而增加，即不能逆序。
- 凭证日期应大于等于系统启用日期，小于系统日期。

④ 附单据数：输入当前凭证所附原始单据张数。

⑤ 凭证自定义项：凭证自定义项是由用户自定义的凭证补充信息。用户根据需要自行定义和输入，系统对这些信息不进行校验，只进行保存。

凭证正文内容：

① 摘要：输入本笔分录的业务说明，要求简洁明了且不能为空。凭证中的每个分录行都必须有摘要，各行摘要可以不同。可以利用系统提供的"常用摘要"功能预先设置常用摘要，以规范业务，加快凭证录入速度。

② 科目：输入或参照输入末级科目编码，系统自动将其转换为中文名称。也可以直接输入中文科目名称、英文科目名称或助记码。

③ 辅助信息：对于设置了辅助核算的科目，系统提示输入相应的辅助核算信息。

- 对于设置了数量辅助核算的科目，系统要求输入数量及单价，自动计算金额。
- 对于设置了外币辅助核算的科目，系统要求输入外币金额和记账汇率，自动计算本位币金额。如果采用固定汇率核算方式，系统自动带出月初设置的记账汇率。
- 对于设置了银行账辅助核算的科目，系统要求输入票据日期、结算方式和结算号，以方便日后对账。
- 对于设置了部门辅助核算的科目，系统要求输入部门信息。
- 对于设置了个人往来辅助核算的科目，系统要求输入个人信息。
- 对于设置了客户往来辅助核算的科目，系统要求输入客户信息。
- 对于设置了供应商往来辅助核算的科目，系统要求输入供应商信息。
- 对于设置了项目辅助核算的科目，系统要求输入相关项目信息。

④ 金额：也就是该笔分录的借方或贷方本币发生额，金额不能为零，但可以是红字，红字金额以负数形式输入。凭证上的借方金额合计应该与贷方金额合计相等，否则不能保存。

凭证尾内容：

凭证尾部分主要标识该凭证的制单人、审核人、记账人信息，由系统根据登录操作员自动记录其姓名。

提示
在本月未结账的情况下，可以输入下一个月的凭证。

(2) 修改凭证

虽然在凭证录入环节系统提供了多种确保凭证输入正确的控制措施，但仍然避免不了发生错误。为此，系统提供了凭证修改功能，但仅限于对已输入未审核状态的凭证。

修改凭证时需要在填制凭证状态下找到需要修改的凭证，直接修改即可。可修改的内容包括摘要、科目、辅助项、金额及方向、增删分录等，凭证类别不能修改。

注意

● 外部系统传过来的凭证不能在总账系统中进行修改，只能在生成该凭证的系统中进行修改。

● 修改辅助核算信息时，需要将光标定位在凭证中带辅助核算信息的科目上，移动鼠标到凭证上的辅助核算区，待鼠标变形为笔形时双击，出现辅助核算对话框，按要求修改。

(3) 作废、恢复及整理凭证

如果出现凭证重复录入或凭证上出现不便修改的错误时，可以利用系统提供的"作废/恢复"功能将错误凭证作废。作废凭证仍保留原有凭证内容及凭证号，作废凭证不能修改、审核，但要参加记账，否则月末无法结账。

若当前凭证已作废，可以执行"制单"|"作废/恢复"命令，取消作废标志，将当前凭证恢复为有效凭证。

如果无须保留作废凭证，可通过系统提供的"整理"功能将标注有"作废"字样的凭证彻底删除，并对未记账凭证进行重新编号，以保证凭证编号的连续性。

(4) 冲销凭证

对于已记账的凭证，如果发现有错误，可以制作一张红字冲销凭证。执行"制单"|"冲销凭证"命令制作红字冲销凭证。通过红字冲销法增加的凭证视同为正常凭证进行保存管理。

2. 出纳签字

为加强企业现金收入和支出的管理，出纳人员可通过出纳管理功能对制单人填制的带有现金和银行存款科目的凭证进行检查核对，主要核对收付款凭证上填制的金额是否正确。只有出纳确认无误后，才能进行记账处理。

注意

出纳签字与审核凭证无先后顺序。

3. 审核凭证

审核是指由具有审核权限的操作员按照会计制度规定，对制单人填制的凭证进行合法合规性检查。审核无误的凭证可以进入下一处理过程——记账；审核中如果发现错误，可以利用系统提供的"标错"功能为凭证标注有错标记，便于制单人快速查询和更正，待修正后再重新审核。根据会计制度规定，审核与制单不能为同一人。

系统提供了两种审核方式：单张审核和成批审核。

对审核后的凭证，系统提供取消审核的功能。

4. 查询凭证

总账系统的填制凭证功能不仅是各账簿数据的输入口，同时也提供了强大的信息查询功能。在凭证界面中有些信息是可直接看到的，如科目、摘要、金额等；有些信息是通过某些操作间接获得的，如各分录的辅助信息、当前分录行号、当前科目最新余额、外部系统制单信息等。

(1) 灵活运用查询条件

例如，查询 2006 年 1 月"付字 0002 号"凭证，查询条件设置如图 4-3 所示。

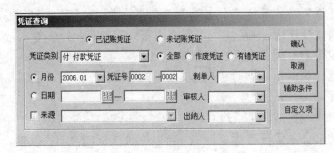

图 4-3 "凭证查询"对话框

(2) 查看当前科目的最新余额

单击【余额】按钮，屏幕显示当前光标所在科目的最新余额。

(3) 查看外部系统制单信息

若当前凭证为外部系统生成的凭证，可将鼠标移到记账凭证的标题处，单击鼠标左键，系统即显示当前凭证来自哪个子系统、凭证反映的业务类型与业务号。当光标在某一分录上时，用鼠标单击凭证右下方的图标，则显示生成该分录的原始单据类型、单据日期及单据号。

(4) 联查明细账、辅助明细及原始单据

当光标位于凭证某分录科目时，执行"查看"|"联查明细账"命令，系统将显示该科目的明细账。若该科目有辅助核算，执行"查看"|"联查辅助明细"命令，系统将显示该科目的辅助明细账。若当前凭证是由外币系统制单生成，执行"查看"|"联查原始单据"命令，系统将显示生成这张凭证的原始单据。

5. 科目汇总

科目汇总是按条件对记账凭证进行汇总并生成一张凭证汇总表。进行汇总的凭证可以是已记账凭证，也可以是未记账凭证。因此财务人员可在凭证未全部记账前，随时查看企业当前的经营状况及其他财务信息。

6. 记账

在总账系统中，记账凭证经审核后就可以执行记账了。手工处理时，记账是人工将审核后的凭证平行登记到总账、明细账和日记账，重复转抄过程中难免失误，因此设计了账账核对、账证核对等控制手段保证账簿记录的正确性。在用友通管理系统中，记账时按照预先设定的程序自动进行，记账向导引导记账过程。

(1) 选择本次记账范围

即确定本次需要记账的凭证范围，包括期间、类别、记账范围。确定记账范围时可以单击【全选】按钮选择所有未记账凭证，可以输入连续编号范围如"1-9"表示对该类别第1~9号凭证进行记账，也可以输入不连续的编号如"3，7"表示仅对第3张和第7张凭证记账。

(2) 记账报告

系统自动记账前，需要进行以下项目的检查：

- 如果是第一次记账，需要检查输入的期初余额是否平衡，期初余额不平，不允许记账；
- 上月未记账或结账，本月不能记账；
- 未审核凭证不能记账；
- 作废凭证不需要审核可直接记账。

检查完成后，系统显示记账报告，呈现检验的结果，如期初余额不平或哪些凭证未审核或出纳未签字等。

(3) 记账

记账之前，系统将自动进行硬盘备份，保存记账前的数据，一旦记账过程异常中断，可以利用这个备份将系统恢复到记账前状态。

记账过程由系统自动完成，无须人工干预。

7. 常用摘要和常用凭证

(1) 常用摘要

摘要是关于企业经济业务的简要说明，也是录入凭证时唯一需要输入汉字的项目，从某种程度上说，摘要的内容是制单规范性的重要内容之一，而凭证的输入速度很大程度上取决于摘要的录入速度。为此，系统提供了设置常用摘要的功能，用于将企业经常发生的业务摘要事先存储起来供制单时调用，以加快录入速度、提高规范性。设置常用摘要时，需要填写摘要编码、摘要内容及相关科目，如设置常用摘要"01 从工行人民币户提现金"。

(2) 常用凭证

对于经常发生的业务，也可以设置凭证模板。预先把凭证类别、摘要、科目等要素存储起来称为常用凭证。待业务发生时，直接调用常用凭证，补充输入其他内容如金额等，可以提高业务处理的规范性和业务处理效率。

4.3.2　账簿管理

企业发生的经济业务，经过制单、审核、记账等程序后，就形成了正式的会计账簿。

账簿管理包括账簿的查询和打印。在用友通管理系统中，账簿分为基本会计核算账簿和辅助核算账簿。

1. 基本会计核算账簿

基本会计核算账簿包括总账、余额表、明细账、序时账、多栏账、综合多栏账、日记账、日报表等。

(1) 总账

总账查询不但可以查询各总账科目的年初余额、各月发生额合计和月末余额，而且还可查询所有二至六级明细科目的年初余额、各月发生额合计和月末余额。

(2) 余额表

传统的总账是按照总账科目分页设账，如果查询一定范围或全部科目的发生额及余额就略显不便。余额表用于查询、统计各级科目的本月发生额、累计发生额和余额等，可输出某月或某几个月的所有总账科目或明细科目的期初余额、本期发生额、累计发生额、期末余额。因此在实行计算机记账后，建议采用"发生额及余额表"代替总账。

(3) 明细账

明细账查询用于平时查询各账户的明细发生情况及按任意条件组合查询明细账。在查询过程中可以包含未记账凭证。明细账包括三种账簿查询类型：普通明细账、按科目排序明细账和月份综合明细账。

普通明细账是按科目查询，按发生日期排序的明细账。

按科目排序明细账是按非末级科目查询，按其有发生额的末级科目排序的明细账。

月份综合明细账是按非末级科目查询，包含非末级科目总账数据及末级科目明细数据的综合明细账。

(4) 序时账

序时账，实际上就是以流水账的形式反映单位的经济业务，查询打印比较简单，此处不作详述。

(5) 多栏账

本功能用于查询多栏明细账。在查询多栏账之前，必须先定义查询格式。进行多栏账栏目定义有两种方式：自动编制栏目和手动编制栏目。一般情况下，先进行自动编制再进行手动调整，可以提高录入效率。

(6) 综合多栏账

综合多栏账是在原多栏账的基础上新增的一个账簿查询方式，它除了可以以科目为分析栏目查询明细账，也可以以辅助项及自定义项为分析栏目查询明细账，并可完成多组借贷栏目在同一账表中的查询。其目的主要是完成商品销售、库存、成本明细账的横向联合查询，并提供简单的计算功能，以方便用户对商品进销存状况的及时了解。

(7) 日记账

本功能主要用于查询除现金日记账、银行日记账以外的其他日记账，现金日记账、银行日记账在现金管理中查询。

(8) 日报表

本功能用于查询输出某日所有科目的发生额及余额情况,但不包括现金、银行存款科目。此外,系统还提供与现金流量有关的报表查询。

2. 辅助核算账簿

辅助核算账簿包括个人往来辅助账和部门辅助账。

(1) 个人往来辅助账

个人往来辅助账提供个人往来余额表、个人往来明细账、个人往来清理、个人往来催款和个人往来账龄分析等主要账表。

(2) 部门辅助账

部门辅助账提供部门总账、部门明细账、部门收支分析等主要账表。

4.3.3　现金管理

现金管理是总账系统为出纳人员提供的一套管理工具,主要包括现金日记账和银行存款日记账的管理、支票登记簿的管理以及银行对账功能,并可对银行长期未达账提供审计报告。

1. 日记账

现金管理提供对现金日记账、银行日记账和资金日报表的查询。资金日报表是反映现金、银行存款日发生额及余额情况的报表。在手工方式下,资金日报表由出纳员逐日填写,反映当天营业终了时现金、银行存款的收支情况及余额;而电算化方式下,资金日报表主要用于查询、输出或打印资金日报表,提供当日借、贷金额合计和余额以及发生的业务量等信息。

2. 银行对账

银行对账是出纳管理的一项很重要的工作。此项工作通常在期末进行。银行对账的业务流程如下:

(1) 输入银行对账期初数据

许多企业在使用总账系统时,通常先不使用银行对账模块。例如,某企业 2005 年 1 月开始使用总账系统,而银行对账功能在 5 月开始使用,那么银行对账则应该有一个启用日期(启用日期应为使用银行对账功能前最后一次手工对账的截止日期),并在此录入最后一次对账企业方与银行方的调整前余额以及启用日期之前的单位日记账和银行对账单的未达项。

(2) 输入银行对账单

要实现计算机自动对账,在每月月末对账前,须将银行开出的银行对账单输入计算机。本功能用于平时录入银行对账单。在指定账户(银行科目)后,可录入本账户下的银行对账单，以便于与企业银行存款日记账进行对账。

(3) 银行对账

银行对账采用自动对账与手工对账相结合的方式。

自动对账即由计算机根据对账依据将银行日记账未达账项与银行对账单进行自动核对、冲抵。对账依据通常是"结算方式+结算号+方向+金额"或"方向+金额"。对于已核对无误的银行业务，系统将自动在银行存款日记账和银行对账单上标注两清标志，并视为已达账项，否则，视其为未达账项。由于自动对账是以银行存款日记账和银行对账单双方对账依据完全相同为条件，所以为了保证自动对账的正确和彻底，必须保证对账数据的规范合理。

手工对账是对自动对账的补充。采用自动对账后，可能还有一些特殊的已达账项没有对出来，而被视为未达账项，为了保证对账更彻底正确，可通过手工对账进行调整冲抵。

在下面 4 种情况中，只有第 1 种情况能自动核销已对账的记录，后 3 种情况均需通过手工对账来强制核销。

- 对账单文件中一条记录和银行日记账未达账项文件中一条记录完全相同。
- 对账单文件中一条记录和银行日记账未达账项文件中多条记录完全相同。
- 对账单文件中多条记录和银行日记账未达账项文件中一条记录完全相同。
- 对账单文件中多条记录和银行日记账未达账项文件中多条记录完全相同。

(4) 余额调节表的查询输出

在对银行账进行两清勾对后，计算机自动整理汇总未达账和已达账，生成"银行存款余额调节表"，以检查对账是否正确。该余额调节表为截止到对账截止日期的余额调节表，若无对账截止日期，则为最新余额调节表。如果余额调节表显示账面余额不平，应检查"银行期初录入"中的相关项目是否平衡，"银行对账单"录入是否正确，"银行对账"中勾对是否正确、对账是否平衡，若不正确则进行调整。

(5) 对账结果查询

对账结果查询主要用于查询单位日记账和银行对账单的对账结果，它是对余额调节表的补充，可进一步了解对账后，对账单上勾对的明细情况(包括已达账项和未达账项)，从而进一步查询对账结果。检查无误后，可通过核销银行账来核销已达账项。

银行对账不平时，不能使用核销功能，核销不影响银行日记账的查询和打印。如果核销错误，可以进行反核销。

(6) 核销银行账

核销银行账用于将核对正确并确认无误的已达账项删除，对于一般用户来说，在银行对账正确后，如果想将已达账项删除并只保留未达账项，可使用本功能。

 注意

- 银行对账不平衡时，请不要使用本功能，否则将造成以后对账错误。
- 本功能不影响银行日记账的查询和打印。
- 按 Alt+U 键可以进行反核销。

---

(7) 长期未达账审计

本功能用于查询至截止日期为止未达天数超过一定天数的银行未达账项，以便企业分析长期未达原因，避免资金损失。

3. 支票登记簿

在手工记账时，企业通常设有支票领用登记簿，它用来登记支票领用情况，用友通管理系统中也提供了"支票登记簿"功能，供详细登记支票领用人、领用日期、支票用途、是否报销等情况。

使用支票登记簿要注意：

(1) 只有在会计科目中设置了银行账辅助核算的科目才能使用支票登记簿。

(2) 只有在结算方式设置中选择票据控制才能选择登记银行科目。

(3) 领用支票时，银行出纳员须进入"支票登记"功能据实登记领用日期、领用部门、领用人、支票号、备注等。

(4) 支票支出后，经办人持原始单据(发票)报销，会计人员据此填制记账凭证，在录入该凭证时，系统要求录入该支票的结算方式和支票号。填制完成该凭证后，系统自动在支票登记簿中将支票写上报销日期，该号支票即视为已报销。对已报销的支票，系统将用不同的颜色区分。

(5) 支票登记簿中的报销日期栏，一般是由系统自动填写的；但对于有些已报销而由于人为原因而造成系统未能自动填写报销日期的支票，则可进行手工填写。

(6) 已报销的支票不能进行修改，但可以取消报销标志后再行修改。

(7) 在实际应用中，如果要求领用人亲笔签字等，最好不使用支票登记簿，这样会增加输入的工作量。

4.3.4　往来管理

往来账款主要发生在企业的购销业务中，包括赊销引起的客户应收往来和赊购引起的供应商应付往来。往来管理主要包括设置往来账的管理方式、往来账的记录与核销、往来账的查询等内容。

1. 往来账的管理方式

如果企业客户不多，可以在应收科目下为每个客户设置一个明细科目，用来核算企业与该客户的往来业务。往来查询时直接查明细账，但对应收的核销、账龄等不能提供简洁明确的记录。因此，如果企业客户很多、赊销占企业收入的比重很大，建议要对往来账科目设置辅助核算。往来辅助账中提供了往来账对账及账龄分析等功能，加强了对往来业务的管理。

2. 往来账的记录与核销

往来账的记录与核销采用往来账辅助核算方式。往来业务发生时，系统要求记录往来单位信息；待该笔赊销收回时可以按客户及时核销，以掌握最新的往来数据。

3. 往来账的查询

往来账簿中提供与企业有往来关系的客户、供应商余额表、明细账、往来对账及账龄分析等。

(1) 往来余额管理

对客户/供应商的往来余额管理包括科目余额表、余额表、三栏余额表、部门余额表、项目余额表、业务员余额表、分类余额表、地区分类余额表的查询。

(2) 往来明细账管理

对客户/供应商的往来明细账管理包括科目明细账、三栏明细账、部门明细账、项目明细账、业务员明细账、分类明细账、地区分类明细账、多栏明细账的查询。

(3) 往来管理

往来管理包括往来两清、往来催款单(对账单)、往来账龄分析等功能。

4.3.5　项目管理

项目管理提供了按项目查询总账、明细账和进行项目统计的功能。

4.4　总账管理系统期末处理

期末处理主要包括自动转账、对账、月末处理及年末处理。与日常业务相比，期末处理的数量不多，但业务种类繁杂且时间紧迫。在计算机环境下，由于各会计期间的许多期末业务都具有较强的规律性，且方法很少改变，如费用计提、分摊的方法等，因此，由计算机来处理这些有规律的业务不但节省会计人员的工作量，也可以加强财务核算的规范性。

4.4.1　自动转账

转账分为外部转账和内部转账。外部转账是指将其他专项核算子系统生成的凭证转入总账系统中，一般由系统自动完成。内部转账是指在总账系统内部把某个或某几个会计科目中的余额或本期发生额结转到一个或多个会计科目中。

自动转账包括转账定义和转账生成两部分。

1. 转账定义

转账定义是把凭证的摘要、会计科目、借贷方向以及金额的计算公式预先设置成凭证模板，即自动转账分录，待需要转账时调用相应的自动转账分录生成凭证即可。

自动转账分录可以分为独立自动转账分录和相关自动转账分录。独立自动转账分录要转账的业务数据与本月其他经济业务无关。例如，相关自动转账分录要转账的业务数据与本月其他经济业务相关、结转生产成本前应完成制造费用的结转等。

系统提供 5 种类型的转账定义：自定义转账、对应结转、销售成本结转、汇兑损益结转、期间损益结转。

(1) 自定义转账设置

自定义转账是适用范围最大的一种转账方式，可以完成的转账业务主要有：

- "费用分配"的结转，如工资分配等；
- "费用分摊"的结转，如制造费用等；
- "税金计算"的结转，如增值税等；
- "提取各项费用"的结转，如提取福利费等；
- 各项辅助核算的结转。

如果使用应收、应付系统，则在总账系统中不能按客户、供应商辅助项进行结转，只能按科目总数进行结转。

(2) 对应结转设置

对应结转不仅可进行两个科目的一对一结转，还提供科目的一对多结转功能。对应结转的科目可为上级科目，但其下级科目的科目结构必须一致，即具有相同的明细科目，若涉及辅助核算，则对应结转的两个科目的辅助账类也必须一一对应。

本功能只结转期末余额，若结转发生额，需在自定义结转中设置。

(3) 销售成本结转设置

销售成本结转设置主要用来辅助没有启用购销存管理的企业完成销售成本的计算和结转。其原理是将月末商品销售数量(根据主营业务收入数量确定)乘以库存商品的平均单价，计算出各种产品的销售成本，然后从库存商品的贷方转入主营业务成本的借方。在进行销售成本结转时，库存商品、主营业务收入和主营业务成本三个科目必须设有数量辅助核算，且这三个科目的下级科目必须一一对应。

(4) 汇兑损益结转设置

汇兑损益结转用于期末自动计算外币账户的汇兑损益，并在转账过程中自动生成汇兑损益转账凭证。汇兑损益只处理以下外币账户：外汇存款户，外币现金，外币结算的各项债权、债务；不包括所有者权益类账户、成本类账户和损益类账户。

为了保证汇兑损益计算正确，填制某月的汇兑损益凭证时必须先将本月的所有未记账凭证先记账。

汇兑损益入账科目不能是辅助账科目或有数量外币核算的科目。

若启用了应收、应付系统，则计算汇兑损益的外币科目不能是带客户或供应商往来核算的科目。

(5) 期间损益结转设置

期间损益结转设置用于在一个会计期间终了时，将损益类科目的余额结转到本年利润科目中，从而及时反映企业利润的盈亏情况。期间损益结转主要是损益类科目的结转。

损益科目结转中将列出所有的损益科目。如果希望某损益科目参与期间损益的结转，则应在该科目所在行的本年利润科目栏填写本年利润科目代码；若为空，则将不转此损益科目的余额。

损益科目的期末余额将结转到同一行的本年利润科目中去。

若损益科目与本年利润科目都有辅助核算，则辅助账类必须相同。

损益科目结转表中的本年利润科目必须为末级科目，且为本年利润入账科目的下级科目。

2. 转账生成

定义完转账凭证后，每月月末只需执行"转账生成"功能即可由计算机快速生成转账凭证。在此生成的转账凭证将自动追加到未记账凭证中去，通过审核、记账后才能真正完成结转工作。

由于转账凭证中定义的公式基本上取自账簿，因此，在进行月末转账之前，必须将所有未记账凭证全部记账；否则，生成的转账凭证中的数据就可能不准确。特别是对于一组相关转账分录，必须按顺序依次进行转账生成、审核、记账。

根据需要，选择生成结转方式、结转月份及需要结转的转账凭证，系统在进行结转计算后显示将要生成的凭证，确认无误后，将生成的凭证追加到未记账凭证中。

结转月份为当前会计月，且每月只结转一次。在生成结转凭证时，要注意操作日期，一般在月末进行。

若转账科目有辅助核算，但未定义具体的转账辅助项，则可以选择"按所有辅助项结转"或者"按有发生的辅助项结转"。按所有辅助项结转指转账科目的每一个辅助项生成一笔分录。按有发生的辅助项结转指按转账科目下每一个有发生的辅助项生成一笔分录。

4.4.2 对账

对账是对账簿数据进行核对，以检查记账是否正确以及账簿是否平衡。它主要是通过核对总账与明细账、总账与辅助账数据来完成账账核对。

试算平衡就是将系统中设置的所有科目的期末余额按会计平衡公式"借方余额=贷方余额"进行平衡检验，并输出科目余额表及是否平衡等信息。

一般来说，实行计算机记账后，只要记账凭证录入正确，计算机自动记账后各种账簿都应是正确、平衡的，但由于非法操作、计算机病毒或其他原因，有时可能会造成某些数据被破坏，因而引起账账不符。为了保证账证相符、账账相符，应经常使用本功能进行对账，至少一个月一次，一般可在月末结账前进行。

如果使用了应收、应付系统，则在总账系统中不能对客户往来账、供应商往来账进行对账。

当对账出现错误或记账有误时，系统允许"恢复记账前状态"进行检查、修改，直到对账正确为止。

4.4.3　结账

企业在每月月底都要进行结账处理，结账实际上就是计算和结转各账簿的本期发生额和期末余额，并终止本期的账务处理工作。

在会计电算化方式下，结账工作与手工相比简单多了。结账是一种批量数据处理工作，每月只结账一次，主要是对当月日常处理的终止和对下月账簿的初始化，由计算机自动完成。

1. 结账前检查工作

在结账之前要作下列检查：

(1) 检查本月业务是否全部记账，若有未记账凭证则不能结账。

(2) 月末结转必须全部生成并记账，否则本月不能结账。

(3) 检查上月是否已结账，如果上月未结账，则本月不能记账。

(4) 核对总账与明细账、主体账与辅助账、总账系统与其他子系统数据是否一致，若不一致则不能结账。

(5) 检查损益类账户是否全部结转完毕，若未完成则本月不能结账。

(6) 若与其他子系统联合使用，应检查其他子系统是否已结账，若其他子系统没有结账则本月不能结账。

2. 结账与反结账

结账前系统自动进行数据备份，结账处理就是计算本月各账户发生额合计和本月账户期末余额，并将余额结转到下月作为下月月初余额。结账完成后不得再录入本月凭证。如果结账以后发现本月还有未处理的业务或其他情况，可以进行"反结账"，取消本月结账标记，然后进行修正，再进行结账工作。

实验三　总账管理系统初始设置

【实验目的】

1. 掌握用友 T3 会计信息化软件中总账管理系统初始设置的相关内容。

2. 理解总账管理系统初始设置的意义。

3. 掌握总账管理系统初始设置的具体内容和操作方法。

【实验内容】

1. 总账系统选项设置。

2. 明细账权限设置。

3. 期初余额录入。

【实验准备】

引入"实验二"账套数据。

【实验要求】

以"郑通"的身份进行初始设置。

【实验资料】

1. 总账控制参数

选项卡	控制对象	参数设置
凭证	制单控制	• 制单序时控制 • 支票控制 • 资金及往来赤字控制 • 允许修改、作废他人填制的凭证 • 可以使用其他系统受控科目
	凭证控制	• 打印凭证页脚姓名 • 出纳凭证必须经由出纳签字
	凭证编号方式	凭证编号方式采用系统编号
	外币核算	外币核算采用固定汇率
	预算控制	进行预算控制
账簿	打印位数宽度	账簿打印位数、每页打印行数按软件的标准设定
	明细账查询权限控制到科目	是
	明细账打印方式	明细账打印按年排页
会计日历		会计日历为 2009 年 1 月 1 日～2009 年 12 月 31 日
其他	排序方式	部门、个人、项目按编码方式排序

2. 明细账科目权限设置

操作员"贺敏"负责往来核算，只具有应收账款、预付账款、应付账款、预收账款等4个科目的明细账查询权限。

3. 期初余额

(1) 总账期初明细(见第 3 章实验二)

(2) 辅助账期初明细

会计科目：122102 其他应收款—应收个人款　　　余额：借 3 800 元

日　　期	凭证号	部　　门	个　　人	摘　　要	方　　向	期 初 余 额
2008-12-26	付-118	企管办	汪涵	出差借款	借	2 000.00
2008-12-27	付-156	销售一部	田晓宾	出差借款	借	1 800.00

会计科目：1122 应收账款　　余额：借 157 600 元

日　　期	凭证号	客　户	摘　要	方向	金　额	业务员	票号	票据日期
2008-10-25	转-118	北方管理软件学院	销售商品	借	99 600	田晓宾	P111	2008-10-25
2008-11-10	转-15	天津图书城	销售商品	借	58 000	孟倩	Z111	2008-11-10

会计科目：2202 应付账款　　余额：贷 276 850 元

日　　期	凭证号	供应商	摘　要	方向	金　额	业务员	票号	票据日期
2008-10-20	转-45	联诚	购买原材料	贷	276 850	魏大鹏	C001	2008-10-20

会计科目：5001 生产成本　　余额：借 17 165.74 元

科　目　名　称	ERP 模拟体验光盘	ERP 普及教程	合　　计
直接材料(500101)	4 000	6 000	10 000
直接人工(500102)	1 500	2 500.74	4 000.74
制造费用(500103)	800	1 200	2 000
其他 (500104)	500	665	1 165
合计	6 800	10 365.74	17 165.74

【实验指导】

1. 设置总账选项

操作步骤如下：

① 执行"总账"|"设置"|"选项"命令，打开"选项"对话框。

② 选择"凭证"选项卡，按照实验资料的要求进行相应的设置，如图 4-4 所示。

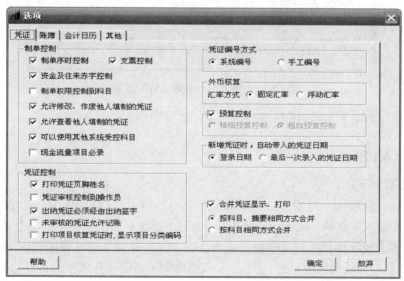

图 4-4 "凭证"选项卡

③ 同样，分别单击"账簿"、"会计日历"、"其他"选项卡，按照实验资料的要求进行相应的设置。

④ 设置完成后，单击【确定】按钮返回。

2. 明细账权限设置

操作步骤如下：

① 执行"总账"|"设置"|"明细账权限"命令，打开"明细权限设置"对话框。

② 选择"明细账科目权限设置"选项卡，从"操作员"下拉列表中选择"贺敏"，将"应收账款"、"预付账款"、"应付账款"、"预收账款"4 个科目从"待选科目"列表中选入"已选科目"列表中，如图 4-5 所示。

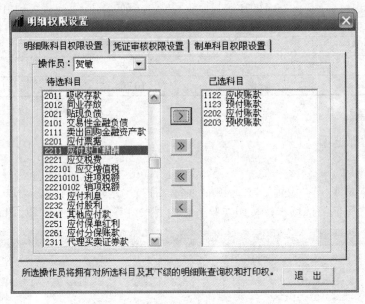

图 4-5 "明细账科目权限设置"选项卡

③ 单击【退出】按钮返回主界面。

3. 输入期初余额

操作步骤如下：

① 执行"总账"|"设置"|"期初余额"命令，进入"期初余额录入"窗口。

② 直接输入末级科目(底色为白色)期初余额，上级科目的余额自动汇总计算。

③ 设置了辅助核算的科目底色显示为蓝色，其累计发生额可直接输入，但期初余额的录入要到相应的辅助账中进行。方法是：双击设置了辅助核算属性的科目的期初余额栏，进入相应的辅助账窗口，按明细输入每笔业务的金额，如图 4-6 所示。

④ 完成后单击【退出】按钮，辅助账余额自动带到总账。

⑤ 输完所有科目余额后，单击【试算】按钮，打开"期初试算平衡表"对话框，如

图 4-7 所示。

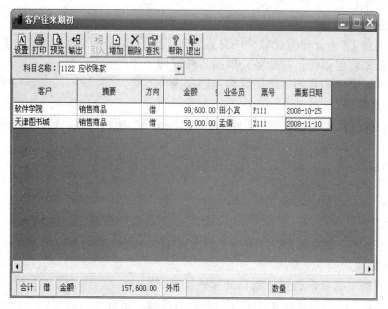

图 4-6　"客户往来期初"录入窗口

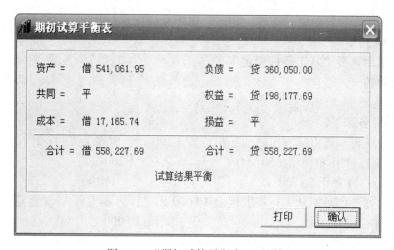

图 4-7　"期初试算平衡表"对话框

⑥ 若期初余额不平衡，则修改期初余额；若期初余额试算平衡，单击【确认】按钮。

 注意

- 期初余额试算不平衡，将不能记账，但可以填制凭证。
- 已经记过账，则不能再输入、修改期初余额，也不能执行"结转上年余额"功能。

最后，备份实验三账套数据。

实验四 总账管理系统日常业务处理

【实验目的】

1. 掌握用友 T3 会计信息化软件中总账管理系统日常业务处理的相关内容。
2. 熟悉总账管理系统日常业务处理的各种操作。
3. 掌握凭证管理和账簿管理的具体内容和操作方法。

【实验内容】

1. 凭证管理：定义常用摘要、填制凭证、出纳签字、审核凭证、凭证记账的操作方法。
2. 账簿管理：总账、科目明细账、明细账、辅助账的查询方法。
3. 现金管理：现金、银行存款日记账和资金日报表的查询。
4. 往来管理：往来账查询。
5. 项目管理：项目账查询。

【实验准备】

引入"实验三"账套数据。

【实验要求】

1. 以"贺敏"的身份进行填制凭证和凭证查询操作。
2. 以"孙娟"的身份进行出纳签字，并进行现金、银行存款日记账和资金日报表的查询及支票登记。
3. 以"郑通"的身份进行审核、记账、账簿查询操作。

【实验资料】

1. 定义常用摘要"从工行提现金"

2. 凭证管理

(1) 填制凭证

1 月经济业务如下：

① 2 日，销售一部田晓宾报销业务招待费 1 200 元，以现金支付。(附单据 1 张)

  借：销售费用/招待费(660104)   1 200

   贷：库存现金(1001)   1 200

② 3 日，财务部孙娟从工行提取现金 10 000 元，作为备用金。(现金支票号 XJ001)

  借：库存现金(1001)   10 000

   贷：银行存款/人民币户(100201)   10 000

③ 5 日，收到兴华集团投资资金 10 000 美元，汇率 1:6.8。(转账支票号 ZZW001)

  借：银行存款/美元户(100202)   68 000

   贷：实收资本(4001)   68 000

④ 8 日，采购部魏大鹏采购复印纸 200 包，每包 15 元，材料直接入库，货款以银行存款支付。(转账支票号 ZZR001)

  借：原材料/复印纸(140302)   3 000

   应交税费/应交增值税/进项税额(22210101) 510

   贷：银行存款/人民币户(100201)   3 510

⑤ 12 日，销售一部田小宾收到北方管理软件学院转来一张转账支票，金额 99 600 元，用以偿还前欠货款。(转账支票号 ZZR002)

  借：银行存款/人民币户(100201)   99 600

   贷：应收账款(1122)   99 600

⑥ 14 日，采购部魏大鹏从"联诚"购入杀毒软件 100 套，每套 120 元，货税款暂欠，已验收入库。(适用税率 17%)

  借：库存商品/杀毒软件(140501)   12 000

   应交税金/应交增值税/进项税额(22210101) 2 040

   贷：应付账款(2202)   14 040

⑦ 16 日，企管办购办公用品 170 元，付现金。

  借：管理费用/办公费(660202)   170

   贷：库存现金(1001)   170

⑧ 18 日，企管办汪涵出差归来，报销差旅费 2 000 元，交回现金 200 元。

  借：管理费用/差旅费(660203)   1800

   库存现金(1001)   200

   贷：其他应收款/应收个人款(122102) 2 000

⑨ 20 日，生产部领用光盘 500 张，每张 2 元，用于生产 ERP 模拟体验光盘。

  借：生产成本/直接材料(500101)   1 000

   贷：原材料/光盘(140301)   1 000

(2) 修改凭证

经查，16 日企管办购办公用品 190 元，误录为 170 元。

(3) 删除凭证

经查，2 日田晓宾报销的业务招待费属个人消费行为，不允许报销，现金已追缴，业务上不再反映。

(4) 出纳签字

由出纳孙娟对所有涉及现金和银行科目的凭证签字。

(5) 审核凭证

由账套主管郑通对凭证进行审核。

(6) 记账

由账套主管郑通对凭证进行记账。

(7) 查询凭证

查询现金支出在 100 元以上的凭证。

3. 账簿查询

(1) 查询"2009.01 余额表"。

(2) 查询"原材料-光盘"数量金额明细账。

(3) 定义并查询管理费用多栏账。

(4) 查询 "2009.01 部门收支分析表"。

(5) 查询企管办汪涵个人往来清理情况。

4. 现金管理

(1) 查询现金日记账。

(2) 查询资金日报。

(3) 查询支票登记簿。

(4) 20 日，采购部魏大鹏借转账支票 1 张采购光盘，票号 155，预计金额 3 000 元。

5. 往来账查询

(1) 查询供应商 "大众" 明细账。

(2) 进行客户往来账龄分析。

6. 项目账查询

(1) 查询 "ERP 模拟体验多媒体课件" 项目明细账。

(2) 进行项目统计分析。

【实验指导】

以 "贺敏" 的身份登录进入用友 T3 主界面。

1. 定义常用摘要

① 执行 "总账" | "凭证" | "常用摘要" 命令，进入 "常用摘要" 窗口。

② 单击【增加】按钮，输入摘要编码 "01"，摘要名称 "从工行提现金"，如图 4-8 所示。

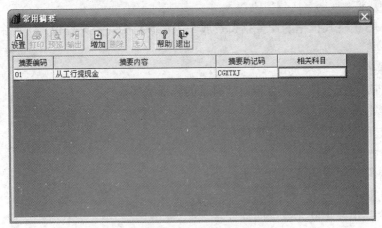

图 4-8 "常用摘要" 窗口

③ 本行输入完成后，按回车键保存。

2. 凭证管理

(1) 填制凭证

业务1：无辅助核算的一般业务

① 执行"总账"|"凭证"|"填制凭证"命令，进入"填制凭证"窗口。

② 单击【增加】按钮，系统自动增加一张空白收款凭证。

③ 在凭证左上角单击【参照】按钮，选择凭证类型"付款凭证"；输入制单日期"2009.01.02"；输入附单据数"1"。

④ 输入摘要"报销招待费"；输入借方科目编码"660104"，借方金额"1 200"，回车；摘要自动带到下一行，输入贷方科目编码"1001"，贷方金额"1 200"，如图4-9所示。

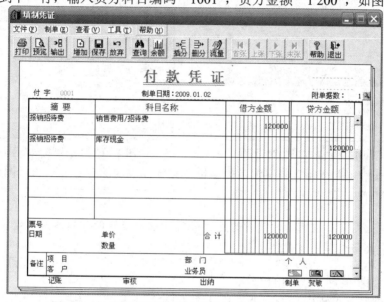

图4-9 在"填制凭证"窗口输入"业务1"的相关凭证

⑤ 单击【保存】按钮，系统弹出"凭证已成功保存！"信息提示框，单击【确定】按钮。

注意

- 制单日期不能滞后于系统日期。
- 采用序时控制时，凭证日期应大于等于总账启用日期，不能超过业务日期。
- 凭证一旦保存，其凭证类别、凭证编号不能修改。
- 正文中不同行的摘要可以相同也可以不同，但不能为空。每行摘要将随相应的会计科目在明细账、日记账中出现。
- 科目编码必须是末级的科目编码。
- 金额不能为"零"；红字以"—"号表示。
- 在英文输入模式下，可按"="键取当前凭证借贷方金额的差额到当前光标位置。
- 单击【增加】按钮，在保存当前凭证的同时增加一张新凭证。

业务2：辅助核算——银行科目

① 在总账填制凭证功能中，增加一张付款凭证，输入摘要时，单击【参照】按钮，选择预先设置的常用摘要"从工行提现金"。

② 输入银行科目"100201",弹出"辅助项"对话框。

③ 输入结算方式"201",票号"XJ001",发生日期"2009.01.03",如图 4-10 所示,单击【确认】按钮。

④ 凭证保存时,若此张支票未登记,则弹出"此支票尚未登记,是否登记?"对话框。

⑤ 单击【是】按钮,弹出"票号登记"对话框。

⑥ 输入领用日期"2009-01-03",领用部门"财务部",姓名"孙娟",限额"10 000",用途"备用金",如图 4-11 所示。

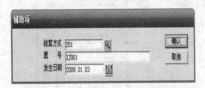

图 4-10　"辅助项"对话框　　　　　　图 4-11　"票号登记"对话框

⑦ 单击【确定】按钮,弹出信息提示框"凭证已成功保存!",单击【确定】按钮。

注意

选择支票控制,即该结算方式设为支票管理,银行账辅助信息不能为空,而且该方式的票号应在支票登记簿中有记录。

业务 3:辅助核算——外币科目

① 在填制凭证过程中,输入外币科目"100202",系统自动显示外币汇率"6.8",输入外币金额"10 000",系统自动算出并显示本币金额"68 000",如图 4-12 所示。

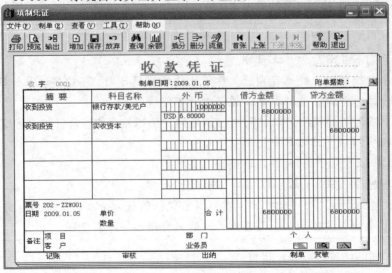

图 4-12　在"填制凭证"窗口输入"业务 3"的相关凭证

② 全部输入完后，单击【保存】按钮，保存凭证。

 **注意**

汇率栏中内容是固定的，不能输入或修改。若使用浮动汇率，汇率栏中则显示最近一次汇率，可以直接在汇率栏中修改。

业务 4：辅助核算——数量科目

① 在填制凭证过程中，输入数量科目"140302"，弹出"辅助项"对话框。

② 输入数量"200"，单价"15"，如图 4-13 所示，单击【确认】按钮。

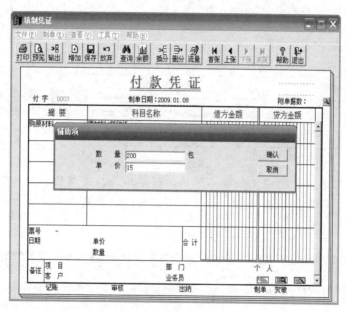

图 4-13 数量核算的业务

③ 保存凭证时，登记支票登记簿。

业务 5：辅助核算——客户往来

① 在填制凭证过程中，输入客户往来科目"1122"，弹出"辅助项"对话框。

② 输入客户"北方管理软件学院"，业务员"田小宾"，发生日期"2009.01.12"，如图 4-14 所示，单击【确认】按钮。

业务 6：辅助核算——供应商往来

① 在填制凭证过程中，输入供应商往来科目"2202"，弹出"辅助项"对话框。

② 输入供应商"联诚"，发生日期"2009.01.14"，如图 4-15 所示，单击【确认】按钮。

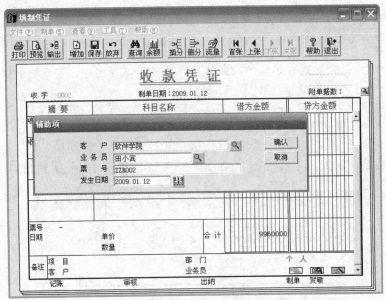

图 4-14 在"填制凭证"窗口输入"业务 5"的相关凭证

注意

如果往来单位不属于已定义的往来单位，则要单击往来单位参照按钮进入"参照"对话框，单击【编辑】按钮正确输入新往来单位的辅助信息，系统会自动追加到往来单位目录中。

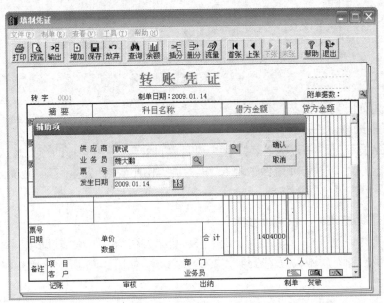

图 4-15 在"填制凭证"窗口输入"业务 6"的相关凭证

业务 7：辅助核算——部门核算

① 在填制凭证过程中，输入部门核算科目"660202"，弹出"辅助项"对话框。

② 输入部门"企管办"，如图 4-16 所示，单击【确认】按钮。

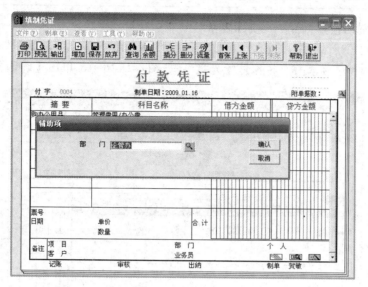

图 4-16 在"填制凭证"窗口输入"业务 7"的相关凭证

业务 8：辅助核算科目——个人往来

① 在填制凭证过程中，输入个人往来科目"122102"，弹出"辅助项"对话框。

② 输入部门"企管办"，个人"汪涵"，发生日期"2009.01.18"，如图 4-17 所示，单击【确认】按钮。

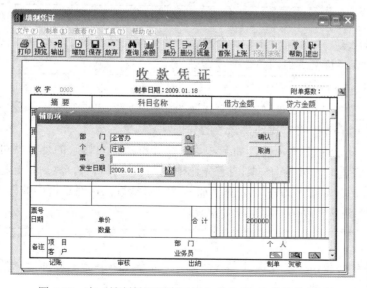

图 4-17 在"填制凭证"窗口输入"业务 8"的相关凭证

💡 **注意**

在输入个人信息时，不输入"部门名称"只输入"个人名称"时，系统将根据所输个人名称自动输入其所属的部门。

业务9：辅助核算科目——项目核算

① 在填制凭证过程中，输入项目核算科目"500101"，弹出"辅助项"对话框。

② 输入项目名称"ERP 模拟体验光盘"，如图4-18所示，单击【确认】按钮。

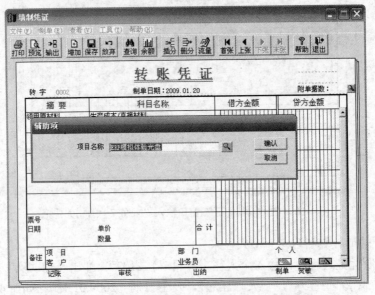

图4-18 在"填制凭证"窗口输入"业务9"的相关凭证

💡 **注意**

系统根据数量×单价自动计算出金额，并将金额先放在借方，如果方向不符，可将光标移动到贷方后，按空格键调整金额方向。

(2) 修改凭证

① 执行"总账"|"凭证"|"填制凭证"命令，进入"填制凭证"窗口。

② 单击 ⏮◀▶⏭ 按钮，找到要修改的凭证。

③ 对于凭证上的基本项目，如金额等，将光标放在要修改的地方就可以直接修改；如果要修改凭证的辅助项信息，则应首先选中辅助核算科目行，然后将光标置于备注栏辅助项，待鼠标变形为 🖌 时双击，弹出"辅助项"对话框，在对话框中修改相关信息。

④ 单击【保存】按钮，保存相关信息。

💡 **注意**

- 未经审核的错误凭证可通过"填制凭证"功能直接修改；已审核的凭证应先取消审核后再进行修改。

- 若已采用制单序时控制，则在修改当前制单日期时，不能将日期更改为上一张凭证的制单日期之前。
- 若选择"不允许修改或作废他人填制的凭证"权限控制，则不能修改或作废他人填制的凭证。
- 如果涉及银行科目的分录已录入支票信息并对该支票进行过报销处理，修改操作将不影响"支票登记簿"中的内容。
- 外部系统传过来的凭证不能在总账系统中进行修改，只能在生成该凭证的系统中进行修改。

(3) 冲销凭证(可选做)

① 在"填制凭证"窗口中，执行"制单"|"冲销凭证"命令，打开"冲销凭证"对话框。

② 输入条件：选择"月份"、"凭证类别"；输入"凭证号"等信息。

③ 单击【确定】按钮，系统自动生成一张红字冲销凭证。

注意

- 通过红字冲销法增加的凭证，应视同正常凭证进行保存和管理。
- 红字冲销只能针对已记账凭证进行。

(4) 删除凭证

业务 10：作废凭证

① 在"填制凭证"窗口中，先查询到要作废的凭证。

② 执行"制单"|"作废/恢复"命令。

③ 凭证的左上角显示"作废"标志，表示该凭证已作废。

注意

- 作废凭证仍保留凭证内容及编号，只显示"作废"字样。
- 作废凭证不能修改，不能审核。
- 在记账时，已作废的凭证应参与记账，否则月末无法结账，但不对作废凭证作数据处理，相当于一张空凭证。
- 账簿查询时，查不到作废凭证的数据。
- 若当前凭证已作废，可执行"编辑"|"作废/恢复"命令取消作废标志，并将当前凭证恢复为有效凭证。

业务 11：整理凭证

① 在"填制凭证"窗口中，执行"制单"|"整理凭证"命令，打开"选择凭证期间"对话框。

② 选择要整理的"月份"，如图 4-19 所示。

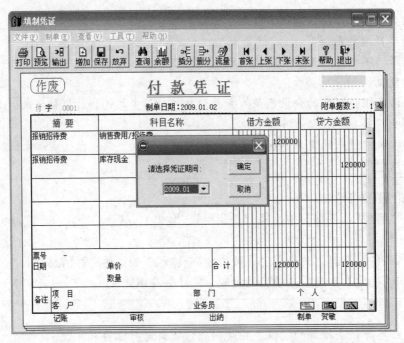

图 4-19 在"填制凭证"窗口中选择"业务 11"的相关凭证

③ 单击【确定】按钮，打开"作废凭证表"对话框。

④ 选择要删除的作废凭证。

⑤ 单击【确定】按钮，系统将弹出"是否还需整理凭证断号"信息提示框，单击【是】按钮，系统将会把这些凭证从数据库中删除并对剩下的凭证重新编号。

💡 **注意**

● 不想保留作废凭证时，可以通过"整理凭证"功能将其彻底删除，并对未记账的凭证重新编号。

● 只能对未记账凭证作凭证整理。

● 如果要对已记账凭证作凭证整理，应先恢复到本月月初记账前的状态，再作凭证整理。

---

(5) 出纳签字

业务 12：更换操作员

① 在用友通主界面，执行"文件"|"重新注册"命令，打开"注册【控制台】"对话框。

② 以"孙娟"的身份登录，进入总账系统。

💡 **注意**

● 凭证填制人和出纳签字人可以为不同的人，也可以为同一个人。

● 按照会计制度规定，凭证的填制与审核不能是同一个人。

● 在进行出纳签字和审核之前，通常需先更换操作员。

业务 13：出纳签字

① 执行"总账"|"凭证"|"出纳签字"命令，打开"出纳签字"查询条件对话框。

② 输入查询条件：选中"全部"单选按钮，输入月份"2009.01"。

③ 单击【确认】按钮，进入"出纳签字"的凭证列表窗口。

④ 双击某一要签字的凭证或者单击【确定】按钮，进入"出纳签字"的签字窗口。

⑤ 单击【签字】按钮，凭证底部的"出纳"处将自动签上出纳人姓名。

⑥ 单击【下张】按钮，对其他凭证签字，最后单击【退出】按钮。

注意

- 涉及指定为现金科目和银行科目的凭证才需出纳签字。
- 凭证一经签字，就不能被修改或删除，只有取消签字后才可以修改或删除，取消签字只能由出纳自己进行。
- 凭证签字并非审核凭证的必要步骤。若在设置总账参数时，不选择"出纳凭证必须经由出纳签字"，则可以不执行"出纳签字"功能。
- 可以执行"签字"|"成批出纳签字"命令对所有凭证进行出纳签字。

(6) 审核凭证

以"郑通"的身份重新登录。

① 执行"总账"|"凭证"|"审核凭证"命令，打开"凭证审核"查询条件对话框。

② 输入查询条件，单击【确认】按钮，进入"凭证审核"的凭证列表窗口。

③ 双击要审核的凭证或单击【确定】按钮，进入"凭证审核"的审核凭证窗口。

④ 检查要审核的凭证，确认无误后，单击【审核】按钮，凭证底部的"审核"处将自动签上审核人姓名。

⑤ 单击【下张】按钮，对其他凭证签字，最后单击【退出】按钮。

注意

- 审核人必须具有审核权。当通过"凭证审核权限"设置了明细审核权限时，还需要有对制单人所制凭证的审核权。
- 作废凭证不能被审核，也不能被标错。
- 审核人和制单人不能是同一个人，凭证一经审核，不能被修改、删除，只有取消审核签字后才可修改或删除。已标记作废的凭证不能被审核，需先取消作废标记后才能审核。

(7) 记账

① 执行"总账"|"凭证"|"记账"命令，进入"记账"对话框。

② 第一步选择要进行记账的凭证范围。例如，在付款凭证的"记账范围"栏中输入"1-3"，本例单击【全选】按钮，选择所有凭证，如图 4-20 所示，单击【下一步】按钮。

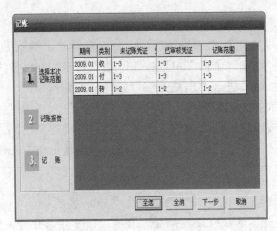

图 4-20　"记账"对话框

③ 第二步显示记账报告。如果需要打印记账报告，可单击【打印】按钮；如果不打印记账报告，则单击【下一步】按钮。

④ 第三步记账。单击【记账】按钮，打开"期初试算平衡表"对话框，单击【确认】按钮，系统开始登录有关的总账和明细账、辅助账。登记完后，弹出"记账完毕"信息提示对话框。

⑤ 单击【确定】按钮，记账完毕。

注意

- 第一次记账时，若期初余额试算不平衡，不能记账。
- 上月未记账，本月不能记账。
- 未审核凭证不能记账，记账范围应小于等于已审核范围。
- 作废凭证不需审核可直接记账。
- 记账过程一旦因断电或其他原因中断后，系统将自动调用"恢复记账前状态"恢复数据，然后再重新记账。

(8) 取消记账

业务 14：激活"恢复记账前状态"菜单

① 执行"总账"|"期末"|"对账"命令，进入"对账"窗口。

② 按 Ctrl+H 键，弹出"恢复记账前状态功能已被激活。"信息提示对话框，如图 4-21所示，单击【确定】按钮返回，在"凭证"菜单下显示"恢复记账前状态"菜单项。

③ 单击【确定】按钮，再单击【退出】按钮。

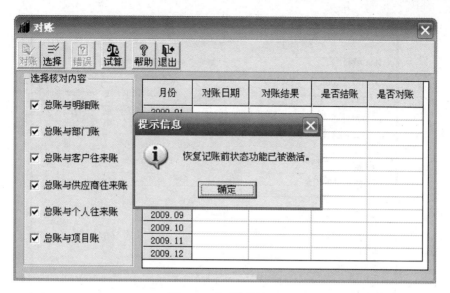

图 4-21   "对账"窗口

💡 **注意**

如果退出系统后又重新进入系统或在"对账"中按 Ctrl+H 键，将重新隐藏"恢复记账前状态"功能。

业务 15：取消记账

① 执行"总账"|"凭证"|"恢复记账前状态"命令，打开"恢复记账前状态"对话框。

② 选中"最近一次记账前状态"单选按钮。

③ 单击【确定】按钮，弹出"请输入主管口令"信息提示框。

④ 输入主管口令，单击【确认】按钮，系统弹出"恢复记账完毕！"信息提示对话框，单击【确定】按钮。

💡 **注意**

● 已结账月份的数据不能取消记账。

● 取消记账后，一定要重新记账。

(9)查询凭证

① 执行"总账"|"凭证"|"查询凭证"命令，打开"凭证查询"对话框。

② 单击【辅助条件】按钮，设置科目为"1001"，方向为"贷方"，金额为"100"，如图 4-22 所示。

③ 单击【确认】按钮，进入"查询凭证"窗口。

④ 双击某一凭证行，则屏幕可显示出此张凭证。

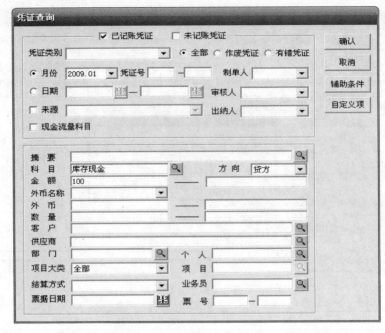

图 4-22　"凭证查询"对话框

3. 账簿查询

(1) 查询余额表

① 执行"总账" | "账簿查询" | "余额表"命令，打开"发生额及余额表查询条件"对话框。

② 选择查询条件，单击【确认】按钮，进入"发生额及余额表"窗口，如图 4-23 所示。

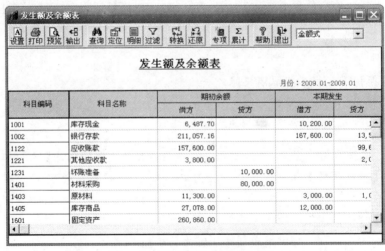

图 4-23　"发生额及余额表"窗口

③ 单击【累计】按钮，系统自动增加借贷方累计发生额两个栏目。

(2) 查询明细账

① 执行"总账"|"账簿查询"|"明细账"命令，打开"明细账查询条件"对话框。

② 选择查询科目"140301"-"140301"，单击【确认】按钮，进入"明细账"窗口。

③ 选择"数量金额式"账页形式，显示如图 4-24 所示。

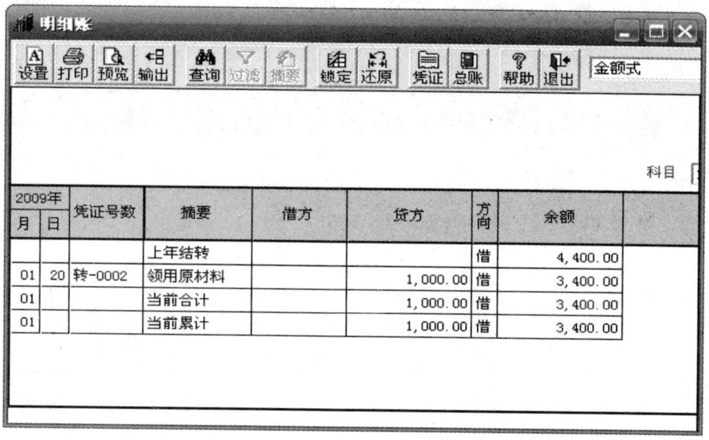

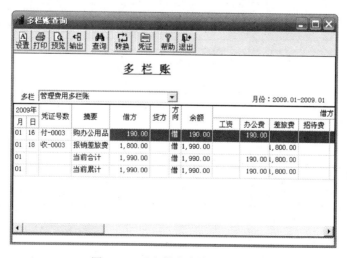

图 4-24 "明细账"窗口

(3) 定义并查询管理费用多栏账

① 执行"总账"|"账簿查询"|"多栏账"命令，打开"多栏账"对话框。

② 单击【增加】按钮，打开"多栏账定义"对话框。选择核算科目"6602 管理费用"，单击【自动编制】按钮，系统自动将管理费用下的明细科目作为多栏账的栏目。

③ 单击【确定】按钮，完成管理费用多栏账的定义。

④ 单击【查询】按钮，打开"多栏账查询"对话框，单击【确认】按钮，显示管理费用多栏账，如图 4-25 所示。

图 4-25 "多栏账查询"对话框

(4) 查询部门收支分析表

① 执行"辅助查询"|"部门收支分析"命令，打开"部门收支分析条件"对话框。

② 选择管理费用下的明细科目作为分析科目，单击【下一步】按钮。

③ 选择所有部门作为分析部门，单击【下一步】按钮。

④ 选择"2009.01"作为分析月份，单击【完成】按钮，显示部门收支分析表，如图 4-26 所示。

图 4-26　部门收支分析表

(5) 查询企管办汪涵个人往来清理情况

① 执行"总账"|"辅助查询"|"个人往来清理"命令，打开"个人往来两清条件"对话框。

② 选择部门"企管办"；个人"汪涵"；选中"显示已两清"复选框，单击【确认】按钮，进入"个人往来两清"窗口。

③ 单击【勾对】按钮，系统自动将已达账项打上已结清的标志，如图 4-27 所示。

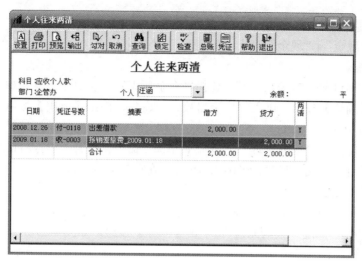

图 4-27　"个人往来两清"窗口

4. 现金管理

(1) 现金日记账

① 执行"现金"|"现金管理"|"日记账"|"现金日记账"命令，打开"现金日记账查询条件"对话框。

② 选择科目"1001 库存现金"，默认月份"2009.01"，单击【确认】按钮，进入"现金日记账"窗口，如图 4-28 所示。

图 4-28　"现金日记账"窗口

③ 双击某行或将光标定在某行再单击"凭证"按钮，可查看相应的凭证。

④ 单击【总账】按钮，可查看此科目的三栏式总账，单击【退出】按钮。

(2) 资金日报表

① 执行"现金"|"现金管理"|"日记账"|"资金日报"命令，打开"资金日报表查询条件"对话框。

② 输入查询日期"2009.01.20"，选择"有余额无发生也显示"复选框。

③ 单击【确认】按钮，进入"资金日报表"窗口，单击【退出】按钮。

(3) 支票登记簿

① 执行"现金"|"票据管理"|"支票登记簿"命令，打开"银行科目选择"对话框。

② 选择科目：人民币户"100201"，单击【确定】按钮，进入"支票登记"窗口。

③ 单击【增加】按钮。

④ 输入领用日期"2009.01.20"，领用部门"采购部"，领用人"魏大鹏"，支票号"155"，预计金额"3 000"，用途"采购光盘"，单击【保存】按钮，如图 4-29 所示，单击【退出】按钮。

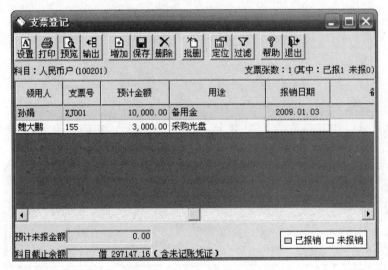

图 4-29 "支票登记"窗口

 注意

- 只有在结算方式设置中选择"票据管理标志"功能才能在此选择登记。
- 领用日期和支票号必须输入，其他内容可输可不输。
- 报销日期不能在领用日期之前。
- 已报销的支票可成批删除。

5. 往来账查询

(1) 查询供应商明细账

① 执行"往来"|"账簿"|"供应商往来明细账"|"供应商明细账"命令，打开"供应商明细账"对话框。

② 选择供应商"大众",单击【确定】按钮,显示供应商明细账。

(2) 客户往来账龄分析

① 执行"往来"|"账簿"|"往来管理"|"客户往来账龄分析"命令,打开"客户往来账龄"对话框。

② 选择查询科目"1122 应收账款",单击【确定】按钮,显示客户往来账龄分析情况,如图 4-30 所示。

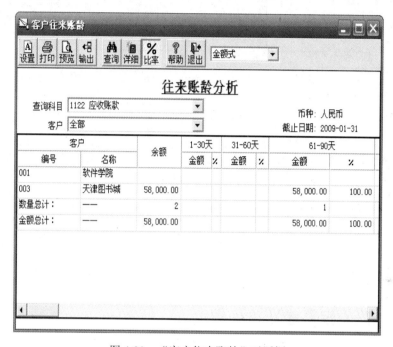

图 4-30 "客户往来账龄"对话框

6. 项目账查询

(1) 查询项目明细账

① 执行"项目"|"账簿"|"项目明细账"|"项目明细账"命令,打开"项目明细账条件"对话框。

② 选择项目"ERP 模拟体验多媒体课件",单击【确定】按钮,显示项目明细账。

(2) 项目统计分析

① 执行"项目"|"账簿"|"项目统计分析"命令,打开"项目统计条件"对话框。

② 选择全部统计项目,单击【下一步】按钮。

③ 选择生产成本及其明细科目作为统计科目,单击【下一步】按钮。

④ 选择统计月份"2009.01",单击【完成】按钮,显示项目统计情况,如图 4-31 所示。

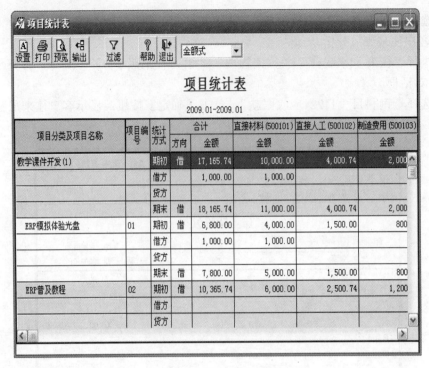

图 4-31　项目统计表

实验结束，备份账套数据。

实验五　总账管理系统期末处理

【实验目的】

1. 掌握用友 T3 会计信息化软件中总账管理系统管理月末处理的相关内容。

2. 熟悉总账管理系统月末处理业务的各种操作。

3. 掌握银行对账、自动转账设置与生成、对账和月末结账的操作方法。

【实验内容】

1. 银行对账。

2. 自动转账。

3. 对账。

4. 结账。

【实验准备】

引入"实验四"账套数据。

【实验要求】

1. 以"孙娟"的身份进行银行对账操作。

2. 以"贺敏"的身份进行自动转账操作。

3. 以"郑通"的身份进行审核、记账、对账、结账操作。

【实验资料】

1. 银行对账

(1) 银行对账期初数据

海达公司银行账的启用日期为 2009 年 1 月 1 日,工行人民币户企业日记账调整前余额为 211 057.16 元,银行对账单调整前余额为 233 829.16 元,未达账项 1 笔,系银行已收企业未收款 22 772 元。

(2) 银行对账单

1 月份银行对账单

日 期	结 算 方 式	票 号	借 方 金 额	贷 方 金 额
2009.1.03	201	XJ001		10 000
2009.1.06				60 000
2009.1.08	202	ZZR001		3 510
2009.1.14	202	ZZR002	99 600	

2. 自动转账定义

(1) 自定义结转

计提短期借款利息(年利率 6%)

借:财务费用/利息支出(660301)　　取对方科目计算结果(使用 JG()函数)

　　贷:预提费用/借款利息(2231)　　短期借款(2001)科目的贷方期末余额×6%/12

(2) 期间损益结转

3. 自动转账生成

(1) 生成上述定义的自定义凭证审核、记账。

(2) 生成期间损益结转凭证并审核、记账。

4. 对账

5. 结账

【实验指导】

1. 银行对账

以"孙娟"的身份登录进入用友 T3 主界面。

(1) 输入银行对账期初数据

① 执行"现金"|"设置"|"银行期初录入"命令,打开"银行科目选择"对话框。

② 选择科目"100201 人民币户",单击【确定】按钮,进入"银行对账期初"窗口。

③ 确定启用日期 "2009.01.01"。

④ 输入单位日记账的调整前余额 "211 057.16"；输入银行对账单的调整前余额 "233 829.16"。

⑤ 单击【对账单期初未达项】按钮，进入 "银行对账期初" 窗口。

⑥ 单击【增加】按钮，输入日期 "2008.12.31"，结算方式 "202"，借方金额 "22 772"。

⑦ 单击【保存】按钮，如图 4-32 所示，单击【退出】按钮。

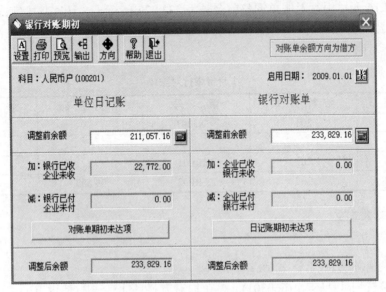

图 4-32 "银行对账期初" 窗口

💡 **注意**

- 银行期初录入功能用于第一次使用银行对账功能前，录入日记账及对账单未达账项，在开始使用银行对账之后一般不再使用。
- 在录入完单位日记账、银行对账单期初未达账项后，不要随意调整启用日期，尤其是向前调，这样可能会造成启用日期后的期初数不能再参与对账。

(2) 录入银行对账单

① 执行 "现金" | "现金管理" | "银行账" | "银行对账单" 命令，打开 "银行科目选择" 对话框。

② 选择科目 "100201 人民币户"，月份 "2009.01-2009.01"，单击【确定】按钮，进入 "银行对账单" 窗口。

③ 单击【增加】按钮，输入银行对账单数据，单击【保存】按钮。

(3) 银行对账

自动对账

① 执行 "现金" | "现金管理" | "银行账" | "银行对账" 命令，打开 "银行科目选择" 对话框。

② 选择科目"100201 人民币户",月份截至"2009.01",单击【确定】按钮,进入"银行对账"窗口。

③ 单击【对账】按钮,打开"自动对账"条件对话框。

④ 输入截止日期"2009.01.31",默认系统提供的其他对账条件。

⑤ 单击【确定】按钮,显示自动对账结果,如图4-33所示。

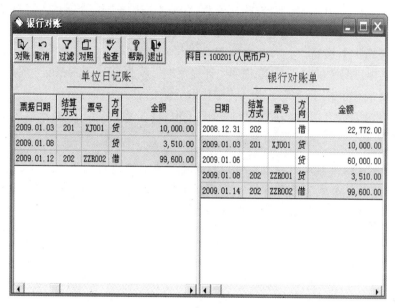

图 4-33 "银行对账"窗口

 注意

- 对账条件中的方向、金额相同是必选条件,对账截止日期为可选条件。
- 对于已达账项,系统自动在银行存款日记账和银行对账单双方的"两清"栏打上圆圈标志。

手工对账

① 在银行对账窗口,对于一些应勾对而未勾对上的账项,可分别双击"两清"栏,直接进行手工调整。手工对账的标记为"Y",以区别于自动对账标记。

② 对账完毕,单击【检查】按钮,检查结果是否平衡,单击【确认】按钮。

 注意

在自动对账不能完全对上的情况下,可采用手工对账。

(4) 输出余额调节表

① 执行"现金"|"现金管理"|"银行账"|"余额调节表查询"命令,进入"银行存款余额调节表"窗口。

② 选中科目"100201 人民币户"。

③ 单击【查看】按钮或双击该行，即显示该银行账户的银行存款余额调节表。

2. 自动转账定义

以"贺敏"的身份重新登录总账系统。

(1) 自定义结转设置

① 执行"总账"|"期末"|"转账定义"|"自定义转账"命令，进入"自动转账设置"窗口。

② 单击【增加】按钮，打开"转账目录"设置对话框。

③ 输入转账序号"0001"，转账说明"计提短期借款利息"，选择凭证类别"转账凭证"。

④ 单击【确定】按钮，继续定义转账凭证分录信息。

⑤ 确定分录的借方信息。选择科目编码"660301"，方向"借"，输入金额公式"JG()"。

注意

- 转账科目可以为非末级科目；部门可为空，表示所有部门。
- 输入转账计算公式有两种方法：一是直接输入计算公式，二是引导方式录入公式。
- 公式"JG()"的含义为"取对方科目计算结果"，其中的"()"必须为英文符号，否则系统提示"金额公式不合法：未知函数名"。

---

⑥ 单击【增行】按钮。

⑦ 确定分录的贷方信息。选择科目编码"2231"，方向"贷"，在金额公式栏单击参照按钮，打开"公式向导"对话框，选择"期末余额 QM()"，单击【下一步】按钮。

⑧ 选择科目"2101"，单击【完成】按钮，返回金额公式栏。

⑨ 继续输入"*0.06/12"，如图 4-34 所示，单击【保存】按钮。

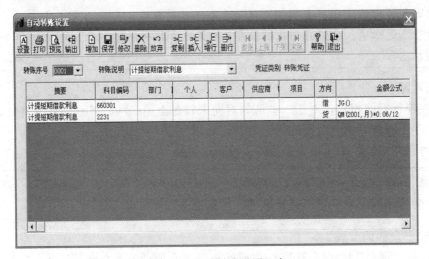

图 4-34 "自动转账设置"窗口

(2) 期间损益结转设置

① 执行"总账"|"期末"|"转账定义"|"期间损益"命令，进入"期间损益结转设置"窗口。

② 选择凭证类别"转账凭证"，选择本年利润科目"4103"，单击【确定】按钮。

3. 自动转账生成

(1) 自定义转账生成

① 执行"总账"|"期末"|"转账生成"命令，进入"转账生成"窗口。

② 选择"自定义转账"单选按钮，单击【全选】按钮。

③ 单击【确定】按钮，系统生成转账凭证。

④ 单击【保存】按钮，系统自动将当前凭证追加到未记账凭证中，凭证左上角出现"已生成"标志，如图 4-35 所示，由"郑通"对该凭证进行审核、记账。

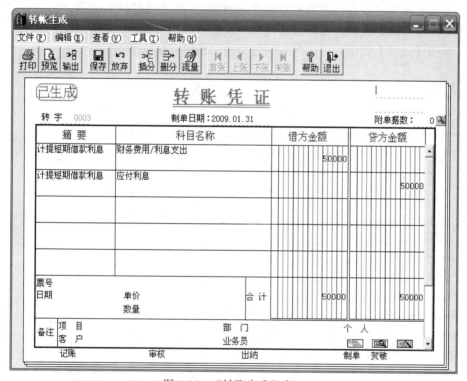

图 4-35　"转账生成"窗口

注意

- 转账生成之前，注意转账月份为当前会计月份。
- 进行转账生成之前，先将相关经济业务的记账凭证登记入账。
- 转账凭证每月只生成一次。
- 生成的转账凭证仍需审核才能记账。
- 以"郑通"身份将生成的自动转账凭证审核、记账。

(2) 期间损益结转生成

以"贺敏"身份生成期间损益结转凭证。

① 执行"总账"|"期末"|"转账生成"命令，进入"转账生成"窗口。

② 选中"期间损益结转"单选按钮。

③ 单击【全选】按钮，再单击【确定】按钮，生成转账凭证。

④ 单击【保存】按钮，系统自动将当前凭证追加到未记账凭证中。

⑤ 以"郑通"身份将生成的自动转账凭证审核、记账。

4. 对账

以"郑通"的身份进行对账、结账。

① 执行"总账"|"期末"|"对账"命令，进入"对账"窗口。

② 将光标定位在要进行对账的月份"2009.01"，单击【选择】按钮。

③ 单击【对账】按钮，开始自动对账，并显示对账结果。

④ 单击【试算】按钮，可以对各科目类别余额进行试算平衡。

5. 结账

(1) 结账

① 执行"总账"|"期末"|"结账"命令，进入"结账"窗口。

② 选择要结账的月份"2009.01"，单击【下一步】按钮。

③ 单击【对账】按钮，系统对要结账的月份进行账账核对。

④ 单击【下一步】按钮，系统显示"2009 年 01 月工作报告"。

⑤ 查看工作报告后，单击【下一步】按钮，再单击【结账】按钮，若符合结账要求，系统将进行结账，否则不予结账。

注意

- 结账只能由有结账权限的人进行。
- 本月还有未记账凭证时，则本月不能结账。
- 结账必须按月连续进行，上月未结账，则本月不能结账。
- 若总账与明细账对账不符，则不能结账。
- 如果与其他系统联合使用，其他子系统未全部结账，则本月不能结账。
- 结账前，要进行数据备份。

(2) 取消结账

① 执行"总账"|"期末"|"结账"命令，进入"结账"窗口。

② 选择要取消结账的月份"2009.01"。

③ 按 Ctrl+Shift+F6 键激活"取消结账"功能。

④ 输入主管口令，单击【确认】按钮，取消结账标记。

注意

在结账完成后，由于非法操作、计算机病毒或其他原因可能会造成数据被破坏，这时可以使用"取消结账"功能。

全部实验完成后，备份账套数据。

复习思考题

1. 总账系统提供的主要功能包括哪些？
2. 总账管理系统与其他系统之间的关系是怎样的？
3. 总账管理系统的业务流程是怎样的？
4. 总账选项设置的意义和内容是什么？
5. 计算机系统需要哪些期初数据？年初建账和年中建账有何不同？
6. 日常业务处理包括哪些主要内容？
7. 凭证处理的关键步骤是什么？
8. 凭证录入的主要项目包括哪些？
9. 凭证查询时能查到哪些相关信息？
10. 总账管理系统中包括哪些基本会计核算账簿？
11. 现金管理包括哪些主要功能？
12. 往来管理提供了哪些主要功能？
13. 什么是转账定义？系统提供了哪些转账定义？
14. 如何进行转账定义？
15. 结账前需要进行哪些检查？
16. 对比手工和计算机两种方式在账务处理上的异同。

第 5 章

报表管理

本章学习目标

通过本章内容的学习，你将能够：

1. 了解报表管理系统的基本功能。
2. 熟悉报表编制的基本流程。
3. 理解报表模板的作用，掌握利用报表模板生成报表的方法。
4. 识别常用报表公式的含义及定义方式。
5. 理解现金流量表的编制思路。

会计信息系统作为一个以提供财务信息为主的管理信息系统，其目的是向企业内外的信息使用者提供相关会计信息，表现形式为财务报告及各类管理报表。

5.1　报表管理系统概述

5.1.1　报表的分类

会计信息使用者可以分为国家宏观管理部门、企业的投资者和债权人、企业的管理者和职工及其他与企业有相关利益关系的群体。不同的会计信息使用者对会计信息的关注重点是有区别的。对外部信息使用者来说，企业必须于每个会计期末编制并在规定时间内上报 3 张报表：反映企业特定时点财务状况的资产负债表、反映企业特定会计期间经营成果的利润表和反映企业特定会计期间现金流动情况的现金流量表，这 3 张报表也称为基本财务报表。对于企业管理者来说，以上报表所提供的会计信息是远远不能满足其管理分析需求的，他们往往需要了解每一个业务部门、每一项业务活动、每一个员工、每一个产品对企业总体的价值贡献，这就需要编制各种形态的内部管理报表。

5.1.2　报表管理系统的基本功能

财务报表管理系统是用友 T3 管理软件中的一个子系统，与通用电子表格软件如 Microsoft Excel 相比，财务软件中的报表处理系统能轻松实现与总账及其他业务系统的对接，即数据共享和集成。虽然报表中的数据可以从总账及其他业务系统获得，但这并不意味着报表系统能自动提供所需要的报表。准确地讲，报表系统只提供了制作报表的工具及一些常见的模板，需要使用者利用这套工具设计并制作出符合不同群体要求的会计报表。

报表管理系统的基本功能就是按需求设计报表的格式、编制并输出报表，并对报表进行审核、汇总，挖掘数据的价值，生成各种分析图表。具体分为以下几项。

1. 文件管理功能

财务报表系统中提供了各类文件的管理功能。除了能完成一般的文件管理外，财务报表的数据文件还能够转换为不同的文件格式，如文本文件、mdb 文件、xls 文件等。此外，通过财务报表系统提供的"导入"和"导出"功能，可以实现和其他流行财务软件之间的数据交换。

2. 格式设计功能

财务报表系统提供的格式设计功能可以设置报表尺寸、组合单元、画表格线、调整行高列宽、设置字体和颜色、设置显示比例等。同时，财务报表系统还内置了 11 种套用格式和 19 个行业的标准财务报表模板，包括最新的现金流量表等，方便了用户标准报表的制作，对于用户单位内部常用的管理报表，财务报表系统还提供了自定义模板功能。

3. 公式设计功能

财务报表系统提供了绝对单元公式和相对单元公式，可以方便、迅速地定义计算公式、审核公式、舍位平衡公式。财务报表系统还提供了种类丰富的函数，使用者可以在系统向导的引导下轻松地从用友账务及其他子系统中提取数据，生成财务报表。

4. 数据处理功能

财务报表系统的数据处理功能可以以固定的格式管理大量数据不同的表页，并在每张表页之间建立有机的联系。此外，还提供了表页的排序、查询、审核、舍位平衡、汇总功能。

5. 图表功能

财务报表系统可以很方便地对数据进行图形组织和分析，制作包括直方图、立体图、圆饼图、折线图等多种分析图表，还能编辑图表的位置、大小、标题、字体、颜色并打印输出。

5.1.3 报表编制的基本概念及基本原理

在编制财务报表之前，先了解一下财务报表系统的相关概念。

1. 报表结构

下面通过资产负债表来分析一下报表的构成。

资产负债表　　　　　　　　　　　　标题

资　　产	行　次	期　初　数	期　末　数	
流动资产：				表头
货币资金	1	20 000.00		
应收账款		438 980.00		表体
资产合计		6 753 241.45		

编制单位：　　　　　　2006 年 1 月 31 日　　　　　　　　　　单位：元

会计主管：　　　　　　　　　　　制表人：　　　　　　　　　　表尾

一般地，报表的格式由四个基本要素组成：标题、表头、表体和表尾。

2. 格式状态和数据状态

除了上面标注的，把一张报表按结构分为标题、表头、表体和表尾外，还可以有另外一种思路，即按项目把报表分为每月基本固定不变的项目(如上表中的标题、编制单位、资产项目、行次、表尾等，称为表样)和每月变动的项目(如期初数、期末数、编报日期)。编制报表的工作也相应分为两大部分：格式设计和数据处理。这两部分工作是在不同的状态下进行的，分别对应格式状态和数据状态。

在格式状态下主要完成报表表样的设计。例如，设定表尺寸、行高列宽、画表格线、设置单元属性和单元风格，设置报表关键字及定义组合单元，定义报表的计算公式、审核公式及舍位平衡公式。在格式状态下所看到的是报表的格式，报表的数据被全部隐藏，所作的操作对本报表的所有表页发生作用，并且不能进行数据的录入、计算等操作。

在数据状态下可以管理报表的数据，如录入关键字、输入数据、自动计算、对表页进行管理、审核、舍位平衡、制作图形、汇总报表等。在数据状态下不能修改报表的格式，看到的是当前报表包括格式和数据的全部内容。

报表工作区的左下角有一个【格式/数据】按钮，单击这个按钮可以在格式状态和数据状态之间切换。

3. 二维表和三维表

确定某一数据位置的要素称为"维"。在一张有方格的纸上填写一个数，这个数的位置可通过行和列(二维)来描述。

如果将一张有方格的纸称为表，那么这个表就是二维表，通过行(x 轴)和列(y 轴)可以找到这个二维表中任何位置的数据。

如果将多个相同的二维表叠在一起，找到某一个数据的要素需增加一个，即表页号(z 轴)。这一叠表称为一个三维表。

如果将多个不同的三维表放在一起，要从这多个三维表中找到一个数据，又需增加一个要素，即表名。三维表的表间操作即为"四维运算"。因此，在 UFO 中要确定一个数据的所有要素为表名、列、行、表页，如利润表第 2 页的 C5 单元，表示为："利润表"-〉C5@2

4. 报表文件和表页

报表在计算机中以文件的形式保存并存放，每个文件都有一个唯一的文件名，例如"利润表.rep"中"rep"就是财务报表管理系统的文件标志。

财务报表系统中的报表最多可容纳 99 999 张表页，每一张表页都是由许多单元组成的。一个报表文件中的所有表页具有相同的格式，但其中的数据不同。表页在报表中的序号在表页的下方以标签的形式出现，称为页标。页标用"第 1 页"~"第 99 999 页"表示，当前表的第 2 页可以表示为"@2"。

5. 单元和单元属性

单元是组成报表的最小单位，单元名称由所在列、行标识，行号用数字 1~9 999 表示，列标用字母 A~IU 表示。例如，"C8"表示第 3 列与第 8 行交叉的那个单元。单元属性包括单元类型及单元格式。

(1) 单元类型

单元类型是指单元中可以存放的数据的类型。数据类型有数值型、字符型和表样型 3

种，相应地有数值单元、字符单元和表样单元。

数值单元用于存放报表的数据，在数据状态下可以直接输入或由单元中存放的单元公式运算生成。建立一个新表时，所有单元的类型默认为数值型。

字符单元也是报表的数据，也在数据状态下输入。字符单元的内容可以是汉字、字母、数字及各种键盘可输入的符号组成的一串字符，一个单元中最多可输入 63 个字符或 31 个汉字。字符单元的内容也可由单元公式生成。

表样单元是报表的格式，是定义一个没有数据的空表所需的所有文字、符号或数字。一旦单元被定义为表样，那么在其中输入的内容对所有表页都有效。表样单元必须在格式状态下输入和修改，在数据状态下不允许修改。

(2) 单元格式

单元格式是设定单元中数据的显示格式，如字体大小或颜色、对齐方式、单元边框线等。

6. 区域和组合单元

由于一个单元只能输入有限个字符，在实际工作中，有的单元往往有超长输入的情况，这时可以采用系统提供的组合单元。组合单元由相邻的两个或更多的单元组成，这些单元必须是同一种单元类型(如表样、数值、字符)。财务报表系统在处理报表时将组合单元视为一个单元。组合单元时，可以组合同一行相邻的几个单元，可以组合同一列相邻的几个单元，也可以把一个多行多列的平面区域设为一个组合单元。组合单元的名称可以用区域的名称或区域中的单元的名称来表示。例如把 B2～B3 定义为一个组合单元，这个组合单元可以用"B2"、"B3"或"B2:B3"表示。

区域由一张表页上的一组单元组成，自起点单元至终点单元是一个完整的长方形矩阵。在财务报表系统中，区域是二维的，最大的区域是一个表的所有单元(即整个表页)，最小的区域是一个单元。例如，A6～C10 的长方形区域表示为"A6:C10"，起点单元与终点单元用":"连接。

7. 固定区和可变区

固定区指组成一个区域的行数和列数是固定的数字。一旦设定好以后，在固定区内其单元总数是不变的。

可变区是组成一个区域的行数或列数是不固定的数字，可变区的最大行数或最大列数是在格式状态中设定的。在一个报表中只能设置一个可变区，或者是行可变区，或者是列可变区。行可变区是指可变区中的行数是可变的，列可变区是指可变区中的列数是可变的。设置可变区后，屏幕只显示可变区的第 1 行或第 1 列，其他可变行列隐藏在表体内。在以后的数据操作中，可变行列数可随需要而增减。有可变区的报表称为可变表，没有可变区的表称为固定表。

8. 关键字

关键字是一种特殊的数据单元，可以唯一标识一个表页，用于在大量表页中快速选择表页。例如，一个资产负债表的表文件可存储一年 12 个月的资产负债表，甚至多年的多张表。如果要对某一张表页的数据进行定位，就需要设置一些定位标志，这些标志在财务报表系统中称为关键字。

财务报表系统中共提供了以下 6 种关键字：

(1)单位名称：字符型(最多 30 个字符)，为该报表表页编制单位的名称。

(2)单位编号：字符型(最多 10 个字符)，为该报表表页编制单位的编号。

(3)年：数字型(1904～2100)，为该报表表页反映的年度。

(4)季：数字型(1～4)，为该报表表页反映的季度。

(5)月：数字型(1～12)，为该报表表页反映的月份。

(6)日：数字型(1～31)，为该报表表页反映的日期。

除此之外，财务报表系统还增加了一个自定义关键字，当定义名称为"周"和"旬"时有特殊意义，可用于业务函数中代表取数日期，可以从其他系统中提取数据，在实际工作中可以根据具体情况灵活运用这些关键字。

关键字的显示位置在格式状态下设置，关键字的值则在数据状态下录入，每张报表都可以定义多个关键字。

5.1.4　报表编制的基本操作流程

报表编制的基本操作流程如图 5-1 所示。

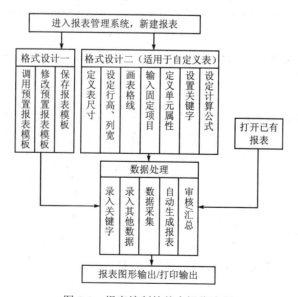

图 5-1　报表编制的基本操作流程

5.2 财务报表编制

从图 5-1 中可以看出，编制报表时分为两种情况：如果报表此前已定义，则直接打开报表文件进入数据处理状态生成报表即可；如果是第一次利用报表管理系统编制报表，就需要从格式设计开始。根据报表是对外财务报表还是内部管理报表，又分为两种处理方式：利用报表模板编制报表和自定义会计报表，下面将分别进行说明。

5.2.1 自定义会计报表

对于企业来讲，数量最大的当数企业内部管理报表了。由于各企业所属行业不同、管理需求不同，因此，内部管理报表差异性很大，这就需要利用报表管理软件自定义会计报表。下面以设计"部门综合费用明细表"为例讲述自定义会计报表的流程。

部门综合费用明细表

编制单位：			年　月　日		单位：元
部　　　　门	办公费	差旅费	招待费	……	合　　计
企管办					
财务部					
销售部					
……					
合计					

会计主管：　　　　　　　　　　　　　制表人：

制作部门综合费用明细表的操作流程如下。

1. 创建新表

创建新表是在计算机系统中建立新的报表文件。操作步骤如下：

① 执行"文件"|"新建"命令，系统自动显示一张空白表"report1"，并自动进入"格式"状态。

② 执行"文件"|"保存"命令，打开"另存为"对话框。

③ 输入文件名"部门综合费用明细表"，并保存在设定目录中。

2. 设计报表格式

报表格式设计在"格式"状态下进行，报表格式设计决定了报表的外观和结构。操作步骤如下。

(1) 定义表尺寸

即定义一张表格包括几行几列，计算行数时应包括标题、表头、表体、表尾 4 个部分。假定企业有 10 个部门，6 个费用项目，则表尺寸为 14 行 8 列。

操作步骤如下：

① 执行"格式"|"表尺寸"命令，打开"表尺寸"对话框。

② 在"行数"文本框中输入"14"；在"列数"文本框中输入"8"，如图 5-2 所示。

图 5-2　"表尺寸"对话框

③ 单击【确认】按钮，屏幕上只保留 14 行 8 列，其余部分为灰色。

注意

如果在设计过程中发现表尺寸有误，可以通过"编辑"菜单下的"插入"和"删除"命令增减行列数。

(2) 设置组合单元和报表标题

一般地，报表标题在整个报表中处于居中位置，字体较报表中一般项目醒目。

操作步骤如下：

① 在 A1 单元输入报表标题"部门综合费用明细表"。

② 单击行号"1"或选择"A1:H1"区域，执行"格式"|"组合单元"命令，系统弹出信息提示框，选择"整体组合"或"按行组合"，将"A1:H1"组合为一个单元。

③ 单击工具栏中的【居中】按钮，将报表标题居中放置。

④ 再执行"格式"|"单元风格"命令，设置表头字体为黑体，16 号字，确认后保存。

(3) 设置表头定义关键字

表头中包括编报单位、编报日期和金额单位。

如果编报单位和金额单位每月都是固定的，可以直接输入，作为表样型数据固定下来。编报日期是系统从数据库中不同数据表取数的依据，需要作为关键字处理。

操作步骤如下：

① 组合 A2 和 B2 单元，输入"编报单位：海达公司"，单击工具栏中的【左对齐】按钮。

② 在 H2 单元中，输入"单位：元"，单击工具栏中的【右对齐】按钮。

③ 单击 D2 单元，执行"数据"|"关键字"|"设置"命令，打开"设置关键字"对话框。选择"年"单选按钮，如图 5-3 所示，单击【确定】按钮退出，D2 单元显示红色字

体"年",其中的××××标注了日期的位置。

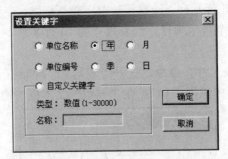

图 5-3 "设置关键字"对话框

④ 单击 E4 单元,设置关键字"月"。

注意

如果在同一个单元或组合单元中设置了两个关键字,两个关键字会重叠在一起,这时需要对关键字的位置进行调整。执行"数据"|"关键字"|"偏移"命令,打开"定义关键字偏移"对话框,在需要调整位置的关键字后面输入偏移量,输入负数值表示向左偏移,输入正数值表示向右偏移。

(4) 设计表栏,定义行高列宽

表栏一般为表体中第 1 行和第 1 列,表栏定义了报表中的项目及主要反映的内容,因此表栏字体及行、列格式通常与表内项目存在一些差异。

表栏中的文字一般属于表样内容,每月固定不变,在格式状态下正常输入即可。

设置行高、列宽时应以能够清晰显示本行最高的数据和本列最长的数据为基本标准。操作步骤如下:

① 选中第 1 行,执行"格式"|"行高"命令,打开"行高"对话框。

② 在"行高"文本框中输入设定的行高值"8"毫米,单击【确认】按钮。

提示

可以将鼠标对准两行之间(或两列之间)的分隔线,待鼠标变形后,直接拖拽到合适位置。

(5) 画表格线

在报表界面,虽然看到屏幕上有格线,但实际上它是不存在的,这仅仅是一种为了做表方便设置的显示方式,如果希望报表中表体部分的数据之间用网格分开,需要自己设置表格线。操作步骤如下:

① 选中报表中需要画线的区域,如第 3 行～第 13 行或"A3:H13"区域。

② 执行"格式"|"区域画线"命令,打开"区域画线"对话框。

③ 选择"网线"或其他类型,单击【确认】按钮,则表体部分已画上表格线。

(6) 定义单元属性

定义单元属性有两个方面的作用：一是设定单元存放的数据类型，二是设置数据的显示形式。

财务报表系统默认所有单元均为数值型，而在格式状态下输入的单元均为表样型。如果表尾中"制表人"一项每月相同，则可以作为表样型数据处理，在格式状态下输入；如果"制表人"每月是不固定的，则需要在格式状态下将单元设置为"字符"数据类型才能每月手工输入制表人姓名。

数据的显示形式设定了数据的字体、字号及数据的显示样式。

(7) 输入表内其他汉字项目及表尾内容

(8) 设定报表公式

设定报表公式是设定报表数据的计算规则，主要包括单元公式、审核公式和舍位平衡公式。如设定"企管办办公费"的单元公式的步骤如下：

① 选择 C4 单元，单击 ，打开"定义公式"对话框。

② 单击【函数向导】按钮，打开"函数向导"对话框。

③ 选择左边函数分类下的"用友账务函数"，选择右边"函数名"下的"发生(FS)"，单击【下一步】按钮，进入"用友账务函数"对话框。

④ 单击【参照】按钮，打开"账务函数"对话框。

⑤ 选择科目"660202"，部门编码"1"，如图 5-4 所示，单击【确定】按钮返回。

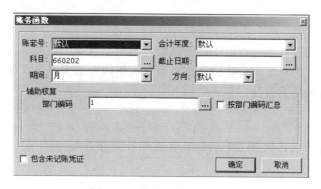

图 5-4　"账务函数"对话框

⑥ 公式定义完毕返回后，C4 单元中显示"单元公式"字样，公式显示在公式栏中。

3. 数据处理

数据处理在数据状态下进行，是输入数据或按照预先设定的计算公式从账簿中取数生成报表的过程。在数据处理状态下需要执行以下几项工作。

(1) 账套初始

如果系统内只有单一账套，无须做账套初始工作；如果存在多个企业账套，则需要在生成报表之前选择账套。

(2) 录入关键字

关键字是报表系统从账务系统海量数据中读取所需要的数据的唯一标识。在自动生成报表之前一定要以录入关键字的方式确定数据源。

在数据状态下，选择"数据" | "关键字" | "录入"命令，打开"录入关键字"对话框，录入关键字"2009"年"1"月，单击【确认】按钮，系统弹出"是否重算第 1 页"信息提示框，单击【是】按钮，系统自动获得"企管办办公费"数据。

(3) 生成报表

在数值单元或字符单元中输入数据，设置了公式的单元将自动显示结果。如果报表中设置了审核公式和舍位平衡公式，可以执行审核和舍位，还可以进行进一步的图形处理。

(4) 报表汇总

报表汇总是将具有相同结构的几张报表进行数据汇总生成汇总报表，主要用于主管单位对基层单位的上交报表进行汇总或将同一企业不同时期的报表数据进行阶段汇总。财务报表系统提供了表页汇总和可变区汇总两种汇总方式。

5.2.2　利用模板快速编制财务报告

财务报表系统中一般都预置了分行业的常用会计报表格式，称为报表模板，企业可以以系统提供的报表模板为基础，实现财务报告的快速编制。

1. 套用格式

从自定义报表的过程中可以看出，格式设计占用了大量的时间。实际上，系统中提供了 11 种常用报表格式，如果企业制作的报表与系统内置的报表格式相近，可以选择"套用格式"以节省报表格式设计过程。

注意

区域套用格式后，区域中原有的格式和数据将全部丢失。

2. 报表模板

财务报表系统提供的报表模板包含了 19 个行业的 70 多张标准财务报表(包括"现金流量表")，还包含用户自定义模板。用户可以根据企业所在行业挑选相应的报表，套用其格式及计算公式。

注意

当前报表套用报表模板后，原有的格式和数据将全部丢失。

3. 自定义模板

用户可以根据本单位的实际需要定制内部报表模板，并可将自定义的模板加入到系统提供的模板库中，供今后生成报表使用。

5.2.3　报表公式定义

由于各种报表数据之间存在着密切的逻辑关系，所以，报表中各种数据的采集、运算和勾稽关系的检测就用到了不同的公式，主要有计算公式、审核公式和舍位平衡公式，其中计算公式必须要进行设置，而审核公式和舍位平衡公式则根据实际需要进行设置。

1. 计算公式

财务报表中的数据可能有不同的来源。有些数据需要手工输入，例如在资产负债表中直接输入各项目的数据；有些数据是由其他报表项目运算得到的，例如"固定资产净值"、"所有者权益合计"、"税后利润"等项目；有些数据是从其他报表中取来的，例如"期末未分配利润"项目；还有些数据可以从账务系统中直接提取。除了手工输入的数据，其他数据都需要通过定义计算公式来得到。

计算公式可以直接定义在报表单元中，这样的公式称为"单元公式"。单元公式定义在报表中的数值型或字符型单元内，用来建立表内各单元之间、报表与报表之间或报表系统与其他系统之间的运算关系。

单元公式在格式状态下定义。在报表中选择要定义公式的单元，单击"="号弹出"单元公式"对话框，在其中输入单元公式。如果定义的公式符合语法规则，单击【确认】按钮后公式写入单元中；如果公式有语法错误，则将提示错误。一个单元中如果定义了单元公式，则在格式状态下，单元中显示"公式单元"这 4 个汉字，单元公式显示在编辑栏中；在数据状态下，单元中显示公式的结果，单元公式显示在编辑栏中。

财务报表中的很多数据都来自于账簿，从账簿中获取数据是通过函数实现的。函数在计算公式中占有重要的位置。按照函数的用途不同，函数可分为账务函数、其他业务系统取数函数、统计函数、数学函数、日期时间函数、本表它页取数函数等。下面举例说明几种常用函数的用法。

(1) 账务函数

账务函数通常用来采集总账中的数据，因此使用得较为频繁。常用账务取数函数如表5-1 所示。

表 5-1　常用账务取数函数

函 数 意 义	中文函数名	函 数 名
取对方科目发生数	对方科目发生	DFS
取某科目本期发生数	发生	FS
取汇率	汇率	HL
取某科目借、贷方发生净额	净额	JE
取某科目累计发生额	累计发生	LFS
取某科目期初数	期初	QC

(续表)

函 数 意 义	中文函数名	函 数 名
取某科目期末数	期末	QM
取对方科目数量发生数	数量对方科目发生	SDFS
取某科目本期数量发生数	数量发生	SFS
取某科目借、贷方数量发生净额	数量净额	SJE
取某科目数量累计发生额	数量累计发生	SLFS
取某科目数量期初数	数量期初	SQC
取某科目数量期末数	数量期末	SQM
取符合指定条件的数量发生数	数量条件发生	STFS
取符合指定条件的发生数	条件发生	TFS
取对方科目外币发生数	外币对方科目发生	WDFS
取某科目本期外币发生数	外币发生	WFS
取某科目借、贷方外币发生净额	外币净额	WJE
取某科目外币累计发生额	外币累计发生	WLFS
取某科目外币期初数	外币期初	WQC
取某科目外币期末数	外币期末	WQM
取符合指定条件的外币发生数	外币条件发生	QTFS

(2) 统计函数

统计函数一般用来完成报表数据的统计工作，如报表中的"合计"项。常用统计函数如表 5-2 所示。

表 5-2　常用统计函数

函　　数	固 定 区	可 变 区	立 体 方 向
合计函数	PTOTAL	GTOTAL	TOTAL
平均值函数	PAVG	GAVG	AVG
计数函数	PCOUNT	GCOUNT	COUNT
最小值函数	PMIN	GMIN	MIN
最大值函数	PMAX	GMAX	MAX

(3) 本表他页取数函数

本表他页取数函数用于从同一报表文件的其他表页中采集数据。

很多报表数据是从以前的历史记录中取得的，如本表其他表页。当然，这类数据可以通过查询历史资料而取得，但是查询既不方便，又会由于抄写错误而引起数据失真。而如果在计算公式中进行取数设定，则既能减少工作量，又能节约时间，同时数据的准确性也得到了保障。要达到以上要求，就需要用到表页与表页间的计算公式。

① 取确定页号表页的数据

当所取数据所在的表页页号已知时，用以下格式可以方便地取得本表他页的数据：

<目标区域>＝<数据源区域>＠<页号>

例如，下面单元公式令各页 B2 单元均取当前表第一页 C5 单元的值。

B2=C5@1

② 按一定关键字取数

SELECT()函数常用于从本表他页取数计算。

例如，在"利润表"中，累计数=本月数+同年上月累计数，表示为

D=C+SELECT(D,年@=年 and　月@=月+1)

(4) 从其他报表取数计算

报表间的计算公式与同一报表内各表页间的计算公式很相近，主要区别就是把本表表名换为他表表名。报表与报表间的计算公式分为取他表确定页号表页的数据和用关联条件从他表取数。

① 取他表确定页号表页的数据

用以下格式可以方便地取得已知页号的他表表页数据：

<目标区域> = "<他表表名>" –> <数据源区域>[@ <页号>]

"<页号>"的默认设置为本表各页分别取他表各页数据。

② 用关联条件从他表取数

当我们从他表取数时，已知条件并不是页号，而是希望按照年、月、日等关键字的对应关系来取他表数据，就必须用到关联条件。

表页关联条件的意义是建立本表与他表之间以关键字或某个单元为联系的默契关系。

从他表取数的关联条件的格式为：

RELATION <单元 ｜ 关键字 ｜ 变量 ｜ 常量> WITH "<他表表名>"-> <单元 ｜ 关键字 ｜ 变量 ｜ 常量>

2. 审核公式

在经常使用的各类财务报表中，每个数据都有明确的经济含义，并且各个数据之间一般都有一定的勾稽关系。为了确保报表编制的准确性，我们经常利用这种报表间或报表内的勾稽关系对报表进行正确性检查。一般来讲，称这种检查为数据的审核。为此，财务报表系统特意提供了数据的审核公式，它将报表数据之间的勾稽关系用公式表示出来，称为审核公式。审核公式的一般格式为

<表达式><逻辑运算符><表达式>[MESS "说明信息"]

3. 舍位平衡公式

如果是集团公司，对下属单位报表进行汇总时，有可能遇到下属单位报送的报表的计量单位不统一或者汇总完成后汇总表的数据按现有金额单位衡量过大的情况，这时需要将报表的数据单位进行转换。例如，将"元"转化为"千元"或"万元"，称为舍位操作。舍位之后，报表中原有的平衡关系可能会因为小数位的四舍五入而被破坏，因此需要对数据重新进行调整。在财务报表系统中，这种用于对报表数据舍位及重新调整报表舍位之后平衡关系的公式称为舍位平衡公式。

定义舍位平衡公式时，需要指明要"舍位表名"、"舍位范围"、"舍位位数"和"平衡公式"几项，如图5-5所示。

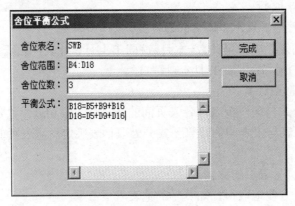

图5-5　定义舍位平衡公式

 注意

- 舍位平衡公式是指用来重新调整报表数据进位后的小数位平衡关系的公式。
- 每个公式一行，各公式之间用逗号"，"(半角)隔开，最后一条公式后不用写逗号，否则公式无法执行。
- 等号左边只能为一个单元，且该单元不带页号和表名。
- 舍位公式中只能使用"+"、"－"符号，不能使用其他运算符及函数。

5.2.4　编制现金流量表

之所以把现金流量表单列，是因为它的编制与资产负债表和利润表不同。资产负债表和利润表的数据直接来自总账科目，或是余额，或是发生额，而现金流量表上的数据与账簿上的科目没有直接对应关系。那么，如何编制现金流量表呢？下面利用项目辅助核算来解决这个问题。

1. 初始设置

利用项目辅助核算编制现金流量表，需要在基础设置做好以下两项工作。

(1) 设置现金流量科目

首先，在第3章中建立会计科目时需要指定现金流量科目。在会计科目界面选择"编辑"|"指定科目"命令，打开"指定科目"对话框，指定"1001 库存现金"、"1002 银行存款"、"1009 其他货币资金"为现金流量科目，如图5-6所示。

(2) 设置现金流量辅助核算

在项目目录定义时，增加"现金流量"项目大类，项目属性为"现金流量项目"，系统自动设定项目分类及项目目录，如图5-7和图5-8所示。

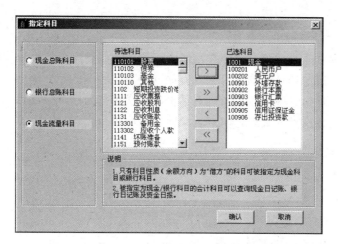

图 5-6 "指定科目"对话框

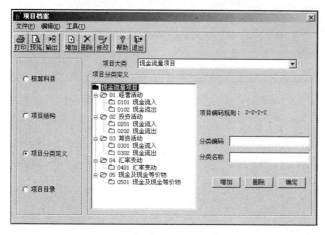

图 5-7 现金流量项目分类

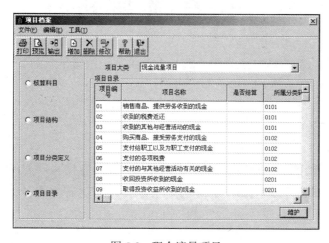

图 5-8 现金流量项目

2. 日常业务处理

日常业务的发生是通过填制凭证在系统中记录的。如果制单科目涉及现金科目，系统要求将该现金流量指定到具体的项目上。例如，处理实验四的第一笔业务——"报销招待费"保存时，系统弹出"现金流量表"对话框，要求选择现金流量项目，如图 5-9 所示。这样就把每一笔现金收支准确地记录到现金流量对应项目上。

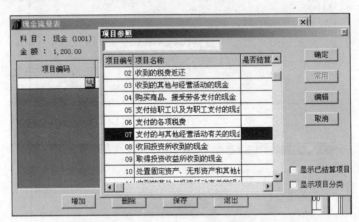

图 5-9　指定现金支出对应的现金流量项目

3. 编制现金流量表

编制现金流量表时，在格式状态下调用现金流量表模板，利用公式向导引导输入公式。选择用友账务函数中的"现金流量项目金额(XJLL)"函数，接下来选择对应的现金流量项目。定义完成后，保存报表，在数据状态下生成。

5.3　报　表　输　出

编制财务报表的目的是向企业相关利益人提供据以决策的信息。报表数据可以供查询，可以通过网络进行传送，可以打印输出。

5.3.1　报表查询

报表查询是最常用的数据输出形式。利用计算机系统存储容量大、检索快速等优势，可以方便地实现对机内报表数据的查询。

1. 查找表页

利用"编辑"|"查找"命令，指定查找条件，即可快速定位到要查找的表页；也可以

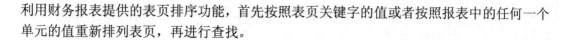

利用财务报表提供的表页排序功能，首先按照表页关键字的值或者按照报表中的任何一个单元的值重新排列表页，再进行查找。

2. 账证联查

在财务报表系统中，可以实现从报表数据追溯到明细账，进而追溯到凭证的功能，实现"账证表"联查。

 注意

- 必须在数据处理状态才能使用联查明细账的功能。
- 必须在设置了单元公式的单元中才能使用联查功能。

5.3.2　图表分析

图表是财务报表系统提供的一种对报表数据的直观展示方式，方便用户对报表数据进行深入分析。图表是根据报表文件中的数据生成的，不能脱离报表数据独立存在。报表数据发生变化时，图表也随之动态地变化。财务报表系统提供了直方图、圆饼图、折线图、面积图 4 类图表格式。

实验六　财务报表管理

【实验目的】
1. 理解报表编制的原理及流程。
2. 掌握报表格式定义、公式定义的操作方法，掌握报表单元公式的用法。
3. 掌握报表数据处理、表页管理及图表功能等操作。
4. 掌握如何利用报表模板生成一张报表。

【实验内容】
1. 自定义一张报表。
2. 利用报表模板生成报表。

【实验准备】
引入"实验五"账套数据。

【实验要求】
以账套主管"郑通"的身份进行报表管理操作。

【实验资料】

1. 自定义报表——简易资产负债表

(1) 格式设计

简易资产负债表

编制单位：		年 月 日	单位：元
资　产	期 末 数	负债和所有者权益	期 末 数
货币资金			
应收账款			
⋮			
合计			

会计主管：　　　　　　　　　　　　制表人：

要求报表标题居中；报表各列等宽，宽度为 40 毫米；D8 单元设置为字符型。

（2）生成 2009 年 1 月简易资产负债表

增加两张表页，生成报表并进行报表审核。

（3）定义审核公式

检查资产合计是否等于负债和所有者权益合计，如果不等，系统将提示"报表不平"提示信息。

2. 资产负债表和利润表

利用报表模板生成资产负债表、利润表。

【实验指导】

1. 自定义简易资产负债表

(1) 以账套主管"郑通"的身份登录财务报表系统。

(2) 执行"文件"|"新建"命令，建立一张空白报表，报表名默认为"report1"。

(3) 报表格式定义

单击空白报表底部左下角的【格式/数据】按钮，使当前状态为"格式"状态。

设置报表尺寸

① 执行"格式"|"表尺寸"命令，打开"表尺寸"对话框。

② 输入行数"8"，列数"4"，单击【确认】按钮。

定义组合单元

① 选择需合并的区域"A1:D1"。

② 执行"格式"|"组合单元"命令，打开"组合单元"对话框。

③ 选择组合方式"整体组合"或"按行组合"，即合并成一个组合单元。

画表格线

① 选中报表需要画线的区域"A3:D7"。

② 执行"格式"|"区域画线"命令，打开"区域画线"对话框。

③ 选择"网线"，单击【确认】按钮，将所选区域画上表格线。

输入报表项目

① 选中需要输入内容的单元或组合单元。

② 在该单元或组合单元中输入相关文字内容。例如，在 A1 组合单元输入"简易资产负债表"，居中。

 注意

- 报表项目指报表的文字内容，主要包括表头内容、表体项目、表尾项目等，不包括关键字。
- 日期一般不作为文字内容输入，而是设置为关键字。

定义报表列宽

① 选中需要调整的 A~D 列。

② 执行"格式"|"列宽"命令，打开"列宽"对话框。

③ 输入列宽"40"，单击【确定】按钮。

 注意

行高、列宽的单位默认为毫米。

定义单元属性

① 选定单元"D8"。

② 执行"格式"|"单元属性"命令，打开"单元属性"对话框。

③ 选择"单元类型"选项卡，选中"字符"选项，单击【确定】按钮。

注意

- 在格式状态下输入内容的单元均默认为表样单元；未输入数据的单元均默认为数值单元，在数据状态下可输入数值，若希望在数据状态下输入字符，应将其定义为字符单元。
- 字符单元和数值单元输入后只对本表页有效，表样单元输入后对所有表页有效。

设置关键字

① 选中需要输入关键字的单元"B2"。

② 执行"数据"|"关键字"|"设置"命令，打开"设置关键字"对话框。

③ 选择"年"单选按钮，单击【确定】按钮。

④ 同理，在 C2 中分别设置"月"和"日"关键字，并设置"月"向左偏移"−30"。

注意

- 每个报表可以同时定义多个关键字。
- 如果要取消关键字，须执行"数据"|"关键字"|"取消"命令。

(4) 报表公式定义

定义单元公式——账务取数函数定义

① 选定需要定义公式的单元 "B4"，即 "货币资金" 的期末数。

② 单击 *fx* 或执行 "数据" | "编辑公式" | "单元公式" 命令，打开 "定义公式" 对话框。

③ 按文中所述步骤，首先设置取现金科目的期末数，返回 "定义公式" 对话框后，由于货币资金的期末值由现金、银行存款、其他货币资金三个科目的期末数组成，因此需要输入 "+" 号。然后继续设置取银行存款科目的期末数和货币资金科目的期末数。设置完成后，"定义公式" 对话框中的内容为

QM("1001",月,,,,,,,,,,)+QM("1002",月,,,,,,,,,,)+QM("1012",月,,,,,,,,,)

同样，定义应收账款科目的期末数公式。

注意

- 单元公式中涉及的符号均为英文半角字符。
- 单击 "fx" 按钮或双击某公式单元或按 "=" 键，都可打开 "定义公式" 对话框。

定义单元公式__统计函数

① 选定被定义单元 "B7"，即 "合计" 期末数。

② 单击 *fx*，打开 "定义公式" 对话框。

③ 单击 "函数向导" 按钮，打开 "函数向导" 对话框。

④ 在函数分类列表框中选择 "统计函数"，在右边的函数名列表中选中 "PTOTAL"，单击【下一步】按钮，打开 "固定区统计函数" 对话框。

⑤ 输入固定区区域 "B4:B6"，单击【确认】按钮。

定义审核公式

① 执行 "数据" | "编辑公式" | "审核公式" 命令，打开 "审核公式" 对话框。

② 输入审核公式，如图 5-10 所示。

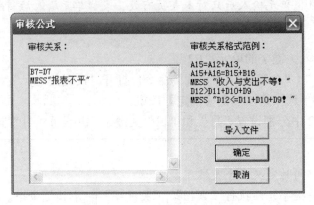

图 5-10   "审核公式" 对话框

保存报表格式

① 执行"文件"|"保存"命令。如果是第一次保存，则打开"另存为"对话框。

② 选择保存文件夹，输入报表文件名"简易资产负债表"。选择保存类型"*.REP"，单击【保存】按钮。

③ 格式定义完成后，如图 5-11 所示。

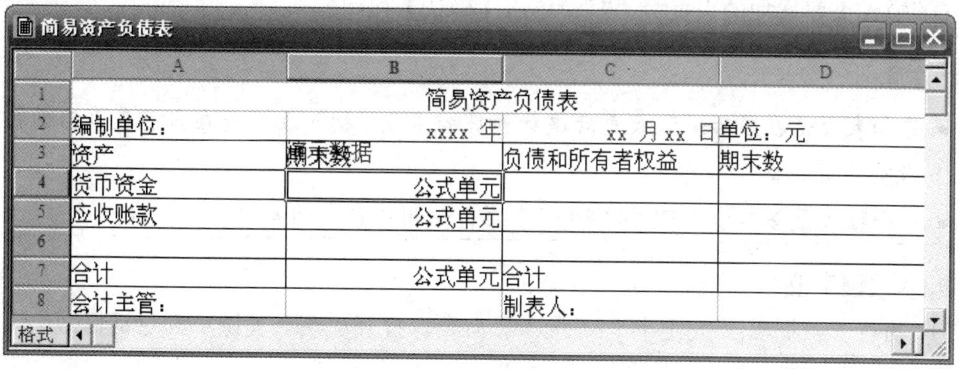

	A	B	C	D
		简易资产负债表		
1				
2	编制单位：	xxxx 年	xx 月 xx 日 单位：元	
3	资产	期末数据	负债和所有者权益	期末数
4	货币资金	公式单元		
5	应收账款	公式单元		
6				
7	合计	公式单元	合计	
8	会计主管：		制表人：	

图 5-11 定义"简易资产负债表"

注意

- 报表格式设置完以后切记要及时将这张报表格式保存下来，以便以后随时调用。
- 如果没有保存就退出，系统会出现提示"是否保存报表？"，以防止误操作。
- ".REP"为用友报表文件专用扩展名。

(5) 报表数据处理

打开报表

① 启动财务报表系统，执行"文件"|"打开"命令。

② 选择文件夹，选中报表文件"简易资产负债表.REP"，单击【打开】按钮。

③ 单击空白报表底部左下角的【格式/数据】按钮，使当前状态为"数据"状态。

④ 执行"数据"|"账套初始[Y]"命令，弹出"账套及时间初始"对话框，选择"202"账套，"2009"年，如图 5-12 所示，单击【确认】按钮。

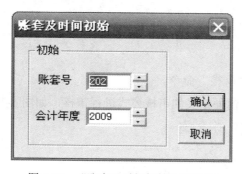

图 5-12 "账套及时间初始"对话框

注意

报表数据处理必须在数据状态下进行。

增加表页

① 执行"编辑"|"追加"|"表页"命令，打开"追加表页"对话框。

② 输入需要增加的表页数"2"，单击【确认】按钮。

注意

- 追加表页是在最后一张表页后追加 N 张空表页，插入表页是在当前表页后面插入一张空表页。
- 一张报表最多只能管理 99 999 张表页，试用版最多为 4 页。

输入关键字值

① 执行"数据"|"关键字"|"录入"命令，打开"录入关键字"对话框。

② 输入年"2009"，月"1"，日"31"。

③ 单击【确认】按钮，弹出"是否重算第 1 页？"提示框。

④ 单击【是】按钮，系统会自动根据单元公式计算 1 月份数据；单击【否】按钮，系统不计算 1 月份数据，以后可利用"表页重算"功能生成 1 月数据。

注意

- 每张表页均对应不同的关键字值，输出时随同单元一起显示。
- 日期关键字可以确认报表数据取数的时间范围，即确定数据生成的具体日期。

生成报表

① 执行"数据"|"表页重算"命令，弹出"是否重算第 1 页？"提示框。

② 单击【是】按钮，系统会自动在初始的账套和会计年度范围内根据单元公式计算生成数据。

注意

可将生成的数据报表保存到指定位置。

报表审核

① 执行"数据"|"审核"命令。

② 系统会自动根据前面定义的审核公式进行审核，如图 5-13 所示。

图 5-13 报表审核

2. 调用报表模板生成资产负债表

(1) 调用资产负债表模板

① 在格式状态下，执行"格式"|"报表模板"命令，打开"报表模板"对话框。

② 选择您所在的行业"一般企业(2007 新会计准则)"，财务报表"资产负债表"。

③ 单击【确认】按钮，弹出"模板格式将覆盖本表格式！是否继续？"提示框。

④ 单击【确定】按钮，即可打开"资产负债表"模板。

(2) 调整报表模板

① 在格式状态下，根据本单位的实际情况调整报表格式，修改报表公式。

② 保存调整后的报表模板。

(3) 生成资产负债表数据

① 在数据状态下，执行"数据"|"关键字"|"录入"命令，打开"录入关键字"对话框。

② 输入关键字，年"2009"，月"1"，日"31"。

③ 单击【确认】按钮，弹出"是否重算第 1 页？"提示框。

④ 单击【是】按钮，系统会自动根据单元公式生成 1 月份资产负债表。

⑤ 单击工具栏中的【保存】按钮，将生成的报表数据保存。

注意

同样方法，生成 2009 年 1 月利润表。

复习思考题

1. 报表管理系统提供了哪些功能？

2. 关键字的含义是什么？报表系统中提供了哪些关键字？

3. 自定义报表的基本流程是什么？

4. 如何利用模板快速编制财务报表？

5. 报表系统中提供了哪几类公式？各自的作用是什么？

6. 如何利用辅助核算编制现金流量表？

第6章

工资管理

本章学习目标

通过本章内容的学习，你将能够：

1. 了解工资管理系统的主要功能。

2. 熟悉工资管理系统的业务流程。

3. 掌握工资管理系统初始化设置的主要内容。

4. 区别工资类别和工资账套的关系。

5. 学会利用工资管理系统进行日常工资核算、计提相关费用及个
   人所得税计算。

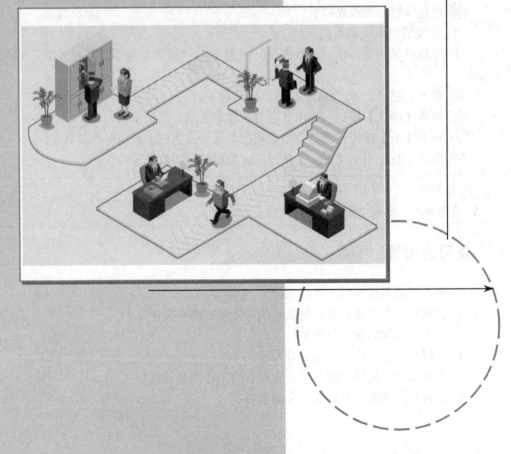

6.1 工资管理系统概述

6.1.1 工资管理系统的主要功能

职工工资是产品成本的重要组成部分，是企业进行各种费用计提的基础。工资核算是每个单位财会部门最基本的业务之一，是一项重要的经常性工作，关系到每个职工的切身利益。在手工方式下，为了搞好工资核算，占用了财务人员大量的精力和时间，并且容易出错。采用计算机处理保证了工资核算的准确性和及时性。

工资核算的任务是以职工个人的工资原始数据为基础，计算应发工资、扣款和实发工资等，编制工资结算单；按部门和人员类别进行汇总，进行个人所得税计算；提供对工资相关数据的多种方式的查询和分析；进行工资费用分配与计提，并实现自动转账处理。

工资管理系统的主要功能包括以下几个方面。

1. 工资类别管理

工资系统提供处理多个工资类别的功能。如果单位按周或一月多次发放工资，或者单位中有多种不同类别(部门)的人员，工资发放项目不同，计算公式也不同，但需进行统一工资核算管理，应选择建立多个工资类别。

如果单位中所有人员的工资统一管理，而人员的工资项目、工资计算公式全部相同，只需要建立单个工资类别，以提高系统的运行效率。

2. 人员档案管理

可以设置人员的基础信息并针对人员变动进行调整。另外，系统也提供了设置人员附加信息的功能。

3. 工资数据管理

可以根据不同企业的需要设计工资项目和计算公式；管理所有人员的工资数据并对平时发生的工资变动进行调整；自动计算个人所得税，结合工资发放形式进行扣零处理或向代发工资的银行传输工资数据；自动计算、汇总工资数据；自动完成工资分摊、计提、转账业务。

4. 工资报表管理

提供多层次、多角度的工资数据查询。

6.1.2 工资管理系统与其他系统的关系

工资管理系统将工资分摊的结果生成转账凭证，传递到总账系统。另外，工资管理系统向成本核算系统传送相关费用的合计数据。

6.1.3 工资管理系统操作流程

如果企业按周或一月多次发放工资，或者有多种不同类别的人员，工资发放项目不尽相同，计算公式亦不相同，但需进行统一工资核算管理，则可按如下步骤建立工资系统：

(1) 启动工资管理系统。

(2) 设置工资账参数。

(3) 设置所涉及的部门、所有工资项目、人员类别、银行名称和账号长度。

(4) 建立第一个工资类别，选择所管理的部门。

(5) 录入人员档案。

(6) 选择第一个工资类别所涉及的工资项目并设置工资计算公式。

(7) 录入工资数据。

(8) 建立第二个工资类别并选择所管理的部门。

(9) 录入人员档案或从第一个人员类别中复制人员档案。

(10) 选择第二个工资类别所涉及的工资项目并设置工资计算公式。

(11) 录入工资数据。

(12) 建立第三个工资类别并选择所管理的部门。

......

月末处理前将所要核算的工资类别进行汇总，生成汇总工资类别，然后对汇总工资类别进行工资核算的业务处理。

设置的部门应包含所有工资类别涉及的部门。所有人员都要有所属的部门。若为退休或离休人员，可将退休人员或离休人员单独作为一个部门来处理。

6.2 工资管理系统初始化

使用计算机处理工资业务之前，必须对通用工资系统进行必要的基础设置，如对部门、人员类别、工资项目、计算公式等进行定义。工资管理系统初始化包括建立工资账套和基础信息设置两部分。

6.2.1 建立工资账套

工资账套与系统管理中的账套是不同的概念。系统管理中的账套针对整个核算系统，而工资账套只针对工资子系统。要建立工资账套，首先要在系统管理中建立本单位的核算账套。建立工资账套时可以根据建账向导分4步进行，即参数设置、扣税设置、扣零设置和人员编码。

1. 参数设置

(1) 选择本账套处理所需的工资类别个数

如果单位按周或一月多次发放工资，或者单位中有多种不同类别(部门)的人员，则工资发放项目不尽相同，计算公式亦不相同，但需进行统一工资核算管理，应选择"多个"。例如：分别对在职人员、退休人员、离休人员进行核算的企业；分别对正式工、临时工进行核算的企业；每月进行多次工资发放，月末统一核算的企业；在不同地区有分支机构，而由总管机构统一进行工资核算的企业。

如果单位中所有人员的工资统一管理，而人员的工资项目、工资计算公式全部相同，选择"单个"，可提高系统的运行效率。

(2) 选择该套工资的核算币种

系统提供币别参照供用户选择，若选择账套本位币以外的其他币别，则还须在工资类别参数维护中设置汇率，经过一次工资数据处理后即不能再修改。

正确设置参数后，单击【下一步】按钮，进入"建账向导二——扣税设置"。

2. 扣税设置

扣税设置即选择在工资计算中是否自动进行扣税处理。设置完毕后，单击【下一步】按钮，进入"建账向导三——扣零设置"。

3. 扣零设置

扣零处理是指每次发放工资时将零头扣下，积累取整，于下次工资发放时补上。系统在计算工资时将依据扣零类型(扣零至元、扣零至角或扣零至分)进行扣零计算。

用户一旦选择了"扣零处理"，系统自动在固定工资项目中增加"本月扣零"和"上月扣零"两个项目，用户不必在计算公式中设置有关扣零处理的计算公式，"应发合计"中不包括"上月扣零"，"扣款合计"中也不包括"本月扣零"。

设置完扣零类型后，单击【下一步】按钮，进入"建账向导四——人员编码"。

4. 人员编码

工资核算中每个职工都有一个唯一的编码，人员编码长度应结合企业部门设置和人员数量自行定义，但总长度不能超过系统提供的最高位数。

6.2.2　基础信息设置

建立工资账套以后，要对整个系统运行所需的一些基础信息进行设置。账套基础信息的设置应该在关闭工资类别的情况下进行。

1. 部门设置

一般来讲，工资是按部门或班组进行汇总、统计、发放并计入部门费用的，因此工资核算之前需要预先进行部门档案的设置。

2. 人员类别设置

人员类别与工资费用的分配、分摊有关，以便于按人员类别进行工资汇总计算。

3. 人员附加信息设置

此项设置可增加人员信息、丰富人员档案的内容，便于对人员进行更加有效的管理，如增加设置人员的性别、民族、婚否等。

4. 工资项目设置

工资项目设置即定义工资项目的名称、类型、宽度、小数和增减项等。系统中有一些固定项目是工资账中必不可少的，包括"应发合计"、"扣款合计"、"实发合计"等，这些项目不能删除和重命名；其他项目可根据实际情况定义或参照增加，如基本工资、奖励工资、请假天数等。在此设置的工资项目是针对所有工资类别的全部工资项目。

5. 银行名称设置

发放工资的银行可按需要设置多个银行账户，这里的银行名称设置是针对所有工资类别而言的。例如，同一工资类别中的人员由于在不同的工作地点办公，需在不同的银行代发工资；或者不同的工资类别由不同的银行代发工资，均需设置相应的银行名称。

6.2.3 工资类别管理

工资系统是按照工资类别来进行管理的。每个工资类别下有职工档案、工资变动、工资数据、报税处理、银行代发等。对工资类别的维护包括建立工资类别、打开工资类别、删除工资类别、关闭工资类别和汇总工资类别等。

1. 人员档案

人员档案的设置用于登记工资发放人员的姓名、职工编号、所在部门、人员类别等信息。此外，员工的增减变动也必须在本功能中处理。人员档案的操作是针对某个工资类别的，即应先打开相应的工资类别。

人员档案管理包括增加/修改/删除人员档案、人员调离与停发处理、查找人员等。

2. 设置工资项目和计算公式

在系统中设置的初始工资项目包括本单位各种工资类别所需要的全部工资项目。由于对于不同的工资类别,工资发放项目不同,计算公式也不同;因此应对某个指定工资类别所需的工资项目进行设置,并定义此工资类别的工资数据计算公式。

(1) 选择建立本工资类别的工资项目

这里只能选择系统中设置的初始工资项目,不可自行输入。工资项目的类型、长度、小数位数、增减项等不可更改。

(2) 设置计算公式

定义某些工资项目的计算公式及工资项目之间的运算关系。例如:缺勤扣款=基本工资/月工作日×缺勤天数。运用公式可直观表达工资项目的实际运算过程,灵活地进行工资计算处理。定义公式可通过选择工资项目、运算符、关系符、函数等组合完成。

系统固定的工资项目,如"应发合计"、"扣款合计"、"实发合计"等的计算公式,系统根据工资项目设置的"增减项"自动给出,用户在此只能增加、修改、删除其他工资项目的计算公式。

定义工资项目计算公式要符合逻辑。系统将对公式进行合法性检查,对不符合逻辑的公式,系统将给出错误提示。定义公式时要注意先后顺序,先得到的数据应先设置公式。应发合计、扣款合计和实发合计公式应是公式定义框的最后三个公式,并且实发合计的公式要在应发合计和扣款合计公式之后。可通过单击公式框的上下箭头调整计算公式顺序。如果出现计算公式超长,可将所用到的工资项目名称缩短(减少字符数)或设置过渡项目。定义公式时可使用函数公式向导参照输入。

6.2.4 录入期初工资数据

第一次使用工资系统前必须将所有人员的基本工资数据录入计算机,作为工资计算的基础数据。

6.3 工资管理系统日常业务处理

工资管理系统的日常业务主要包括对职工档案的维护、职工工资变动数据的录入与计算、个人所得税计算与申报和银行代发工资处理等。

6.3.1 工资变动

由于职工工资与考勤、工作业绩等各项因素相关,因此,每个月都需要进行职工工资数据的调整。为了快速、准确地录入工资数据,系统提供以下功能。

1. 筛选和定位

如果对部分人员的工资数据进行修改，最好采用数据过滤的方法，先将所要修改的人员过滤出来，再进行工资数据修改。修改完毕后进行"重新计算"和"汇总"。

2. 页编辑

在工资变动界面提供了【编辑】按钮，可以对选定的个人进行快速录入。单击【上一人】、【下一人】按钮可变更人员、录入或修改其他人员的工资数据。

3. 替换

替换就是将符合条件的人员的某工资项目的数据统一替换成某个数据，例如将管理人员的奖金上调 100 元。

4. 过滤器

如果只对工资项目中的某一个或几个项目进行修改，可将要修改的项目先过滤出来，例如只对事假天数、病假天数两个工资项目的数据进行修改。对于常用到的过滤项目可以在项目过滤选择后输入一个名称进行保存，以后可通过过滤项目名称调用，不用时也可以删除。

6.3.2 个人所得税的计算与申报

鉴于许多企事业单位计算职工工资薪金所得税时的工作量较大，本系统特提供个人所得税的自动计算功能。用户只需自定义所得税的税率，系统就能自动计算个人所得税。

1. 设置个人所得税税率表

系统内置的计算所得税的算法是以 2 000 元为起征点，按照国家规定的九级超额累进税率计算表进行计算。如果国家的税收政策发生变化，可以修改"基数"、"附加费用"和税率计算公式。

2. 计算与申报个人所得税

"个人所得税扣缴申报表"是个人纳税情况的记录，企业每月需要向税务机关上报。工资系统预置了该表中的栏目，并且提供了一些可选栏目供企业选择。系统默认以"实发工资"作为扣税基数，但企业可以自行选择其他工资项目作为扣税标准。

 注意

如果修改了"税率表"或重新选择了"收入额合计"项，必须在工资变动中重新计算。

6.3.3　工资分摊

工资是费用中人工费最主要的部分，还需要对工资费用进行工资总额的计提计算、分配及各种经费的计提，并编制转账会计凭证，供登账处理之用。

6.3.4　工资分钱清单

工资分钱清单是按单位计算的工资发放分钱票面额清单，会计人员根据此表从银行取款并发给各部门。系统提供了票面额设置功能，用户可根据单位需要自由设置。系统根据实发工资项目可以分别自动计算出按部门、按人员、按企业发放的各种钱票面额的张数。

6.3.5　银行代发

目前社会上许多单位发放工资时都采用职工凭工资卡去银行取款的方式。银行代发业务处理，是指每月末单位应向银行提供银行给定文件格式的软盘。这样做既减轻了财务部门发放工资的繁重工作，又有效地避免了财务去银行提取大笔款项所承担的风险，同时还提高了对员工个人工资的保密程度。

采用银行代发工资方式，需要进行银行代发文件格式设置和银行代发输出格式设置。银行代发文件格式设置是指根据银行的要求设置向银行提供的数据表中所包含的项目的相关属性信息。银行代发输出格式设置就是设置向银行提供的数据表以何种文件形式存放在磁盘上，文件中的各数据项目是如何存放和区分的。

6.3.6　工资数据查询统计

工资数据处理结果最终通过工资报表的形式反映。工资系统提供了主要的工资报表，报表的格式由系统提供。如果用户对报表提供的固定格式不满意，可以通过"修改表"和"新建表"功能自行设计。

1. 工资表

工资表包括工资发放签名表、工资发放条、工资卡、部门工资汇总表、人员类别工资汇总表、条件汇总表、条件统计表、条件明细表、工资变动明细表、工资变动汇总表等由系统提供的原始表，主要用于本月工资发放和统计。工资表可以进行修改和重建。

2. 工资分析表

工资分析表是以工资数据为基础，对不同部门、人员类别的工资数据进行分析和比较，产生各种分析表供决策人员使用。

6.4 工资管理系统期末处理

6.4.1 月末结转

月末处理是将当月数据经过处理后结转至下月，每月的工资数据处理完毕后均可进行月末结转。由于在工资项目中，有的项目是变动的，即每月的数据均不相同，因此在每月工资处理时均需先将其数据清零，然后再输入当月的数据，此类项目即为清零项目。

月末处理功能只有主管人员才能执行，所以操作时应以主管的身份登录系统。

月末结转只能在会计年度的 1 月至 11 月进行，且只有在当月工资数据处理完毕后才可进行。如果处理多个工资类别，则应按照工资类别分别进行月末结转，若本月工资数据未汇总，系统将不允许进行月末结转。进行期末处理后，当月数据将不允许变动。

6.4.2 年末结转

年末结转是将工资数据经过处理后结转至下年。进行年末结转后，新的年度账将自动建立。只有处理完所有工资类别的工资数据，对多工资类别应关闭所有工资类别，然后在系统管理中选择"年度账"菜单，才能进行上年数据结转。其他操作与月末处理类似。

年末结转只有在当月工资数据处理完毕后才能进行，若当月工资数据未汇总，系统将不允许进行年末结转。进行年末结转后，本年各月数据将不允许变动。若用户跨月进行年末结转，系统将给予提示。年末处理操作只能由主管人员进行。

实验七 工资管理

【实验目的】

1. 掌握用友 T3 会计信息化软件中工资管理的相关内容。

2. 掌握工资系统初始化、日常业务处理、工资分摊及月末处理的操作。

【实验内容】

1. 工资管理系统初始设置。

2. 工资管理系统日常业务处理。

3. 工资分摊及月末处理。

4. 工资系统数据查询。

【实验准备】

引入"实验三"账套数据。

【实验要求】

1. 以账套主管"郑通"的身份进行工资账套建立及初始设置。

2. 以工资类别主管"贺敏"的身份进行工资日常业务处理。

【实验资料】

1. 建立工资账套

工资类别个数设置为"多个",核算币种设置为"人民币 RMB",要求代扣个人所得税,不进行扣零处理,人员编码长度设置为"3"位,启用日期设置为"2009 年 1 月 1 日"。

2. 基础信息设置

(1) 人员类别设置

管理人员、经营人员、车间管理人员、生产工人。

(2) 人员附加信息设置

增加"性别"、"身份证号"作为人员附加信息。

(3) 工资项目设置

项 目 名 称	类 型	长 度	小 数 位 数	增 减 项
基本工资	数字	8	2	增项
奖励工资	数字	8	2	增项
交补	数字	8	2	增项
应发合计	数字	10	2	增项
请假扣款	数字	8	2	减项
养老保险金	数字	8	2	减项
扣款合计	数字	10	2	减项
实发合计	数字	10	2	增项
代扣税	数字	10	2	减项
请假天数	数字	8	2	其他

(4) 工资类别及相关信息

工资类别一:正式人员。

部门选择:所有部门。

工资项目:基本工资、奖励工资、交补、应发合计、请假扣款、养老保险金、扣款合计、实发合计、代扣税、请假天数。

计算公式:

工 资 项 目	定 义 公 式
请假扣款	请假天数×20
养老保险金	基本工资×0.05
交补	iff(人员类别="管理人员" or 人员类别="车间管理人员",300,150)

人员档案：

人员编号	人员姓名	部门名称	人员类别	账　　号	是否中方人员	是否计税
101	汪涵	企管办	管理人员	20060010001	是	是
201	郑通	财务部	管理人员	20060010002	是	是
202	贺敏	财务部	管理人员	20060010003	是	是
203	汪扬	财务部	管理人员	20060010004	是	是
204	孙娟	财务部	管理人员	20060010005	是	是
301	魏大鹏	采购部	管理人员	20060010006	是	是
401	田晓宾	销售一部	经营人员	20060010007	是	是
402	孟倩	销售二部	经营人员	20060010008	是	是
501	潘小小	生产部	车间管理人员	20060010009	是	是
502	吴强	生产部	生产工人	20060010010	是	是

注：以上所有人员的代发银行均为工商银行中关村分理处。

工资类别二：临时人员。

部门选择：生产部。

工资项目：基本工资、请假扣款、请假天数。

人员档案：

人员编号	人员姓名	部门名称	人员类别	是否中方人员	是否计税
503	罗江	生产部	生产工人	是	是
504	刘青	生产部	生产工人	是	是

(5) 银行名称

工商银行中关村分理处，账号定长为11。

(6) 权限设置

设置"贺敏"为两个工资类别的主管。

3. 工资数据

(1) 1月初人员工资情况

正式人员工资情况：

姓　　名	基 本 工 资	奖 励 工 资
汪涵	5 000	500
郑通	3 000	300
贺敏	2 000	200

(续表)

姓　　名	基 本 工 资	奖 励 工 资
汪扬	2 500	250
孙娟	2 000	200
魏大鹏	3 000	300
田晓宾	4 500	450
孟倩	3 000	300
潘小小	2 500	250
吴强	1 500	150

临时人员工资情况：

姓　　名	基 本 工 资
罗江	1 800
刘青	1 200

(2) 2 月份工资变动情况

① 考勤情况：汪扬请假 2 天，魏大鹏请假 1 天，罗江请假 3 天。

② 因需要，决定招聘李力(编号 505)到生产部担任生产人员，基本工资 2 000 元，无奖励工资，代发工资银行账号 20060010013。

③ 因去年销售一部推广产品业绩较好，每人增加奖励工资 200 元。

4. 代扣个人所得税

计税基数 2 000。

5. 工资分摊

应付工资总额等于工资项目"应发合计"。

工资费用分配的转账分录：

工 资 分 摊		应 付 工 资	
部　　门		借　方	贷　方
企管办，财务部，采购部	管理人员	660201	2211
销售部	经营人员	660101	2211
生产部	车间管理人员	510101	2211
	生产工人	500102	2211

【实验指导】

1. 在系统管理中启用工资管理系统

① 执行"开始"|"程序"|"用友 T3 系列管理软件"|"用友 T3"|"系统管理"命令，以账套主管身份注册系统管理。

② 执行"账套"|"启用"命令，打开"系统启用"对话框，选中"WA 工资管理"复选框，弹出"日历"对话框，选择工资系统启用日期为"2009 年 1 月 1 日"，单击【确定】按钮，系统弹出"确实要启用当前系统吗？"信息提示框，单击【是】按钮返回。

2. 建立工资账套

① 以账套主管身份注册进入用友 T3 主界面。单击"工资"菜单项，打开"建立工资套"对话框。

② 在"参数设置"中，选择本账套所需处理的工资类别个数"多个"，默认币别名称为"人民币 RMB"，如图 6-1 所示，单击【下一步】按钮。

注意

本例中对正式人员和临时人员分别进行核算，所以工资类别应选择"多个"。

③ 在"扣税设置"中，选中"是否从工资中代扣个人所得税"复选框，如图 6-2 所示，单击【下一步】按钮。

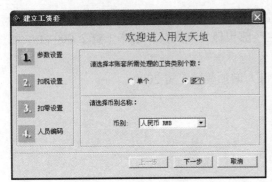 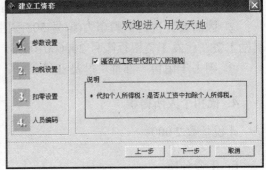

图 6-1　"建立工资套——参数设置"对话框　　图 6-2　"建立工资套——扣税设置"对话框

注意

选择代扣个人所得税后，系统将自动生成工资项目"代扣税"并自动进行代扣税金的计算。

④ 在"扣零设置"中，不做选择，直接单击【下一步】按钮。

注意

- 扣零处理是指每次发放工资时将零头扣下，积累取整，于下次工资发放时补上，系统在计算工资时将依据扣零类型(扣零至元、扣零至角、扣零至分)进行扣零计算。
- 用户一旦选择了"扣零处理"，系统将自动在固定工资项目中增加"本月扣零"和"上月扣零"两个项目。扣零的计算公式由系统自动定义，不需要设置。

⑤ 在"人员编码"中，单击"人员编码长度"增减器的下箭头将人员编码长度设置

为 3，本账套的启用日期为 2009 年 1 月 1 日，如图 6-3 所示。

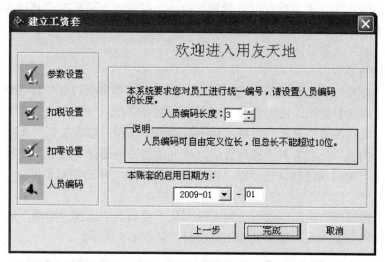

图 6-3　"建立工资套——人员编码"对话框

⑥ 单击【完成】按钮，弹出系统提示"未建立工资类别！"，单击【确定】按钮，打开"工资管理"对话框，单击【取消】按钮。

 注意

建账完毕后，部分建账参数可以通过"设置"|"选项"命令进行修改。

3. 基础信息设置

(1) 人员类别设置

① 执行"设置"|"人员类别设置"命令，打开"类别设置"对话框。

② 在"类别"文本框中选中"无类别"，输入"管理人员"，单击【增加】按钮。

③ 依此类推，输入其他人员类别，如图 6-4 所示，全部增加完毕后，单击【返回】按钮。

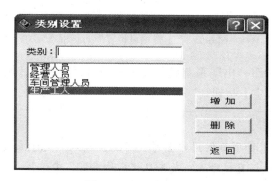

图 6-4　人员类别设置

(2) 人员附加信息设置

① 执行"设置"|"人员附加信息设置"命令，打开"人员附加信息设置"对话框。

② 单击【增加】按钮，从参照列表中选择"性别"。

③ 同样，增加"身份证号"。

(3) 工资项目设置

① 执行"设置"|"工资项目设置"命令，打开"工资项目设置"对话框。

② 单击【增加】按钮，在工资项目列表中增加一空行。

③ 单击"名称参照"下拉列表框，从下拉列表中选择"基本工资"选项。

④ 双击"类型"栏，单击下拉列表框，从下拉列表中选择"数字"选项。

⑤ "长度"采用系统默认值"8"。双击"小数"栏，单击增减器的上三角按钮，将小数设为"2"。

⑥ 双击"增减项"栏，单击下拉列表框，从下拉列表中选择"增项"选项。

⑦ 单击【增加】按钮，增加其他工资项目，如图 6-5 所示。

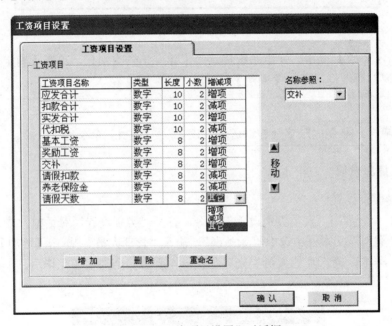

图 6-5 "工资项目设置"对话框

⑧ 单击【确认】按钮，出现系统提示"工资项目已经改变，请确认各工资类别的公式是否正确"，单击【确定】按钮。

注意

系统提供若干常用工资项目供用户参考，可选择输入。对于未提供的工资项目，可以双击"工资项目名称"一栏直接输入；或先从"名称参照"中选择一个项目，然后单击"重命名"按钮修改为需要的项目。

(4) 银行名称设置

① 执行"设置"|"银行名称设置"命令，打开"银行名称设置"对话框。

② 单击【增加】按钮，在"银行名称"文本框中输入"工商银行中关村分理处"，默认账号定长且账号长度为"11"。

③ 单击列表中的"工商银行"，单击【删除】按钮，弹出系统提示"删除银行将相关文件及设置一并删除，是否继续？"，单击【是】按钮。同样，删除其他无效银行。

④ 单击【返回】按钮。

(5) 建立工资类别

建立"正式人员"工资类别

① 执行"工资类别"|"新建工资类别"命令，打开"新建工资类别"对话框。

② 在文本框中输入工资类别"正式人员"，单击【下一步】按钮。

③ 选取"企管办"、"财务部"、"采购部"、"销售部"、"生产部"，如图 6-6 所示。

图 6-6　"新建工资类别"对话框

④ 单击【完成】按钮，弹出系统提示"是否以 2009-01-01 为当前工资类别的启用日期？"，单击【是】按钮返回。

⑤ 执行"工资类别"|"关闭工资类别"命令，关闭"正式人员"工资类别。

建立"临时人员"工资类别

① 执行"工资类别"|"新建工资类别"命令，打开"新建工资类别"对话框。

② 在文本框中输入第二个工资类别"临时人员"，单击【下一步】按钮。

③ 单击鼠标左键，选取"生产部"。

④ 单击【完成】按钮，弹出系统提示"是否以 2009-01-01 为当前工资类别的启用日期？"，单击【是】按钮返回。

⑤ 执行"工资类别"|"关闭工资类别"命令，关闭"临时人员"工资类别。

(6) 权限设置

① 执行"设置"|"权限设置"命令，打开"权限设置"对话框。

② 选择操作员"贺敏"，单击【修改】按钮，选择"001(正式人员)"工资类别，选中"工资类别主管"复选框，单击【保存】按钮，如图 6-7 所示。

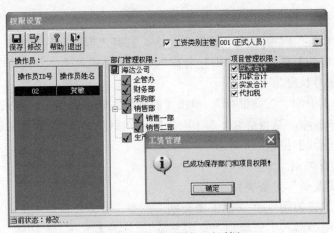

图 6-7 "权限设置"对话框

③ 同样,设置贺敏为"002(临时人员)工资类别主管。

4. "正式人员"工资类别初始设置

(1) 打开工资类别

① 执行"工资类别"|"打开工资类别"命令,打开"打开工资类别"对话框。

② 选择"001 正式人员"工资类别,单击【确认】按钮。

(2) 设置人员档案

① 执行"设置"|"人员档案"命令,进入"人员档案"窗口。

② 单击工具栏中的【增加】按钮,打开"人员档案"对话框。

③ 在"基本信息"选项卡中,输入人员编号"101";单击"人员姓名"参照按钮,从"人员参照"列表中选择"汪涵"或直接输入人员姓名;单击"部门名称"下拉列表框,从下拉列表中选择"企管办"选项;单击"人员类别"下拉列表框,从下拉列表中选择"管理人员";单击"银行名称"下拉列表框,从下拉列表中选择"工商银行中关村分理处";输入银行账号"20060010001";如图 6-8 所示,单击【确认】按钮。

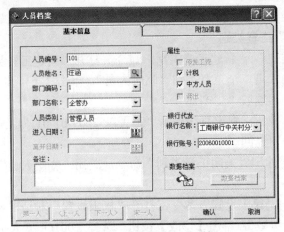

图 6-8 "人员档案"对话框

④ 依上述顺序输入所有人员档案,最后单击工具栏中的【退出】按钮。

(3) 选择工资项目

① 执行"设置"|"工资项目设置"命令,打开"工资项目设置"对话框。

② 选择"工资项目设置"选项卡,单击【增加】按钮,在工资项目列表中增加一空行。

③ 单击"名称参照"下拉列表框,从下拉列表中选择"基本工资"选项,工资项目名称、类型、长度、小数、增减项都自动带出,不能修改。

④ 单击【增加】按钮,增加其他工资项目。

⑤ 所有项目增加完成后,利用"工资项目设置"选项卡上的上下箭头按照实验资料所给顺序调整工资项目的排列位置,如图 6-9 所示。

图 6-9 正式人员工资类别和工资项目选择

注意

工资项目不能重复选择,没有选择的工资项目不允许在计算公式中出现。不能删除已输入数据的工资项目和已设置计算公式的工资项目。

(4) 设置计算公式

设置公式"请假扣款=请假天数*20"

① 在"工资项目设置"对话框中选择"公式设置"选项卡。

② 单击【增加】按钮,在工资项目列表中增加一空行,单击下拉列表框选择"请假扣款"选项。

③ 选中"公式定义"文本框,单击工资项目列表中的"请假天数"。

④ 单击运算符"*",在"*"后单击,输入数字"20",单击【公式确认】按钮。

设置公式"交补=iff(人员类别="管理人员"OR 人员类别="车间管理人员",300,150)"

① 在"工资项目设置"对话框中选择"公式设置选项卡"

② 单击【增加】按钮，在工资项目列表中增加一空行，单击下拉列表框选择"交补"选项。

③ 选中"公式定义"文本框，单击【函数公式向导输入】按钮，打开"函数向导-步骤之 1"对话框。

④ 从"函数名"列表中选择"iff"，单击【下一步】按钮，打开"函数向导-步骤之 2"对话框。

⑤ 单击"逻辑表达式参照"按钮，打开"参照"对话框，从"参照"下拉列表中选择"人员类别"选项，从下面的列表中选择"管理人员"，单击【确认】按钮。

⑥ 在逻辑表达式文本框中的公式后单击鼠标，输入"or"后，再次单击"逻辑表达式"参照按钮，出现"参照"对话框，从"参照"下拉列表中选择"人员类别"选项，从下面的列表中选择"车间管理人员"，单击【确认】按钮，返回"函数向导-步骤之 2"对话框。

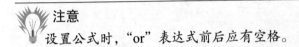 注意

设置公式时，"or"表达式前后应有空格。

⑦ 在"数学表达式 1"文本框中输入"300"，在"数学表达式 2"文本框中输入"150"，单击【完成】按钮，返回"公式设置"选项卡，如图 6-10 所示，单击【公式确认】按钮。

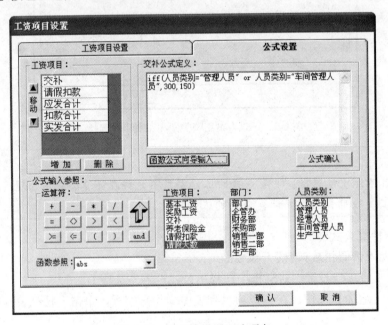

图 6-10 "公式设置"选项卡

⑧ 单击【确认】按钮，退出公式设置。

养老保险金计算公式可按以上步骤自行设置。

（5）设置所得税纳税基数

① 执行"业务处理"|"扣缴所得税"命令，弹出系统提示，单击【确定】按钮，打开"栏目选择"对话框。

② 默认各项设置，单击【确认】按钮。

③ 单击工具栏中的【税率表】按钮，修改所得税纳税基数为"2000"，如图 6-11 所示。

图 6-11　设置所得税纳税基数

④ 单击【确认】按钮，弹出系统提示，单击【否】按钮退出。

⑤ 在"个人所得税扣缴申报表"窗口中，单击工具栏中的【退出】按钮。

（6）录入正式人员基本工资数据

① 单击"业务处理"|"工资变动"命令，进入"工资变动"窗口。

② 单击"过滤器"下拉列表框，选择"过滤设置"，打开"项目过滤"对话框。

③ 单击"工资项目"列表中的"基本工资"和"奖励工资"，单击">"按钮将其选入"已选项目"列表中。

④ 单击【确认】按钮，返回"工资变动"窗口，此时每个人的工资项目只显示两项。

⑤ 输入"正式人员"工资类别的工资数据。

注意

这里只需输入没有进行公式设定的项目，如基本工资、奖励工资和请假天数等，其余各项由系统根据计算公式自动计算生成。

⑥ 单击"过滤器"下列列表框，选择"所有项目"选项，屏幕上显示所有工资项目。

5. "正式人员"工资类别日常业务

以"贺敏"身份进行工资日常业务处理。

(1) 人员变动

① 执行"设置"|"人员档案"命令，进入"人员档案"窗口。

② 单击【增加】按钮，输入新增人员"李力"的详细档案资料。

③ 单击【确认】按钮，返回人员档案窗口，单击工具栏中的【退出】按钮。

(2) 输入正式人员工资变动数据

① 打开"工资项数据替换"对话框单击工具栏中的【替换】按钮，单击"将工资项目"下拉列表框，选择"奖励工资"选项，在"替换成"文本框中输入"奖励工资+200"。

② 在替换条件处分别选择"部门"、"="、"销售一部"，如图 6-12 所示。

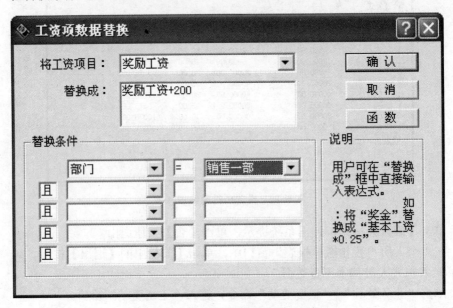

图 6-12 "工资项数据替换"对话框

③ 单击【确认】按钮，弹出系统提示："数据替换后将不可恢复。是否继续？"，单击【是】按钮，系统提示："1 条记录被替换，是否重新计算？"，单击【是】按钮，系统自动完成工资计算。

(3) 数据计算与汇总

① 在"工资变动"窗口中，单击工具栏中的【计算】按钮，计算工资数据。

② 单击工具栏中的【汇总】按钮，汇总工资数据。

③ 单击工具栏中的【退出】按钮，退出"工资变动"窗口。

(4) 查看个人所得税

① 执行"业务处理"|"扣缴所得税"命令，打开"栏目选择"对话框。

② 单击【确认】按钮，进入"个人所得税扣缴申报表"窗口，如图 6-13 所示。

图 6-13 "个人所得锐扣缴申报表"窗口

6. "正式人员"类别工资分摊

(1) 工资分摊类型设置

① 执行"业务处理"|"工资分摊"命令,打开"工资分摊"对话框。

② 单击"工资分摊设置"按钮,打开"分摊类型设置"对话框。

③ 单击【增加】按钮,打开"分摊计提比例设置"对话框。

④ 输入计提类型名称"应付工资",单击【下一步】按钮,打开"分摊构成设置"对话框。按实验资料内容进行设置,如图 6-14 所示。

图 6-14 "分摊构成设置"对话框

⑤ 返回"分摊类型设置"对话框。

(2) 进行工资分摊

① 执行"业务处理"|"工资分摊"命令,打开"工资分摊"对话框。

② 选择需要分摊的计提费用类型,确定分摊计提的月份为"2009.01"。

③ 选择核算部门:企管办、财务部、采购部、销售部、生产部。

④ 选择"明细到工资项目"复选框。

⑤ 单击【确定】按钮，打开"应付工资一览表"窗口，如图 6-15 所示。

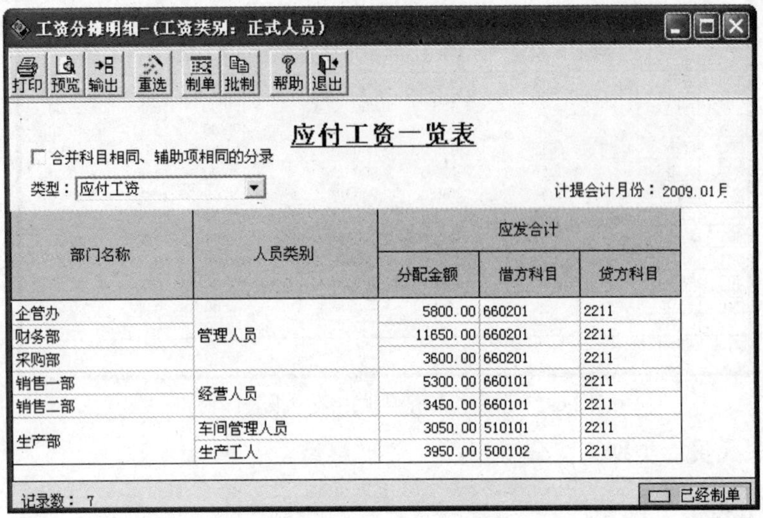

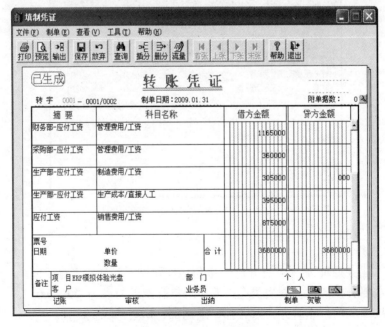

图 6-15　"应付工资一览表"窗口

⑥ 选择"合并科目相同、辅助项相同的分录"复选框，单击【制单】按钮。

⑦ 单击凭证左上角的"字"处，选择"转账凭证"，将光标分别移至"制造费用/工资"和"生产成本/直接人工"分录行，补充辅助核算项目为"ERP 模拟体验光盘"，单击【保存】按钮，凭证左上角出现"已生成"标志，代表该凭证已传递到总账，如图 6-16 所示。

图 6-16　生成工资分摊凭证

⑧ 单击工具栏中的【退出】按钮，返回。

7. 临时人员工资处理

在完成正式人员工资数据的处理后，打开临时人员工资类别，参照正式人员工资类别初始设置及数据处理方式完成临时人员工资处理。

(1) 人员档案设置

按实验资料增加人员档案。

(2) 工资项目选择

选择基本工资、请假扣款、请假天数三个工资项目。

(3) 公式设置

同样设置"请假扣款=请假天数*20"。

(4) 工资变动处理

① 在"业务处理"|"扣缴所得税"中设置扣税基数"2000"。

② 按实验资料在"业务处理"|"工资变动"中进行工资变动处理。

③ 在"业务处理"|"工资分摊"中进行工资分摊设置及工资分摊处理。

8. 汇总工资类别

① 执行"工资类别"|"关闭工资类别"命令。

② 执行"系统工具"|"工资类别汇总"命令，打开"选择工资类别"对话框。

③ 选择要汇总的工资类别，单击【确认】按钮，完成工资类别汇总。

④ 执行"工资类别"|"打开工资类别"命令，打开"选择工资类别"对话框。

⑤ 选择"998 汇总工资类别"，单击【确认】按钮，查看工资类别汇总后的各项数据。

注意

- 工资汇总功能必须在关闭所有工资类别时才可用。
- 所选工资类别中必须有汇总月份的工资数据。
- 第一次进行工资类别汇总时，需在汇总工资类别中设置工资项目计算公式。如果每次汇总的工资类别一致，则公式无须重新设置；如果与上一次所选择的工资类别不一致，则需重新设置计算公式。
- 汇总工资类别不能进行月末结转和年末结转。

9. 账表查询

打开"正式人员"工资类别查看个人所得税扣缴申报表和其他各种工资表。

10. 月末处理

① 执行"业务处理"|"月末处理"命令，打开"月末处理"对话框。单击【确认】按钮，弹出系统提示"月末处理之后，本月工资将不许变动，继续月末处理吗？"，单击

【是】按钮，系统继续提示"是否选择清零项？"，单击【是】按钮，打开"选择清零项目"对话框。

② 在"请选择清零项目"列表中，选择"请假天数"、"请假扣款"和"奖励工资"，单击">"按钮，将所选项目移动到右侧的列表框中，如图 6-17 所示。

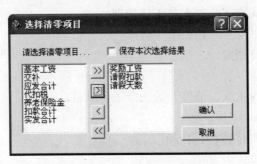

图 6-17 "选择清零项目"对话框

③ 单击【确认】按钮，弹出系统提示"月末处理完毕!"，单击【确定】按钮返回。

④ 依此类推，完成"临时人员"工资类别月末处理。

注意

- 月末结转只有在会计年度的 1 月至 11 月进行。
- 若为处理多个工资类别，则应打开各个工资类别，分别进行月末结转。
- 若本月工资数据未汇总，系统将不允许进行月末结转。
- 进行期末处理后，当月数据将不再允许变动。
- 月末处理功能只有主管人员才能执行。

复习思考题

1. 工资管理系统的主要功能是什么？
2. 建立工资账套时需要进行哪些设置？
3. 在哪些情况下需要设置多个工资类别？
4. 如何在工资管理系统中进行扣缴个人所得税处理？
5. 如何处理与职工工资有关的费用计提？

第 7 章

固定资产管理

本章学习目标

通过本章内容的学习，你将能够：

1. 了解固定资产管理系统的基本功能。
2. 熟悉固定资产管理系统的工作原理和工作流程。
3. 掌握固定资产初始化、卡片管理及资产增减变动的处理方法。
4. 掌握固定资产折旧的相关处理。

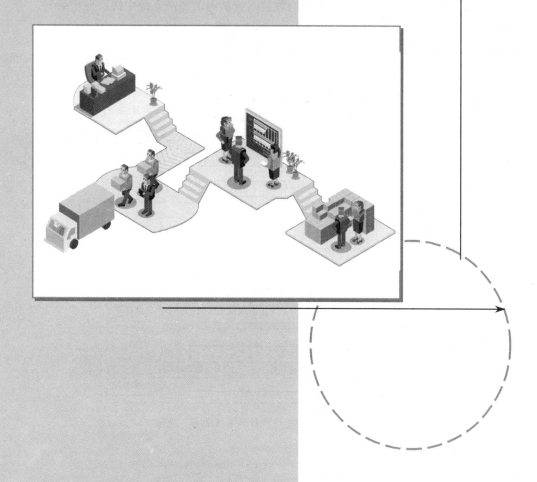

7.1 固定资产管理系统概述

7.1.1 固定资产管理系统功能概述

固定资产是企业正常生产经营的必要条件，正确管理和核算企业的固定资产，对于保护企业资产完整、保证企业再生产资金来源具有重要意义。用友 T3 管理软件可以帮助企业进行固定资产日常业务的核算和管理，生成固定资产卡片，按月反映固定资产的增加、减少、原值变化及其他变动并输出相应的增减变动明细账，按月自动计提折旧，生成折旧分配凭证，同时输出一些同设备管理相关的报表和账簿。

7.1.2 固定资产管理系统与其他系统的主要关系

固定资产管理系统中资产的增加、减少以及原值和累计折旧的调整、折旧计提都要将有关数据通过记账凭证的形式传输到总账系统，同时通过对账保持固定资产账目与总账的平衡。财务报表系统也可以通过相应的取数函数从固定资产系统中提取分析数据。

7.1.3 固定资产管理系统的业务流程

固定资产管理系统的业务流程如图 7-1 所示。

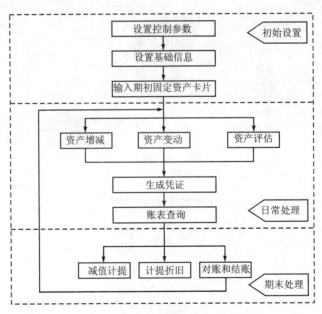

图 7-1　固定资产管理系统的业务流程

7.2　固定资产管理系统初始化

固定资产管理系统初始化是根据用户单位的具体情况，建立一个适合的固定资产子系统的过程。初始化设置包括固定资产参数设置、基础数据设置和输入期初固定资产卡片。

7.2.1　固定资产参数设置

在系统管理中已经建立了企业核算账套，在固定资产系统中还需要针对固定资产设置相应的控制参数，包括约定与说明、启用月份、折旧信息、编码方式以及财务接口等。这些参数在初次启动固定资产管理系统时设置，其他参数可以在"选项"中补充。

1. 约定与说明

约定与说明中列示了固定资产账套的基本信息和系统有关资产管理的基本原则，主要包括以下内容。

(1) 序时管理原则

固定资产系统资产管理采用严格的序时管理，序时到日，也就是当以某个日期登录对系统进行编辑操作后，以后再次进行编辑操作只能以该日期或以后的日期登录。要无痕迹地删除一张卡片，必须按照与制作时相反的顺序，删除该卡片所做的所有变动单和评估单。

(2) 固定资产变动后的折旧计算和分配汇总原则

① 本系统发生与固定资产折旧计算有关的变动后，可以使用加速折旧法在变动生效的当期以净值作为计提原值，以剩余使用年限为计提年限计算折旧；或者使用直线折旧法仍以原公式计算折旧。修改以前的月折旧额或折旧率的值不变。

② 本系统各种变动后计算折旧采用未来适用法，不自动调整以前的累计折旧；采用追溯适用法的企业只能手工调整累计折旧。

③ 与折旧计算有关的变动，除了部门转移、类别调整、使用状况调整外，均是由变动单引起的变动。

④ 原值调整、累计折旧调整、净残值(率)调整、使用状况调整均下月生效；折旧方法调整、使用年限调整当月生效。

⑤ 折旧分配就是将部门转移和类别调整当月计提的折旧分配到变动后的部门和类别。

⑥ 报表统计就是当月折旧和计提原值的汇总，再将汇总到变动后的部门和类别。

⑦ 如果选项中"当月初使用月份=使用年限*12-1 时是否将折旧提足"的判断结果为"是"，除工作量法外，该月月折旧额=净值-净残值，并且不能手工修改；如果选项中"当月初使用月份=使用年限*12-1 时是否将折旧提足"的判断结果是"否"，则该月不提足，并且可手工修改，但若以后各月按照公式计算的月折旧率或折旧额是负数，则认为公式无效，令月折旧率=0，月折旧额=净值-净残值。

2. 启用月份

如果需要向总账系统传递凭证，那么固定资产的启用月份不得在总账系统的启用月份之后。启用日期确定之后，在该日期前的所有固定资产都将作为期初数据，从启用月份开始计提折旧。

3. 折旧信息

设定本企业的折旧方案，即确定是否提折旧、采用什么方法提折旧、多长时间进行折旧汇总分配。

4. 编码方式

按照编码管理对象是计算机业务处理的基本特征。在固定资产系统中需要对每一项资产所属的资产类别及资产本身进行编码管理，此处是指设定编码的原则。

5. 账务接口

如果固定资产和总账系统集成使用总账系统中管理"固定资产"和"累计折旧"科目的总账，固定资产系统管理每一项固定资产和折旧计算的详细情况，但两者应该存在相等关系。

6. 其他参数

在固定资产初始化向导中完成以上参数设置后，还要另外进行一些参数的补充设置。例如，业务发生后是否立即进行制单处理、固定资产和累计折旧的入账科目设定等。

7.2.2 基础数据设置

1. 资产类别设置

固定资产的种类繁多，规格不一。要强化固定资产管理、及时准确作好固定资产核算，必须科学地建立固定资产的分类，为核算和统计管理提供依据。企业可根据自身的特点和管理要求，确定一个较为合理的资产分类方法。

2. 部门设置

在部门设置中，可对单位的各部门进行设置，以便确定资产的归属。在用友 T3 控制台的基础设置中设置的部门信息是共享的。

3. 部门对应折旧科目设置

对应折旧科目是指折旧费用的入账科目。固定资产计提折旧后必须把折旧归入成本或费用，根据不同企业的具体情况，有按部门归集的，也有按类别归集的。部门对应折旧科目的设置就是给每个部门选择一个折旧科目，这样在输入卡片时，该科目自动添入卡片中，不必一个一个输入。

如果对某一上级部门设置了对应的折旧科目，下级部门将继承上级部门的设置。

4. 增减方式设置

增减方式包括增加方式和减少方式两类。固定资产增加或减少方式用以确定资产计价和处理原则，同时明确固定资产的增加或减少方式可做到对固定资产增减的汇总管理心中有数。增加的方式主要有直接购买、投资者投入、捐赠、盘盈、在建工程转入、融资租入等，减少的方式主要有出售、盘亏、投资转出、捐赠转出、报废、毁损、融资租出等。用友 T3 固定资产的增减方式可以设置两级，用户可以在系统默认的基础上修改定义。

5. 折旧方法设置

折旧方法设置是系统自动计算折旧的基础。系统提供了常用的几种折旧方法，包括不提折旧法、平均年限法(一和二)、工作量法、年数总和法和双倍余额递减法，并列出了它们的折旧计算公式。这几种方法是系统默认的折旧方法，只能选用，不能删除和修改。另外，由于各种原因，这几种方法可能不能满足需要，因此，系统提供了折旧方法的自定义功能。

6. 使用状况设置

从固定资产核算和管理的角度，需要明确其使用状况。一方面可以正确地计算和计提折旧；另一方面便于统计固定资产的使用情况，提高利用效率。主要的使用状况有在用、季节性停用、经营性出租、大修理停用、不需用和未使用等。用友 T3 固定资产系统提供了基本的使用状况，分为两级，用户可以在此基础上修改或定义新的使用状况。

7. 卡片项目设置

卡片项目是资产卡片上要显示的用来记录固定资产资料的栏目，如原值、资产名称、使用年限、折旧方法等是卡片最基本的项目。用友 T3 固定资产系统提供了一些常用卡片必须的项目，称为系统项目，但这些项目不一定能满足用户对固定资产特殊管理的需要。用户可以通过卡片项目定义来定义需要的项目。用户定义的项目称为自定义项目，这两部分构成卡片项目目录。这些项目可以在定义卡片样式时选择使用。

8. 卡片样式定义

卡片样式指卡片的整个外观，包括其格式(是否有表格线、对齐形式、字体大小、字型等)、所包含的项目和项目的位置等。不同的企业所设的卡片的样式可能不同；同一企业对不同的固定资产，管理的内容和侧重点也可能不同。所以，本系统提供卡片样式定义功能，增大灵活性。系统默认的卡片样式有通用样式、土地房屋类卡片样式、机械设备类卡片样式、运输设备类卡片样式等。用户可以修改默认的样式，也可以定义新的卡片样式。

7.2.3 输入期初固定资产卡片

固定资产卡片是固定资产核算和管理的基础依据。为保持历史资料的连续性，必须将建账日期以前的数据录入到系统中。原始卡片的录入不限制必须在第一个期间结账前，任何时候都可以录入原始卡片。原始卡片上所记录的资产的开始使用日期一定小于固定资产系统的启用日期。

7.3 固定资产管理系统日常业务处理

固定资产在日常使用过程中，经常会发生资产增减、各项因素的变动等情况。变动发生时应及时处理，每月应正确计算固定资产折旧，为企业的成本费用核算提供依据。

7.3.1 资产增减

资产增加是指以购进或通过其他方式增加企业资产。资产增加需要输入一张新的固定资产卡片，与固定资产期初输入相对应。

资产减少是指资产在使用过程中，由于各种原因(如毁损、出售、盘亏等)退出企业，此时要做资产减少处理。资产减少需输入资产减少卡片并说明减少原因。

只有当账套开始计提折旧后才可以使用资产减少功能，否则，减少资产只能通过删除卡片来完成。

对于误减少的资产，可以使用系统提供的纠错功能来恢复，而且只有当月减少的资产才可以恢复。如果资产减少操作已制作凭证，必须删除凭证后才能恢复。

只要卡片未被删除，就可以通过卡片管理中的"已减少资产"来查看减少的资产。

7.3.2 资产变动

资产的变动包括原值变动、部门转移、使用状况变动、使用年限调整、折旧方法调整、净残值(率)调整、工作总量调整、累计折旧调整、资产类别调整和变动单管理等。其他项目，如名称、编号、自定义项目等的变动等可直接在卡片上进行。

资产变动要求输入相应的"变动单"来记录资产调整结果。

1. 原值变动

资产在使用过程中，其原值增减有 5 种情况：根据国家规定对固定资产重新估价的情况，增加补充设备或改良设备的情况，将固定资产的一部分拆除的情况，根据实际价值调整原来的暂估价值的情况，发现原记录固定资产价值有误的情况。原值变动包括原值增加和原值减少两部分。

2. 部门转移

资产在使用过程中，因内部调配而发生的部门变动应及时处理，否则将影响部门的折旧计算。

3. 资产使用状况的调整

资产使用状况分为在用、未使用、不需用、停用、封存 5 种。资产在使用过程中，可能会因为某种原因，使得资产的使用状况发生变化，这种变化会影响到设备折旧的计算，因此应及时调整。

4. 资产使用年限的调整

资产在使用过程中，资产的使用年限可能会由于资产的重估、大修等原因要进行调整。进行使用年限调整的资产在调整的当月就按调整后的使用年限计提折旧。

5. 资产折旧方法的调整

一般来说，资产折旧方法一年之内很少改变，但如有特殊情况需调整改变的可以调整。

6. 变动单管理

变动单管理可以对系统制作的变动单进行查询、修改、制单、删除等。在用友 T3 软件固定资产管理系统中，本月录入的卡片和本月增加的资产不允许进行变动处理，只能在下月进行。

7.3.3　卡片管理

卡片管理是对固定资产系统中所有卡片进行的综合管理，包括卡片修改、删除、查询和打印等。

1. 卡片查询

卡片查询提供按部门查询、按类别查询和自定义查询三种方式。查询卡片时既可以查询单张卡片的信息，也可以查看卡片的汇总信息。在卡片管理界面，每一张卡片显示为一个记录，可以通过"查看"|"显示快捷信息"查命令看，也可以双击记录行查看卡片的详细内容。

2. 卡片修改与删除

卡片的修改与删除不是随意的，有一定的限定条件。

(1) 原始卡片的原值、使用部门、工作总量、使用状况、累计折旧、净残值(率)、折旧方法、使用年限、资产类别等项目在没有制作变动单或评估单的情况下，录入当月可以修改；如果制作过变动单，只有删除变动单才能修改；在做过月末结账后，只能通过变动单或评估单调整，不能通过卡片修改功能修改。

(2) 通过资产增加功能录入的卡片，在没有制作凭证和变动单、评估单的情况下，录入当月可以修改；如果制作过变动单或凭证，只有删除变动单或凭证后才能修改。

(3) 卡片录入当月如果发现错误，可以通过"卡片删除"功能实现；非本月录入的卡片不能删除。

(4) 卡片做过一次月末结账后不能删除。制作过变动单、评估单或凭证的卡片被删除时，系统会提示先删除相关的变动单、评估单或凭证。

7.3.4 资产评估

随着市场经济的发展，企业在经营活动中，经常会根据业务需要或国家要求对部分资产或全部资产进行评估和重估，而其中固定资产评估是资产评估中很重要的部分。

1. 资产评估的功能

用友 T3 会计信息化软件提供对固定资产评估作业的管理，主要包括：

(1) 将评估机构的评估数据手工录入或定义公式录入到系统。

(2) 根据国家要求手工录入评估结果，或根据定义的评估公式生成评估结果。

(3) 对评估单的管理。

本系统资产评估功能提供可评估的资产内容，包括原值、累计折旧、净值、使用年限、工作总量和净残值率等。

2. 资产评估的步骤

进行资产评估时包括以下三个步骤：

(1) 选择要评估的项目。

(2) 选择要评估的资产。

(3) 制作评估单。

7.3.5 生成凭证

固定资产系统和总账系统之间存在着数据的自动传输，这种传输是固定资产系统通过记账凭证向总账系统传递有关数据的,如资产增加、资产减少、累计折旧调整以及折旧分配等生成的记账凭证。生成记账凭证可以采取"立即制单"或"批量制单"的方法实现。

7.3.6　账簿管理

用户可以通过系统提供的账表管理功能,及时掌握资产的统计、汇总和其他各方面的信息。账表包括账簿、折旧表、统计表、分析表 4 类。另外,如果所提供的报表种类不能满足需要,系统还提供了自定义报表功能,用户可以根据实际要求进行设置。

1. 账簿

系统自动生成的账簿包括(单个)固定资产明细账、(部门、类别)明细账、固定资产登记簿和固定资产总账。这些账簿以不同方式序时地反映了资产变化情况,在查询过程中可联查某时期(部门、类别)的明细及相应原始凭证,从而获得所需财务信息。

2. 折旧表

系统提供了 4 种折旧表,即(部门)折旧计提汇总表、固定资产及累计折旧表(一)、固定资产及累计折旧表(二)和固定资产折旧计算明细表。通过该类表可以了解并掌握本企业所有资产本期、本年乃至某部门计提折旧及其明细情况。

3. 统计表

统计表是由于管理资产的需要,按管理目的统计的数据。系统提供了 7 种统计表,即固定资产原值一览表、固定资产统计表、评估汇总表、评估变动表、盘盈盘亏报告表、逾龄资产统计表和役龄资产统计表。

4. 分析表

分析表主要通过对固定资产的综合分析,为管理者提供管理和决策依据。系统提供了 4 种分析表,即价值结构分析表、固定资产使用状况分析表、部门构成分析表和类别构成分析表。管理者可以通过这些表了解本企业资产计提折旧的程度和剩余价值的大小。

5. 自定义报表

当系统提供的报表不能满足企业要求时,用户也可以自己定义报表。

7.4　固定资产管理系统期末处理

固定资产管理系统的期末处理工作主要包括计提减值准备、计提折旧、对账和结账等。

7.4.1　计提减值准备

企业应当在期末或至少在每年年度终了对固定资产逐项进行检查，如果由于市价持续下跌或技术陈旧等原因导致其可回收金额低于账面价值，应当将可回收金额低于账面价值的差额作为固定资产减值的准备。固定资产减值准备必须按单项资产计提。如果已计提的固定资产价值又得以恢复，应在原计提的减值准备范围内转回。

7.4.2　计提折旧

自动计提折旧是固定资产系统的主要功能之一。用户可以根据录入系统的资料，利用系统提供的"折旧计提"功能对各项资产每期计提一次折旧，并自动生成折旧分配表，然后制作记账凭证，将本期的折旧费用自动登账。

当开始计提折旧时，系统将自动计提所有资产当期折旧额，并将当期的折旧额自动累加到累计折旧项目中。计提工作完成后，需要进行折旧分配，形成折旧费用。系统除了自动生成折旧清单外，同时还生成折旧分配表，从而完成本期折旧费用登账工作。

系统提供的折旧清单显示了所有应计提折旧资产所计提的折旧数据额。

折旧分配表是制作记账凭证，把计提折旧额分配到有关成本和费用的依据。折旧分配表有两种类型：类别折旧分配表和部门折旧分配表。生成的折旧分配表的类型由"折旧汇总分配周期"决定，因此，制作记账凭证要在生成折旧分配表后进行。

计提折旧遵循以下原则：

(1) 在一个期间内可以多次计提折旧，每次计提折旧后，只将计提的折旧累加到月初的累计折旧上，不会重复累计。

(2) 若上次计提折旧已制单并传递到总账系统，则必须删除该凭证才能重新计提折旧。

(3) 计提折旧后又对账套进行了影响折旧计算或分配的操作，必须重新计提折旧，否则系统不允许结账。

(4) 若自定义的折旧方法使月折旧率或月折旧额出现负数，系统自动中止计提。

(5) 资产的使用部门和资产折旧要汇总的部门可能不同。为了加强资产管理，使用部门必须是明细部门，而折旧分配部门不一定分配到明细部门。不同的单位处理可能不同，因此要在计提折旧后，分配折旧费用时作出选择。

7.4.3　对账

当初次启动固定资产的参数设置或选项中的参数设置选择了"与账务系统对账"参数时才可使用本系统的对账功能。为了保证固定资产系统的资产价值与总账系统中固定资产科目的数值相等，可随时使用对账功能对两个系统进行检查。系统在执行月末结账时自动对账一次，并给出对账结果。

7.4.4   月末结账

当固定资产系统完成了本月全部制单业务后，可以进行月末结账。月末结账每月进行一次，结账后当期数据不能修改。如果有错必须修改，可通过系统提供的"恢复月末结账前状态"功能反结账，再进行相应修改。

由于成本系统每月从本系统提取折旧费数据，因此，一旦成本系统提取了某期的数据，则该期不能反结账。

本期不结账，将不能处理下期的数据。结账前一定要进行数据备份，否则数据一旦丢失，将造成无法挽回的后果。

实验八   固定资产管理

【实验目的】

1. 掌握用友 T3 会计信息化软件中有关固定资产管理的相关内容。
2. 掌握固定资产系统初始化、日常业务处理和月末处理的操作。

【实验内容】

1. 固定资产系统参数设置、原始卡片录入。
2. 日常业务：资产增减、资产变动、资产评估、生成凭证、账表查询。
3. 月末处理：计提减值准备、计提折旧、对账和结账。

【实验准备】

引入"实验三"账套数据。

【实验要求】

以"贺敏"的身份进行固定资产管理。

【实验资料】

1. 初始设置

(1) 控制参数

控 制 参 数	参 数 设 置
约定与说明	我同意
启用月份	2009.01
折旧信息	本账套计提折旧； 折旧方法：平均年限法； 折旧汇总分配周期：1 个月； 当(月初已计提月份=可使用月份－1)时，将剩余折旧全部提足
编码方式	资产类别编码方式：2112； 固定资产编码方式：按"类别编码+部门编码+序号"自动编码，卡片序号长度为"3"

(续表)

控 制 参 数	参 数 设 置
财务接口	与账务系统进行对账； 对账科目： 固定资产对账科目：1601 固定资产； 累计折旧对账科目：1602 累计折旧
补充参数	业务发生后立即制单； 月末结账前一定要完成制单登账业务； 固定资产默认入账科目：1601，累计折旧默认入账科目：1602

(2) 资产类别

编 码	类 别 名 称	净 残 值 率	单 位	计 提 属 性
01	交通运输设备	4%		正常计提
011	经营用设备	4%		正常计提
012	非经营用设备	4%		正常计提
02	电子设备及其他通讯设备	4%		正常计提
021	经营用设备	4%	台	正常计提
022	非经营用设备	4%	台	正常计提

(3) 部门及对应折旧科目

部 门	对应折旧科目
企管办、财务部、采购部	管理费用/折旧费
销售部	销售费用/折旧费
生产部	制造费用/折旧费

(4) 增减方式的对应入账科目

增减方式目录	对应入账科目
增加方式：直接购入	100201，银行存款—人民币户
减少方式：毁损	1606，固定资产清理

(5) 原始卡片

固定资产名称	类别编号	所在部门	增加方式	可使用年限	开始使用日期	原值	累计折旧	对应折旧科目名称
轿车	012	企管办	直接购入	6	2007.11.1	215 470	37 254.75	管理费用/折旧费
笔记本电脑	022	企管办	直接购入	5	2007.12.1	28 900	5 548.80	管理费用/折旧费
传真机	022	企管办	直接购入	5	2007.11.1	3 510	1 825.20	管理费用/折旧费
微机	021	生产部	直接购入	5	2007.12.1	6 490	1 246.08	制造费用/折旧费
微机	021	生产部	直接购入	5	2007.12.1	6 490	1 246.08	制造费用/折旧费
合计						260 860	47 120.91	

注：净残值率均为4%，使用状况均为"在用"，折旧方法均采用平均年限法(一)。

2. 日常及期末业务

(1) 1 月 21 日, 财务部购买扫描仪一台, 价值 1 500 元, 净残值率为 4%, 预计使用年限为 5 年。

(2) 1 月 23 日, 对轿车进行资产评估, 评估结果: 原值为 200 000 元, 累计折旧为 45 000 元。

(3) 1 月 31 日, 计提本月折旧费用。

(4) 1 月 31 日, 生产部毁损计算机一台。

3. 下月业务

(1) 2 月 16 日, 总经理办公室的轿车添置新配件 10 000 元(转账支票号 ZZR005)。

(2) 2 月 27 日, 总经理办公室的传真机转移到采购部。

(3) 2 月 28 日, 经核查, 对 2007 年购入的笔记本电脑计提 1 000 元的减值准备。

【实验指导】

1. 启用固定资产管理系统

① 执行"开始" | "程序" | "用友 T3 系列管理软件" | "用友 T3" | "系统管理"命令, 以账套主管身份登录系统管理。

② 执行"账套" | "启用"命令, 打开"系统启用"对话框, 选中"FA 固定资产管理"复选框, 弹出"日历"对话框, 选择固定资产系统启用日期为"2009 年 1 月 1 日", 单击【确定】按钮, 系统弹出"确实要启用当前系统吗?"信息提示框, 单击【是】按钮返回。

2. 固定资产系统初始化

① 以"贺敏"的身份注册进入用友 T3 主界面。

② 单击【固定资产】按钮, 弹出"这是第一次打开此账套, 还未进行过初始化, 是否进行初始化?"信息提示框, 单击【是】按钮, 打开"固定资产初始化向导"对话框。

③ 在"固定资产初始化向导——约定及说明"对话框中, 仔细阅读相关条款, 选中【我同意】单选按钮。

④ 单击【下一步】按钮, 打开"固定资产初始化向导——启用月份"对话框, 选择账套启用月份"2009.01"。

⑤ 单击【下一步】按钮, 打开"固定资产初始化向导——折旧信息"对话框。选中"本账套计提折旧"复选框; 选择折旧方法"平均年限法(一)", 折旧汇总分配周期"1 个月"; 选中"当月初已计提月份=可使用月份−1)时将剩余折旧全部提足"复选框, 如图 7-2 所示。

💡 提示

● 如果是行政事业单位, 若不选择"本账套计提折旧"复选框, 则账套内所有与折旧有关的功能将被屏蔽, 该选项在初始化设置完成后不能修改。

● 本操作选择的折旧方法可以在设置资产类别或定义具体固定资产时进行更改。

● 输入固定资产名称时请勿选用紫光拼音输入法。

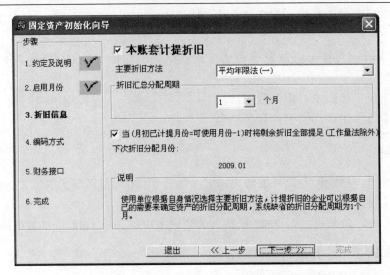

图 7-2 "固定资产初始化向导——折旧信息"对话框

⑥ 单击【下一步】按钮，打开"固定资产初始化向导——编码方式"对话框。确定资产类别编码长度"2112"；选中"自动编码"单选按钮，选择固定资产编码方式"类别编号+部门编号+序号"，选择序号长度"3"，如图 7-3 所示。

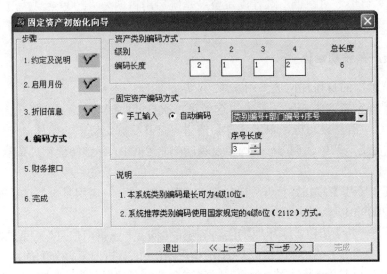

图 7-3 "固定资产初始化向导——编码方式"对话框

⑦ 单击【下一步】按钮，打开"固定资产初始化向导——账务接口"对话框。选中"与账务系统进行对账"复选框；选择固定资产的对账科目"1601 固定资产"，累计折旧的对账科目"1602 累计折旧"。

⑧ 单击【下一步】按钮，打开"固定资产初始化向导——完成"对话框。单击【完成】

按钮，完成本账套的初始化，系统弹出"是否确定所设置的信息完全正确并保存对新账套的所有设置"提示框。

⑨ 单击【是】按钮，弹出"已成功初始化本固定资产账套"提示框，单击【确定】按钮。

💡 **注意**

● 初始化设置完成后，有些参数不能修改，所以要慎重。

● 如果发现参数有错，必须改正；否则，将只能通过固定资产系统"维护"|"重新初始化账套"命令实现，该操作将清空您对该子账套所做的一切工作。

补充参数设置

① 执行"设置"|"选项"命令，进入"选项"对话框。

② 选择"与账务系统接口"选项卡。选中"业务发生后立即制单"、"月末结账前一定要完成制单登账业务"复选框；选择默认入账科目为"1601，固定资产"、"1602，累计折旧"，如图 7-4 所示。单击【确定】按钮。

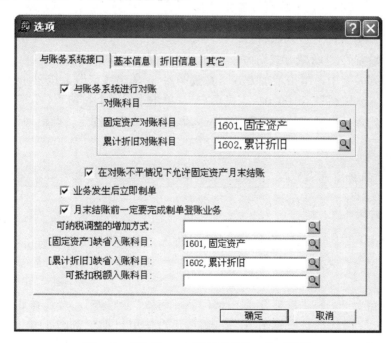

图 7-4　"选项——与账务系统接口"对话框

3. 设置基础数据

(1) 设置资产类别

① 执行"设置"|"资产类别"命令，进入"类别编码表"窗口。

② 单击【增加】按钮，输入类别名称"交通运输设备"，净残值率"4%"；选择计提属性"正常计提"，折旧方法"平均年限法(一)"，卡片样式"通用样式"。单击【保存】按钮。

③ 同样，完成其他资产类别的设置。

注意

- 资产类别编码不能重复，同一级的类别名称不能相同。
- 类别编码、名称、计提属性、卡片样式不能为空。
- 已使用过的类别不能设置其下级类别。

---

(2) 设置部门对应折旧科目

① 执行"设置"|"部门对应折旧科目设置"命令，进入"部门编码表"窗口。

② 选择部门"企管办"，单击【修改】按钮。

③ 选择折旧科目"660205 管理费用/折旧费"，单击【保存】按钮。

④ 同样，完成其他部门折旧科目的设置。

注意

如果销售一部和销售二部对应的折旧科目相同，可以将折旧科目设置在销售部，保存后，单击【刷新】按钮，其下属部门自动继承。

---

(3) 设置增减方式的对应入账科目

① 执行"设置"|"增减方式"命令，进入"增减方式"窗口。

② 在左边列表框中，单击增加方式"直接购入"，单击【修改】按钮。

③ 输入对应入账科目"100201 人民币户"，单击【保存】按钮。

④ 同样，输入减少方式"毁损"的对应入账科目"1606 固定资产清理"。

注意

当固定资产发生增减变动时，系统生成凭证时会默认采用这些科目。

---

4. 原始卡片录入

① 执行"卡片"|"录入原始卡片"命令，进入"资产类别参照"窗口。

② 选择固定资产类别"012 非经营用设备"，单击【确认】按钮，进入"固定资产卡片录入"窗口。

③ 输入固定资产名称"轿车"；双击部门名称选择"企管办"，双击增加方式选择"直接购入"，双击使用状况选择"在用"；输入开始使用日期"2007-11-01"；输入原值"215470.00"，累计折旧"37254.75"；输入可使用年限"6 年 0 月"；其他信息自动算出，如图 7-5 所示。

④ 单击【保存】按钮，弹出"数据成功保存！"信息提示框，单击【确定】按钮。

⑤ 同样，完成其他固定资产卡片的录入。

注意

- 卡片编号由系统根据初始化时定义的编码方案自动设定，不能修改。如果删除的卡片不是最后一张，系统将保留空号。

- 已计提月份由系统根据开始使用日期自动算出，可以修改，并能将使用期间停用等不计提折旧的月份扣除。
- 在完成与计算折旧有关的项目录入后，系统会按照输入的内容自动算出月折旧率和月折旧额并显示在相应项目内，可与手工计算的值比较，核对是否有错误。

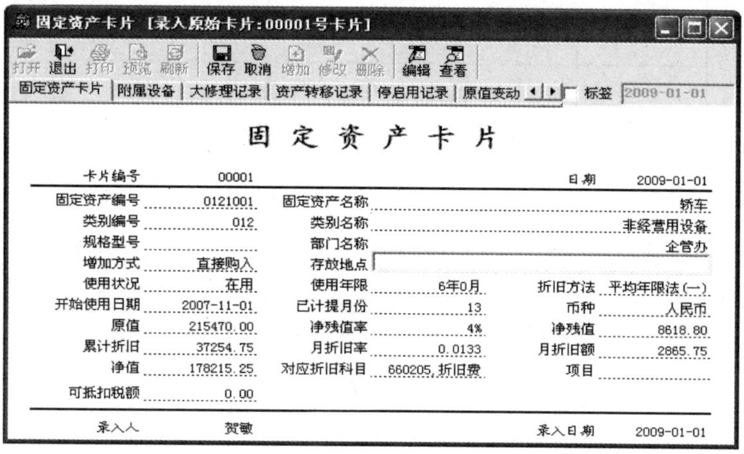

图 7-5 "固定资产卡片"录入窗口

5. 日常及期末处理

(1) 资产增加(业务 1)

① 执行"卡片"|"资产增加"命令，进入"资产类别参照"窗口。

② 选择资产类别："022 非经营用设备"，单击【确认】按钮，进入"固定资产卡片新增"窗口。

③ 输入固定资产名称"扫描仪"；双击使用部门选择"财务部"，双击增加方式选择"直接购入"，双击使用状况选择"在用"；输入原值"1500.00"，可使用年限"5 年 0 月"，开始使用日期"2009-01-21"。

④ 单击【保存】按钮，进入"填制凭证"窗口。

⑤ 选择凭证类型"付款凭证"，修改制单日期、附件数，单击【保存】按钮生成凭证，如图 7-6 所示。

注意

- 固定资产原值一定要输入卡片录入月月初的价值，否则会出现计算错误。
- 新卡片第一个月不提折旧，累计折旧为空或为零。
- 卡片输入完后，也可以不立即制单，到月末批量制单。

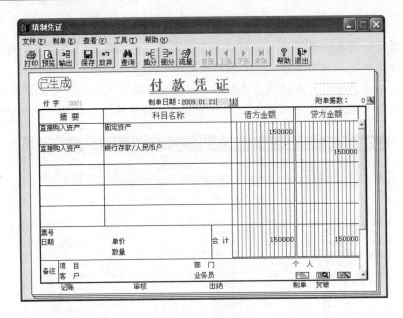

图 7-6　资产增加

(2) 资产评估(业务 2)

① 执行"卡片"|"资产评估"命令，进入"资产评估管理"窗口。

② 单击【增加】按钮，打开"资产评估选择"对话框。

③ 选择要评估的项目"原值"和"累计折旧"，单击【确定】按钮。

④ 在"资产评估"窗口中选择要评估资产"轿车"的卡片编号，输入评估后的数据。

⑤ 单击【保存】按钮，系统弹出"是否确认要进行资产评估？"提示框，单击【是】按钮，弹出"填制凭证"窗口。

⑥ 在"填制凭证"窗口中，选择凭证类型"转账凭证"，空白科目选择"660206 管理费用/其他"，部门核算选择"企管办"。

⑦ 单击【保存】按钮。

 注意

评估后数据输在"(A)原值"和"(A)累计折旧"中。

(3) 折旧处理(业务 3)

① 执行"处理"|"计提本月折旧"命令，弹出"本操作将计提本月折旧，并花费一定时间，是否要继续？"提示框，单击【是】按钮，弹出"是否要查看折旧清单？"提示框，单击【否】按钮。

② 系统计提折旧完成后进入"折旧分配表"窗口，单击【凭证】按钮，进入"填制凭证"窗口。选择"转账凭证"，选择"510102 制造费用/折旧费"的辅助项目为"ERP 模拟体验光盘"，修改其他项目，单击【保存】按钮，如图 7-7 所示。

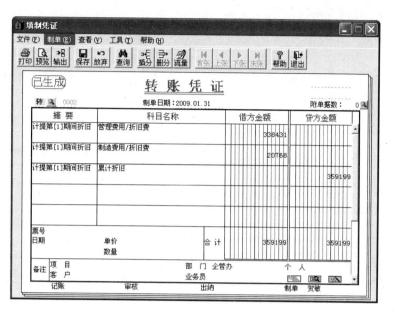

图 7-7　计提折旧凭证

 注意

- 如果上次计提折旧已通过记账凭证把数据传递到总账系统，则必须删除该凭证才能重新计提折旧。
- 计提折旧后又对账套进行了影响折旧计算或分配的操作，必须重新计提折旧，否则系统不允许结账。

(4) 资产减少(业务 4)

① 执行"卡片"|"资产减少"命令，进入"资产减少"窗口。

② 选择卡片编号"00004"，单击【增加】按钮。

③ 选择减少方式"毁损"，单击【确定】按钮，进入"填制凭证"窗口。

④ 选择"转账凭证"，修改其他项目，单击【保存】按钮。

注意

- 本账套需要进行计提折旧后，才能减少资产。
- 如果要减少的资产较少或没有共同点，则通过输入资产编号或卡片号，单击【增加】按钮，将资产添加到资产减少表中。
- 如果要减少的资产较多并且有共同点，则通过单击【条件】按钮，输入一些查询条件，将符合该条件的资产挑选出来进行批量减少操作。

(5) 账表管理

① 执行"账表"|"我的账表"命令，进入"报表"窗口。

② 单击"折旧表"，选择"(部门)折旧计提汇总表"。

③ 单击【打开】按钮，打开"条件"对话框。

④ 选择期间"2009.01"，汇总部门"1—3"，单击【确定】按钮。

(6) 对账

固定资产管理系统生成的凭证自动传递到总账系统。在总账系统中，由"孙娟"对出纳凭证进行签字，由"郑通"对传递过来的凭证进行审核和记账。

 注意

只有总账系统记账完毕，固定资产管理系统期末才能和总账系统进行对账工作。

① 在固定资产管理系统执行"处理"|"对账"命令，弹出"与财务对账结果"提示框。

② 单击【确定】按钮。

注意

- 当总账系统记账完毕，固定资产管理系统才可以进行对账。对账平衡后开始月末结账。
- 如果在初始设置时选择了"与账务系统对账"功能，对账的操作不限制执行时间，任何时候都可以进行对账。
- 若在财务接口中选中"在对账不平情况下允许固定资产月末结账"复选框，则可以直接进行月末结账。

(7) 结账

① 执行"处理"|"月末结账"命令，打开"月末结账"对话框。

② 单击【开始结账】按钮，系统自动检查与总账系统的对账结果，单击【确定】按钮后，弹出"月末结账成功完成！"提示框。

③ 单击【确定】按钮。

注意

- 本会计期间做完月末结账工作后，所有数据资料将不能再进行修改。
- 本会计期间不做完月末结账工作，系统将不允许处理下一个会计期间的数据。
- 月末结账前一定要进行数据备份，一旦数据丢失将造成无法挽回的后果。

(8) 取消结账

① 执行"处理"|"恢复月末结账前状态"命令，弹出"是否继续？"提示框。

② 单击【是】按钮，弹出"成功恢复月末结账前状态！"提示框。

③ 单击【确定】按钮。

注意

- 假如在结账后发现结账前操作有误，必须修改结账前的数据的话，则可以使用"恢复结账前状态"功能，又称"反结账"，即将数据恢复到月末结账前状态，结账时所做的所有工作都被无痕迹删除。
- 在总账系统未进行月末结账时才可以使用恢复结账前状态功能。

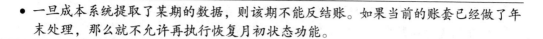

● 一旦成本系统提取了某期的数据，则该期不能反结账。如果当前的账套已经做了年末处理，那么就不允许再执行恢复月初状态功能。

6. 下月业务

(1) 原值增加(业务 5)

① 执行"卡片"|"变动单"|"原值增加"命令，进入"固定资产变动单"窗口。

② 选择输入卡片编号"00001"，输入增加金额"10000.00"，输入变动原因"增加配件"，如图 7-8 所示。

图 7-8 "固定资产变动单"窗口

③ 单击【保存】按钮，进入"填制凭证"窗口。

④ 选择凭证类型"付款凭证"，填写修改其他项目，单击【保存】按钮。

注意

● 资产变动主要包括原值变动、部门转移、使用状况变动、使用年限调整、折旧方法调整、净残值(率)调整、工作总量调整、累计折旧调整、资产类别调整等。系统对已做出变动的资产，要求输入相应的变动单来记录资产调整结果。

● 变动单不能修改，只有当月可删除重做，所以必须仔细检查后再保存。

● 必须保证变动后的净值大于变动后的净残值。

---

(2) 资产部门转移(业务 6)

① 执行"卡片"|"变动单"|"部门转移"命令，进入"固定资产变动单"窗口。

② 输入卡片编号"00003"，双击变动后部门选择"采购部"，输入变动原因"调拨"。

③ 单击【保存】按钮。

(3) 计提减值准备(业务 7)

① 执行"卡片"|"变动单"|"计提减值准备"命令，进入"固定资产变动单"窗口。

② 输入卡片编号"00002",输入减值准备金额"1000.00",变动原因"减值"。

③ 单击【保存】按钮,进入"填制凭证"窗口。

④ 选择凭证类型"转账凭证",填写修改其他项目,单击【保存】按钮。

复习思考题

1. 固定资产管理系统的主要功能包括哪些?

2. 固定资产管理系统的业务流程是怎样的?

3. 固定资产的控制参数主要包括哪些?

4. 在固定资产管理系统中需要设置哪些基础数据?

5. 固定资产日常业务处理主要包括哪些内容?

6. 资产变动有哪些情况?

7. 固定资产管理系统产期末处理有哪些工作?

8. 计提折旧的基本原则是什么?

9. 归纳整理哪些业务可以在固定资产管理系统生成凭证?

第 8 章

财务分析

本章学习目标

通过本章内容的学习，你将能够：

1. 明确财务分析的重要意义。

2. 了解财务分析系统提供的基本功能。

3. 理解计算机财务分析的基本原理。

4. 学会利用财务分析系统进行指标分析、报表分析、预算管理和
   现金收支分析。

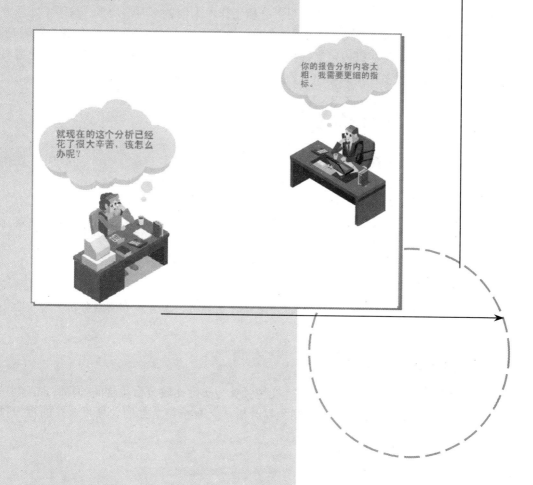

8.1 财务分析系统概述

按照传统的观点，会计核算是以编制会计报表为终点的。但在现代市场经济条件下，对信息的需求日益广泛，财务人员必须及时、正确地向相关人员提供其需要的多维度的决策信息。因此，财务报表分析是会计报表编制工作的必然延伸，是会计工作的重要组成内容。

8.1.1 计算机财务分析的意义

财务分析是财务管理的重要组成部分，是运用财务报表的有关数据对企业过去的财务状况、经营成果及未来前景的一种评价。财务分析的主要内容是会计报表分析、财务指标分析和预算分析。

财务分析需要用到大量数据，而这些数据分布在企业各期的账、表、预算及其他文件中。财务分析工作的重点在于确定分析对象(分析什么)和分析方法(怎样分析)，数据的准备与运算是次要工作。手工进行财务分析时，需要查找为数众多的账、表、文件，无谓地耗费财务人员大量的精力和时间，致使财务分析工作本末倒置、事倍功半。与手工处理方式相比，计算机具有存储容量大、检索快速方便、计算准确、辅助分析工具(如图形图表功能)丰富等优势，通过事先在机内定义各种专门的分析方法及指标体系，可以便捷地完成对数据的深加工，并可以多种形式输出分析结果，为企业决策提供依据。

8.1.2 财务分析系统的基本功能

用友 T3 财务分析系统具有以下功能。

1. 提供多种分析方法

提供对比分析、结构分析、绝对数分析、定基分析、环比分析、趋势分析等多种分析方法。

2. 提供多项分析内容

提供因素分析、基本财务指标分析、现金收支分析、现金收支增减分析、现金收支结构分析等多项分析内容。

3. 提供预算编制与管理

在财务分析系统中可制定预算数，实现预算与实际比较分析等全面预算管理，其中既有可至部门、项目中每个科目的精细预算分析，又有按整个部门、项目核算的粗放预算分析。

4. 提供多种图形分析

财务分析系统提供对所生成资料的图形分析功能，直观、明了，易于理解。

8.2　财务分析系统初始

初次使用财务分析系统时，应对一些基本财务分析内容进行定义和修改，称为系统初始。系统已预置了进行财务分析需要的一部分内容。

8.2.1　系统初始

系统初始中需要设定以下内容。

1. 基本项目

基本项目指收入项目、成本项目和现金项目，主要用于现金收支分析。系统已经按建账时选定的行业性质预置了这几类科目，用户可以根据自己的实际情况修改相应的科目代码。

2. 报表初始

系统已经预置了资产负债表、利润表中各项目的取数科目及计算方法，用户可以根据自己的实际情况，调整各项目的取数科目及计算方法。

3. 指标初始

财务分析系统提供了财政部公布的评价单位经济效益的指标体系 7 类共 28 个基本财务指标分析，其中包括适用于事业单位的 2 个指标分析和医药行业的 4 个指标，用户可在此选定本单位进行财务分析所需要的指标。

4. 预算初始

预算初始包括预算类型初始和预算数初始。

(1) 预算类型初始

财务分析对部门、项目预算提供了两种类型的分析方式，一种是精细预算分析，另一种是粗放预算分析。在同一个会计年度里只能选择其中的一种分析方式，系统默认为精细预算方式。预算类型可以随时修改。

精细预算指对某个部门或某个项目中的核算科目制定预算数。

粗放预算就是将某个部门或某个项目里需要进行预算控制的各科目按照选定的控制方向，制定一个部门或项目的总预算数，而并不对每个科目制定预算数。

(2) 预算数初始

在财务分析中，有 4 类预算数初始对象，即部门预算、项目预算、科目预算和利润预算。通过预算初始，能选定要进行预算分析的对象，并编制相应的预算数。

5. 现金收支初始

通过现金收支初始，设定进行预算分析的现金流入科目和现金流出科目，并录入预算数。

现金收支预算指现金流入科目和现金流出科目的预算。现金流入科目指引起现金增加的科目，如"主营业务收入"、"应收账款"等；现金流出科目指引起现金减少的科目，如"长期投资"、"物资采购"等。

6. 产品毛利率

在企业日常管理中，往往需要按产品(商品)计算毛利率，因此必须定义某产品(商品)的收入科目、成本科目，以计算产品(商品)毛利率。

销售收入科目和成本科目由用户根据销售收入(成本)科目的明细科目选定，系统自动把明细科目名称作为商品(产品)名称，但允许修改。

7. 项目毛利率

在有工程项目核算的企业的日常管理中，有时需要按项目计算毛利率，因此必须选定项目大类和项目名称。

8. 调用报表

在财务分析中，可以调用财务报表系统的.rep 文件，并给它起一个表名。在进行报表分析时，用户在这里定义的表名将被列出，可以选择调用查看。

8.2.2 重选账套

重选账套提供了无须退出财务分析系统就可以切换到其他企业账套的功能。

8.3 财务分析系统日常业务

8.3.1 指标分析

指标分析是指将同一期财务报表上的相关项目互相比较，求出它们间的比率，以说明财务报表上所列项目与项目之间的关系，从而揭示企业的财务状况，是财务分析的核心。

1. 指标分析初始

进行指标分析之前，需要在系统初始中进行"基本项目"初始、"指标"初始、"产品毛利率"初始和"项目毛利率"初始。

2. 基本财务指标分析

只需设定分析日期和比较日期。财务分析系统可以从资产负债表和利润表中获取数据，自动计算各种比率进行指标分析。

3. 指标分析报表

利用指标分析可以生成"基本财务指标一览表"、"商品(产品)销售毛利率分析表"和"项目毛利率分析表"。

8.3.2　报表分析

报表分析是财务分析的重要组成部分。

1. 报表分析初始

在系统初始中，需要进行"报表初始"和"科目预算"初始。

2. 报表分析

用友 T3 管理系统提供了 6 大分析表和 5 种常用报表分析方法，如表 8-1 所示。

表 8-1　用友 T3 提供的 6 大分析表和 5 种常用报表分析方法

报　　表＼分析方法	绝对数分析	定基分析	环比分析	对比分析	结构分析
资产负债表	✓	✓	✓	✓	✓
利润表	✓	✓	✓	✓	✓
收入支出表(行政事业)	✓	✓	✓	✓	✓
收入分析表				✓	✓
成本费用分析表(企业)				✓	✓
支出分析表(行政事业)				✓	✓

(1) 绝对数分析

绝对数分析是将不同时期、相同项目的绝对金额排列成行，以观察其绝对额的变化趋势。

(2) 定基分析

定基分析是以分析期间第 1 期的报表数据作为基数，其他各期与之对比，计算百分比，以观察各期相对于基数的变化趋势。

(3) 环比分析

环比分析是以某一期的数据和上期的数据进行比较，计算趋势百分比，以观察每期的增减变化情况。例如，选定 1~4 月为分析日期，则 2 月与 1 月比较，3 月与 2 月比较，4 月与 3 月比较。

(4) 对比分析

在日常财务分析中，经常需要把两个任意日期的实际执行数进行对比，对比分析提供此项功能。

(5) 结构分析

结构分析是通过计算某项经济指标各个组成部分占总体的比重，探求各部分在结构上的变化规律，主要用于考核各部门在总体收入/费用中所占的比重或各费用在总体费用中所占比例等。例如，"资产负债表"的"货币资金"占"总资产"的比重，"办公费"占"管理费用"的比重等。

除了系统提供的分析表，还可以调用财务报表系统的.rep 报表进行查看。

8.3.3　预算管理

预算管理主要用于考核企业内各职能部门的预算执行情况，以保证预算对企业经营活动的指导和监控。预算管理提供了预算编制、预算数追加、预算与实际比较分析的功能，可进行部门、项目、收入、支出和科目预算执行分析。

1. 预算管理初始

预算分析前，首先需要在系统初始中进行预算初始，预算初始包括两部分内容，即预算类型初始和预算数初始。

2. 预算分析

预算分析即预算完成情况分析，主要用于考核企业在当年任一期间的预算执行情况，以利尽早发现问题，保证预算的实施。

系统根据用户选择的分析期间和对比期间自动生成列示了预算初始中录入的预算数及本期实际数的精细部门预算执行情况表。用户可对精细部门预算执行情况表进行实际数与预算数的对比分析，检查预算执行情况。

3. 预算管理报表

预算管理提供了部门预算分析表、项目预算分析表、收入预算分析表、成本费用预算分析表、科目预算分析表和利润预算分析表等。

8.3.4　现金收支分析

现金收支分析反映引起现金变化的会计科目，即现金流入/流出渠道的增减变化状况。通过现金收支分析，可以了解实际与预算的对比情况，进而调整影响企业现金流转的各项活动。

1. 现金收支初始

在系统初始中，首先要进行基本项目初始，定义现金类科目；然后进行现金收支初始，设定需要进行预算分析的现金流入科目和现金流出科目，并录入预算数。

2. 现金收支分析

现金收支分析是对当前会计年度中任一时间区间内引起现金流入/流出的会计科目及现金净流量的状况进行分析。

系统提供现金收支表、现金收支增减表和现金收支结构表三种分析报告。

8.3.5　因素分析

因素是指反映企业整体经营状况、财务状况、组成结构的所有因素，如总资产额、总负债额、现金净流量、科目结构、部门结构等。因素分析是非财务人员使用的，是对某因素在指定分析期的趋势或某因素中各构成部分占总体比重等的分析。

1. 因素分析初始

在系统初始中首先进行基本项目初始和报表初始。

2. 因素趋势分析

因素趋势分析主要提供一些常用的会计因素，如利润总额、总资产、总负债、现金净流量及总账科目的本年各月的趋势分析，并按分析期间计算平均数。

3. 科目结构分析

科目结构分析指在企业科目结构中选定任一非末级科目为总体，以该科目下一级为部分，计算百分比，进行科目结构分析。

4. 部门结构分析

部门结构分析用于分析各部门下各科目的比重或各科目下各部门的比重。

实验九　财务分析

【实验目的】

1. 理解财务分析的原理及流程。
2. 掌握财务分析的基本方法。

【实验内容】

1. 指标分析。
2. 报表分析。
3. 预算管理。
4. 现金收支分析。

【实验准备】

引入"实验五"账套数据。

【实验要求】

以账套主管"郑通"的身份进行财务分析。

【实验资料】

1. 指标分析

进行变现能力比率分析(流动比率和速动比率)、资产管理比率分析(存货周转率、应收账款周转率、流动资产周转率和总资产周转率)、负债比率分析(资产负债率和产权比率)、盈利能力分析(销售毛利率、资产净利率、净值报酬率和资本金利润率)。

2. 报表分析

对资产负债表进行结构分析。

3. 预算管理

对企管办进行精细预算管理:设置 2009 年 1 月办公费预算 1 000 元,差旅费 8 000 元,招待费 2 000 元,本月企管办又发生办公费 900 元,在总账系统中处理该业务并进行精细部门预算分析。

4. 现金收支分析

现金初始:设置现金流入项目为"应收账款"、"其他业务收入",现金流出项目为"应付账款"、"营业费用"、"管理费用"、"制造费用"。

【实验指导】

1. 指标分析

首次进入财务分析系统,系统弹出"新会计制度说明",阅读后单击【关闭】按钮。

(1) 基本项目初始

① 执行"系统初始"|"基本项目"命令，打开"基本项目"对话框。

② 确定项目，单击【确定】按钮。

(2) 指标初始

① 执行"系统初始"|"指标初始"命令，打开"指标"对话框，如图 8-1 所示。

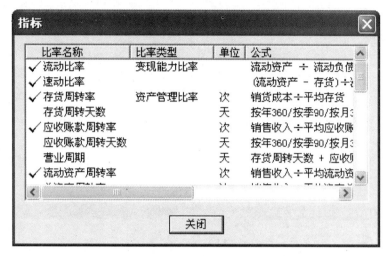

图 8-1　"指标"对话框

② 选择需要分析的指标，指标前出现"✓"表示选中。

③ 单击【关闭】按钮，完成指标初始。

(3) 指标分析

选择指标分析，选择分析日期、比较日期，系统显示分析结果，如图 8-2 所示。

图 8-2　指标分析

提示

如果要对报表中的指标进行附加说明，可双击该单元格，系统弹出"加入说明"信息提示框，输入需要说明的内容即可。

2. 报表分析

(1) 报表初始

① 执行"系统初始"|"报表初始"命令，打开"报表"对话框。

② 查看或修改项目和项目的取数公式，单击【确认】按钮。

(2)对资产负债表进行结构分析

① 执行"报表分析"|"资产负债表"|"结构分析"命令，打开"结构分析选择"对话框。

② 选择分析日期和比较日期，单击【确定】按钮，系统自动计算并显示分析结果，如图8-3所示。

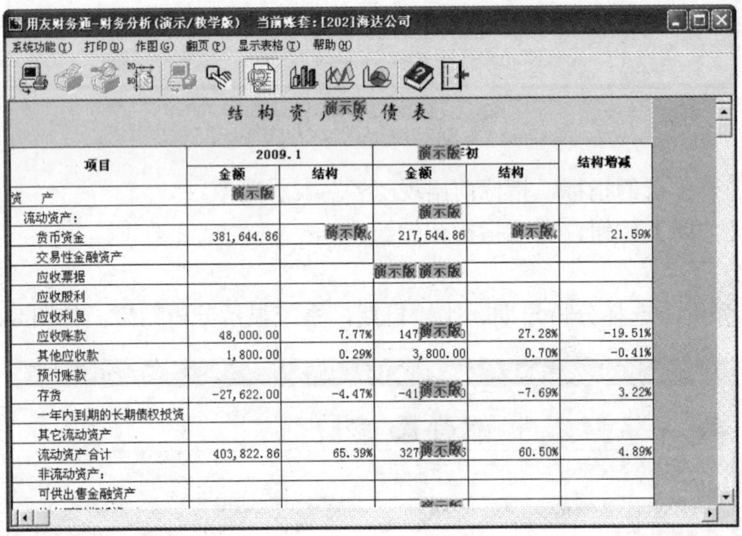

图 8-3　资产负债表

3. 预算管理

(1) 预算初始

① 执行"系统初始"|"预算初始"|"预算类型"命令，打开"选择预算类型"对话框。

② 选择"精细预算"，单击【确定】按钮。

提示

财务分析对部门预算和项目预算提供了两种类型的分析方式，一种是精细预算分析，另一种是粗放预算分析。精细预算是指对某个部门或某个项目中的核算科目制定预算数，粗放预算就是制定一个部门或项目的总预算数。

③ 执行"系统初始"|"预算初始"|"预算数"|"精细部门预算"命令，打开"部门预算"对话框。

④ 选择部门"企管办"，将"办公费"、"差旅费"、"招待费"从"待选科目"列表选入"已选科目"列表中，单击【确定】按钮，进入"编制部门预算数"对话框。

⑤ 输入"办公费"、"差旅费"、"招待费"预算分别为 1 000 元、8 000 元和 2 000 元，如图 8-4 所示，单击【确定】按钮。

图 8-4　"编制部门预算数"对话框

(2) 预算控制

对于已设置了预算数的科目，当业务涉及这些科目，在总账系统中录入凭证时，如果该科目的累计发生额超过了预算数，系统会自动报警提示。例如，2009 年 1 月企管办报销办公费 900 元(此前已发生过 190 元办公费)，在总账系统中填制付款凭证选择"660202 办公费"、核算部门"企管办"、金额"900"后，系统弹出提示，如图 8-5 所示。

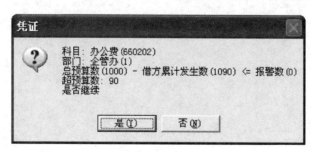

图 8-5　预算控制

(3) 预算分析

执行"预算管理"|"精细部门预算分析表"命令，查看预算及完成情况。

4. 现金收支分析

(1) 现金收支初始

① 执行"系统初始"|"现金收支"命令，打开"现金收支预算"对话框。

② 单击【增加】按钮，打开"现金流入"对话框，选择"流入科目"，并输入"流入

预算数",单击【确定】按钮。

③ 设置其他的现金流入科目和其他的现金流出科目。

提示

现金流入、流出的预算数为年预算。

(2) 现金收支分析

查询现金收支表、现金收支增减表、现金收支结构表。

复习思考题

1. 财务分析系统提供的主要功能有哪些?
2. 如何进行指标分析?
3. 如何进行报表分析?
4. 如何进行预算管理?
5. 如何进行现金收支分析?

第 9 章

购销存系统集成应用

本章学习目标

通过本章内容的学习，你将能够：

1. 了解购销存系统包括哪些模块及各模块的主要功能。
2. 掌握购销存系统集成应用的业务流程。
3. 了解购销存系统初始化的工作内容。
4. 理解购销存系统各模块参数的含义。
5. 掌握购销存期初数据录入的主要内容。

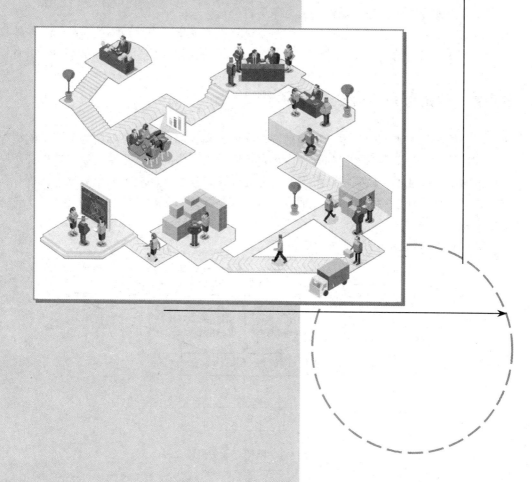

9.1 购销存系统概述

购销存系统是用友 T3 管理软件的重要组成部分，它突破了会计核算软件单一财务管理的局限，实现了从财务管理到企业财务业务一体化全面管理，实现了物流、资金流管理的统一。

9.1.1 购销存系统应用方案

购销存系统包括采购、销售、库存、核算 4 个模块。

采购模块的主要功能包括输入采购发票与其相对应的采购入库单，实现采购报账(结算)工作、输入付款单、实现采购付款业务。采购模块相关操作人员为采购核算员和库房管理员。

销售模块的主要功能包括输入销货发票和发货单、实现库存商品的对外销售业务；输入收款单，实现销售收款业务。相关操作人员为销售核算员和库房管理员。

库存模块的功能包括根据采购和销售的情况、进行出入库业务的管理工作以及其他出入库业务的管理工作。相关操作人员为库房管理员。

核算模块的功能包括对各种出入库业务进行入库成本及出库成本的核算、对各种收付款业务生成一系列的相关凭证并传递到总账中。相关操作人员为财务人员和材料会计。

9.1.2 购销存系统业务处理流程

在企业的日常工作中，采购供应部门、仓库、销售部门、财务部门等都涉及购销存业务及其核算的处理。各个部门的管理内容是不同的，工作间的延续性是通过单据在不同部门间的传递来完成的。计算机环境下的业务处理流程与手工环境下的业务处理流程存在一定的差异，如果缺乏对购销存系统业务流程的了解，那么就无法实现部门间的协调配合，影响系统的效率。

购销存业务流程如图 9-1 所示。

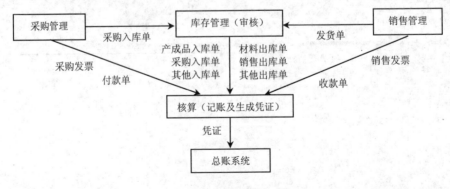

图 9-1　购销存业务流程

9.2　购销存系统初始化

购销存系统初始化包括购销存系统业务参数设置、基础档案信息设置及期初数据录入工作。

9.2.1　购销存系统业务参数设置

购销存系统各个模块间的关系密切，各模块在使用前需进行相应的参数设置。本节就对购销存系统采购、销售、库存、核算 4 个模块中涉及的主要参数进行介绍。

1. 采购模块

采购业务主要控制参数：

(1) 入库单是否自动编号

选择此项，则在生成入库单时系统自动编号，否则需人工输入编号。

(2) 存货使用辅计量单位

对同一种存货，如果财务核算所用的计量单位与业务活动所用的统计单位不相同，就要设置辅计量单位。这样，存货成本就可以按主计量单位核算，按辅计量单位统计。例如，衬衣可按"件"计量，也可以按"箱"计量；那么可以把"件"作为衬衣的主计量单位，把"箱"作为衬衣的辅计量单位。

应付业务控制参数：

(1) 应付款核销方式

系统提供两种应付款的核销方式，即按单据核销应付款和按产品核销应付款。选择不同的核销方式，将影响到付款分析的精确性。

(2) 汇兑损益结算方式

系统提供两种计算汇兑损益的方式，即外币余额结清时计算和月末计算两种方式。

(3) 应付确认日期依据

系统提供了两种应付确认日期的依据，即以业务日期或以单据日期确认。

(4) 现金折扣是否显示

为了鼓励客户在信用期间内提前付款，企业经常会采用现金折扣政策。选择显示现金折扣，系统会在"单据结算"中显示"可享受折扣"和"本次折扣"，并计算可享受的折扣。若选择了"不显示现金折扣"，则系统既不计算也不显示现金折扣。

2. 销售模块

销售业务主要控制参数：

(1) 有无外币业务

若有外币业务，可以将币种项选入可处理外币业务单据的格式，相关账表查询的参照条件中包含币种，输出内容中包含外币业务的业务信息；否则，系统不能处理外币业务。

(2) 是否固定换算率

此选项在存货有辅计量单位时才有效。若是固定换算率，在录入或修改单据时，对于有辅计量单位的存货，如果数量改变，系统自动重新计算件数，换算率不变(但换算率本身在录入或修改单据时是可以修改的)；否则，如果数量改变，系统自动重新计算换算率，件数不变。

(3) 是否由销售系统生成销售出库单

如果由销售系统生成销售出库单，销售系统的发货单、销售发票在复核时，自动生成销售出库单，并传递到库存系统和存货核算系统；否则，销售出库单由库存系统参照上述单据生成。

(4) 销售是否必填批号

如果选择是，则批次管理的存货在销售系统开据发货单、销售发票时，批号为必填项；如果选择否，则批号在销售系统可指定可不指定，销售系统指定后库存不能修改，未指定的由库存系统指定。

(5) 销售报价是否含税

销售报价指填制销售单据时货物的本位币的参考售价。若选择是，则报价作为单据的含税单价栏的默认值；若选择否，则报价作为单据的无税单价栏的默认值。

(6) 是否有信用额度控制

若选择是，那么在增加、修改和审核销售订单、发货单、销售发票时，如果前客户的应收账款余额超过了该客户的档案中设定的信用额度值，或者当前客户的信用期间超过了该客户的档案中设定的信用期间值，需要输入口令方可确认相应操作；否则，在做以上操作时系统不做客户信用检查。当发货单、发票都被选中时，表示对二者都控制；当发货单被选中而发票未被选中时，表示对所有发货单控制，并且对先开票的发票控制；当发货单未被选中而发票被选中时，表示只对发票控制(包括参照发货单生成的发票和先开票的发票)。

(7) 是否有最低售价控制

若选择是，那么在增加、修改和审核销售订单、发货单、销售发票时，若货物的实际销售价格超过了存货档案中设定的最低售价(实际销售价格是含税单价还是无税单价由"报价是否含税"参数决定)，需要输入口令方可确认相应操作；否则，在进行以上操作时系统不做存货最低售价的检查。

应收业务控制参数：

(1) 应收款核销方式

系统提供两种应收款的核销方式，即按单据核销应收款和按产品核销应收款。选择不同的核销方式，将影响到收款分析的精确性。

(2) 汇兑损益结算方式

系统提供两种计算汇兑损益的方式，即外币余额结清时计算和月末计算两种方式。

(3) 应收确认日期依据

系统提供了两种应收确认日期的依据，即以业务日期或以单据日期确认。

(4) 现金折扣是否显示

参见采购模块"现金折扣是否显示"的参数说明。

3. 库存模块

库存业务主要控制参数：

(1) 有无组装拆卸业务

某些企业的某些存货既可单独出售，又可与其他存货组装在一起销售。例如，计算机销售公司既可将显示器、主机、键盘等单独出售，又可按客户的要求将显示器、主机、键盘等组装成计算机销售，这时就需要对计算机进行组装。如果企业库存中只存有组装好的计算机，但客户只需要买显示器，此时又需将计算机进行拆卸，然后将显示器卖给客户。

(2) 有无批次管理

批次管理指对存货的收发存进行批次跟踪，可统计某一批次所有存货的收发存情况或某一存货所有批次的收发存情况。如果用户需要管理存货的保质期或对供货单位跟踪，即查询该存货每个供应商供了多少货、销售了多少、退货多少、库中结存多少等信息，以便考核供应商的供货质量或商品的畅销情况，可通过批次管理实现。

(3) 有无保质期管理

保质期管理指对存货的失效日期进行监控，对过期、到期的存货进行报警，并对即将过期的存货进行预警。

(4) 有无成套件管理

有些存货既是单独的商品可单独销售，又是其他商品的组成件，可随同其他商品一起销售。例如，用友公司的"ZW+UFO 普及版"就是一个成套件，它是由账务(ZW)和报表(UFO)组成的，也就是说，ZW 和 UFO 是它的组成件，一套账表由一个 ZW 和一个 UFO 构成。ZW 和 UFO 分别是独立的存货可单独销售，又是"ZW+UFO 普及版"的组成件，两个存货必须组合起来才能构成"ZW+UFO 普及版"。

(5) 存货有无辅助计量单位

参见采购模块"存货使用辅计量单位"的参数说明。存货成本按计量单位核算，辅助计量单位只参与统计，不参与核算。

(6) 是否允许零出库

零出库指出库数量大于存货的结存数量时仍然出库，即超现存量出库。

(7) 是否需要最高最低库存报警

最高最低库存报警指单据录入时，如果存货当前现存量小于最低库存量或大于最高库存量，是否需要系统报警。

(8) 是否允许超限额领料

超限额领料指限额领料单的累计出库数是否可以超过出库计划数。如果允许，则分单出库对超过计划的材料不进行报警；如果不允许，报警即系统提示超过计划领料数，应修改出库数量。

(9) 是否库存系统生成销售出库单

该选项主要影响库存系统与销售系统集成使用的情况。如果选择库存系统生成销售出库单，则销售发货单或销售发票在销售系统审核时不自动生成销售出库单到库存系统，而是在库存系统根据销售发货单或销售发票生成销售出库单；如果不选择该选项，则销售发货单或销售发票在销售系统审核时自动生成销售出库单传到库存系统。

(10) 销售出库业务是否由销售系统指定批号

该选项主要影响库存系统与销售系统集成使用的情况。如果选择由销售系统指定批号，则销售系统开据发货单或发票时就必须指定批号，而且库存系统根据发货单或发票生成销售出库单时，不能修改此批号；如果用户选择否，则销售系统开据发货单或发票时批号可输可不输，如果不输批号则在库存系统根据发货单或发票生成销售出库单时指定批号。

4. 核算模块

核算业务主要控制参数：

(1) 零出库成本选择

零出库成本选择指在先进先出或后进先出方式下核算的出库单据登记明细账时，如果出现账中为零成本或负成本，会造成出库成本不可计算。为避免出现此情况，需要从系统提供的选项中进行选择。

上次出库成本是指取明细账中此存货的上一次出库单价作为本次出库单价，参考成本价是指取存货目录中此存货的参考成本作为本次出库单价，结存成本价是指取明细账中此存货的结存单价作为本次出库单价，上次入库成本是指取明细账中此存货的上一次入库单价作为本次出库单价，手工输入是由使用者手工输入单价。

(2) 暂估处理方式

对存货的暂估处理，系统提供三种方式。月初回冲是指月初时系统自动生成红字回冲单；单到回冲是指发票报销处理时系统生成红字回冲单，并生成蓝字报销单；单到补差是指报销处理时系统自动生成一张调整单，调整金额为实际金额与暂估金额的差额。

(3) 最大/最小单价控制

为了解决移动平均、全月平均计价法下由于零出库或暂估成本与结算成本不一致，造成的出库单价极大或极小甚至出现负单价等情况的问题，系统提供了最高/最低单价控制功能，用户只有在系统选项中选择"移动平均、全月平均单价最高最低控制"时系统才予以控制。当设置每一存货的最高/最低单价或由系统根据各存货的入库记录自动获取最高/最低单价后，记账或期末处理时，如果系统计算的单价超过最高/最低单价，系统则按"最大、最小单价"选择的方法取单价，例如取上次出库成本、参考成本、上次入库成本或手工输入、结存成本、最大/最小单价、出库单价等。

为了解决计划价或售价计价法下，由于零出库或暂估成本与结算成本不一致造成的差异率(或差价率)极大或极小等情况的问题，系统提供差异/差价率最高最低控制功能。只有在最高最低控制选项中选择差价/差异最高最低控制，系统才予以控制。当设置了一个标准的差价率(或差异率)允许的上下幅度后，如果系统计算出的差异率(或差价率)超过此范围，系统则按"最大、最小差价率"选择按标准差异率(或差价率)、当月入库差异率(或差价率)、上月出库差异率(或差价率)等方法计算。

最高/最低单价由系统根据入库单的单价进行维护，也可手工输入最高/最低单价。

9.2.2 设置基础档案

本章之前设计的实验中都有基础信息的设置，但基本限于与财务相关的信息。除此以外，购销存系统还需要增设与业务处理、查询统计、财务连接相关的基础信息。

1. 基础档案信息

使用购销存系统之前，应做好手工基础数据的准备工作，如对存货合理分类、准备存货的详细档案、进行库存数据的整理及与账面数据的核对等。购销存部分需要增设的基础档案信息包括存货分类、存货档案、仓库档案、采购类型、销售类型、收发类别等。

(1) 存货分类

伴随采购业务经常有采购费用发生。如果需要将该费用计入采购成本，则在系统中需要将劳务费用也视为一种存货，为了与企业正常存货分开管理、统计，通常将其单独列为一类，如"应税劳务"。

(2) 存货档案

在"存货档案"窗口中包括四个选项卡：基本、成本、控制和其他。

在"基本"选项卡中，有6个复选框，用于设置存货属性。

- 销售：用于发货单、销售发票、销售出库单等与销售有关的单据参照使用，表示该存货可用于销售。
- 外购：用于购货所填制的采购入库单、采购发票等与采购有关的单据参照使用，在采购发票、运费发票上一起开具的采购费用，也应设置为外购属性。
- 生产耗用：存货可在生产过程被领用、消耗。生产产品耗用的原材料、辅助材料等在开具材料出库单时参照。
- 自制：由企业生产自制的存货，如产成品、半成品等，主要用在开具产成品入库单时参照。
- 在制：指尚在制造加工中的存货。
- 劳务费用：指在采购发票上开具的运输费、包装费等采购费用及开具在销售发票或发货单上的应税劳务、非应税劳务等。

在"控制"选项卡中，有2个复选框。

- 是否批次管理：对存货是否按批次进行出入库管理。该项必须在库存系统账套参数中选中"有批次管理"后方可设定。
- 是否保质期管理：有保质期管理的存货必须有批次管理。因此，该项也必须在库存系统账套参数中选中"有批次管理"后方可设定。

(3) 仓库档案

存货一般是存放在仓库保管的。对存货进行核算管理，就必须建立仓库档案。

(4) 采购类型和销售类型

收发类别用来表示存货的出入库类型，便于对存货的出入库情况进行分类汇总统计。

(5) 收发类别

定义采购类型和销售类型，能够按采购、销售类型对采购、销售业务数据进行统计和分析。采购类型和销售类型均不分级次，根据实际需要设立。

(6) 产品结构

产品结构用来定义产品的组成，包括组成成分和数量关系，以便用于配比出库、组装拆卸、消耗定额、产品材料成本等引用。产品结构中引用的物料必须首先在存货档案中定义。

(7) 费用项目

销售过程中有很多不同的费用发生，如代垫费用、销售支出等，在系统中将其设为费用项目，以方便记录和统计。

2. 设置客户往来/供应商往来业务科目

如果企业应收/应付业务类型较固定，生成的凭证类型也较固定，为了简化凭证生成操作，可在此处将各业务类型凭证中的常用科目预先设置好，包括基本科目设置、控制科目设置、产品科目设置、结算方式科目设置等。

3. 设置存货业务科目

核算系统是购销存系统与财务系统联系的桥梁，各种存货的购进、销售及其他出入库业务，均在核算系统中生成凭证并传递到总账系统。为了快速、准确地完成制单操作，应事先设置凭证上的相关科目。

(1) 设置存货科目

存货科目是设置生成凭证所需要的各种存货科目和差异科目。存货科目既可以按仓库也可以按存货分类分别进行设置。

(2) 设置对方科目

对方科目是设置生成凭证所需要的存货对方科目，可以按收发类别设置。

9.2.3　客户往来和供应商往来期初数据

客户往来期初数据和供应商往来期初数据需分别在销售模块和采购模块中输入。

9.2.4　购销存系统期初数据

在购销存业务系统中，期初数据录入是一个非常关键的环节，期初数据的录入内容及顺序如表 9-1 所示。

表 9-1　购销存系统期初数据

系 统 名 称	操 作	内 容	说 明
采购	录入	暂估入库期初余额	暂估入库是指货到票未到
		在途存货期初余额	在途存货是指票到货未到
	记账	采购期初数据	没有期初数据也要执行期初记账，否则不能开始日常业务
库存、核算	录入并记账	存货期初余额及差异	库存和存货共用期初数据

9.3　采购与应付管理

9.3.1　功能概述

采购管理是用友 T3 管理软件购销存系统的一个模块，它的主要功能包括以下几个方面。

1. 采购模块初始设置

采购系统初始设置包括设置采购管理系统业务处理所需要的采购参数、基础信息及采购期初数据。

2. 采购业务处理

采购业务处理主要包括订货、入库、采购发票、采购结算等采购业务全过程的管理，可以处理普通采购业务、现付业务、采购退货业务等业务类型。企业可根据实际业务情况，对采购业务流程进行可选配置。

3. 采购账簿及采购分析

采购管理系统可以提供各种明细表、各种统计表及供应商往来信息查询。

9.3.2　采购管理系统与其他系统的主要关系

采购管理系统与库存、核算、销售等模块集成使用，主要关系如图 9-2 所示。

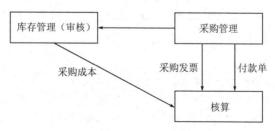

图 9-2　采购管理系统与其他系统的相互关系

在采购管理中可以填制采购入库单、采购发票、付款单，对采购发票进行复核并与采购入库单进行采购结算。采购发票和采购入库单之间可相互参照生成。

在库存管理中，对传递过来的采购入库单进行审核。

在核算系统中，对已记账的采购入库单生成入库凭证，对采购发票生成应付凭证，对付款单生成付款凭证。

9.3.3 采购与应付管理的基本应用

采购业务主要包括采购订单管理、普通采购业务、采购退货业务、现付业务等内容。下面重点介绍普通采购业务。

按货物和发票到达的先后，将普通采购业务划分为单货同行、货到票未到(暂估入库)、票到货未到(在途存货)3 种类型，不同的业务类型相应的处理方式有所不同。

1. 单货同行业务

当采购、库存、核算、总账集成使用时，单货同行的采购业务处理流程如图 9-3 所示。

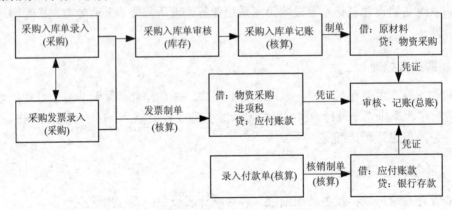

图 9-3　单货同行的采购业务处理流程

2. 货到票未到(暂估入库)业务

暂估是指本月存货已经入库，但采购发票尚未收到，不能确定存货的入库成本。月底时为了正确核算企业的库存成本，需要将这部分存货暂估入账，形成暂估凭证。对暂估业务，系统提供了三种不同的处理方法。

(1) 月初回冲

进入下月后，核算模块在存货明细账自动生成与暂估入库单完全相同的"红字回冲单"，冲回存货明细账中上月的暂估入库；对"红字回冲单"制单，冲回上月的暂估凭证。收到采购发票后，录入采购发票，对采购入库单和采购发票作采购结算。结算完毕后，进入核算模块，执行"暂估处理"功能，进行暂估处理后，系统根据发票自动生成一张"蓝字回冲单"，其上的金额为发票上的报销金额；同时登记存货明细账，使库存增加。对"蓝字回冲单"制单,生成采购入库凭证。

(2) 单到回冲

下月初不作处理,采购发票收到后,在采购模块中录入并进行采购结算;再到核算模块中进行"暂估处理",系统自动生成红字回冲单、蓝字回冲单,同时据以登记存货明细账。红字回冲单的入库金额为上月暂估金额,蓝字回冲单的入库金额为结算单上的报销金额。

(3) 单到补差

下月初不作处理,采购发票收到后,在采购模块中录入并进行采购结算;再到核算模块中进行"暂估处理",在存货明细账中根据报销金额与暂估金额的差额产生调整单,自动记入存货明细账;最后对"调整单"制单,生成凭证,传递到总账系统。

以单到回冲为例,暂估处理的业务流程如图 9-4 所示。

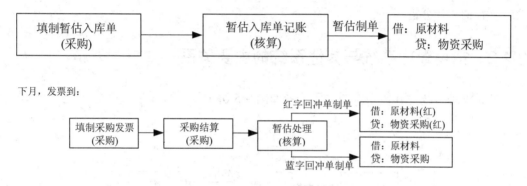

图 9-4　单到回冲暂估处理的业务流程

对于暂估业务,要注意在月末暂估入库单记账前要对所有的没有结算的入库单填入暂估单价,然后才能记账。

3. 票到货未到(在途存货)业务

如果先收到了供货单位的发票,而没有收到供货单位的货物,可以对发票进行压单处理,待货物到达后,再一并输入计算机做报账结算处理。但如果需要实时统计在途货物的情况,就必须将发票输入计算机,待货物到达后,再填制入库单并做采购结算。

9.4　销售与应收管理

9.4.1　功能概述

销售管理是用友 T3 管理软件购销存系统的一个模块,它的主要功能包括:

1. 销售订单管理

销售订单管理包括销售订单的受订、确认和关闭，同时提供如订货执行汇总表、订货明细表、订货汇总表等报表。

2. 销售业务管理

销售业务管理主要处理普通销售业务、销售退回、发货折扣等，可根据审核后的发票或发货单自动生成销售出库单，处理随同货物销售所发生的各种代垫费用以及在货物销售过程中发生的各种销售支出情况。

3. 销售账簿及销售分析

销售系统可以提供各种销售明细账、销售明细表及各种统计表，还提供各种销售分析及综合查询统计分析。

9.4.2 销售管理系统与其他系统的主要关系

销售管理系统与其他系统的主要关系如图 9-5 所示。

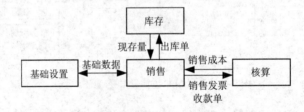

图 9-5 销售管理系统与其他系统的主要关系

销售管理与基础设置共享基础数据。

销售管理的发货单、销售调拨单、零售日报等单据经审核后自动生成销售出库单传递给库存管理系统和核算系统；库存管理为销售管理提供可用于销售的存货的现存量；存货核算将计算出来的存货的销售成本传递给销售管理系统。

销售管理系统为存货核算系统提供已审核的销售发票、销售调拨单、代垫费用单以及付款单；存货核算系统为销售管理系统提供各种单据并生成相应的凭证。

9.4.3 销售与应收管理的基本应用

销售业务主要包括销售订单管理、普通销售业务、销售退货业务、现收业务、代垫运费业务等内容。下面重点介绍普通销售业务。

按销售发货的业务处理模式不同，普通销售业务分为"先发货后开票"和"开票直接发货"两种模式，企业只能选择其中一种。不同销售模式其相应的业务处理流程也不同。

1. 先发货后开票

当销售管理、库存管理、存货核算、总账集成使用时，先发货后开票的普通销售业务模式的业务流程如图 9-6 所示。

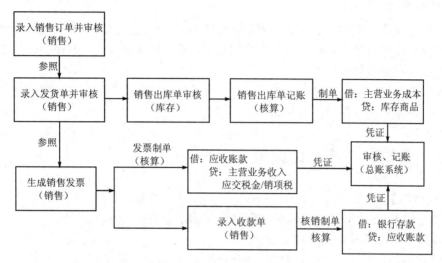

图 9-6　先发货后开票的普通销售业务流程

对于先发货后开票业务，在销售管理中需要做的工作有以下几步。

(1) 录入并审核销售订单

在处理订货业务时，可以利用销售管理系统的订单管理功能进行处理。销售订单保存后可在"销售订单列表"中查询。

(2) 参照销售订单生成发货单并审核

在先发货后开票业务模式下，发货单可以参照销售订单产生，也可以直接录入。当发货单开出时，只影响存货的现存量，不冲减存货的实际库存。保存后的发货单可以在"发货单列表"中进行查询。

发货单保存后，只有经过审核，发货单中的数据才能记入相关的统计表。发货单经审核后，系统将分仓库生成销售出库单，并传递到库存管理系统，冲减库存量；也只有审核过的发货单开具销售发票时才能参照。

(3) 生成销售开票

销售开票是销售业务的重要环节，它是销售收入的确认、销售成本计算、应交销售税金确认和应收账款确认的依据。在先发货后开票业务模式下，销售发票只能根据发货单生成，对同一客户的发货单可以汇总生成销售发票。

销售发票按发票类型分为增值税专用发票和普通发票，按业务性质分为蓝字发票和红字发票。

在填制销售订单、销售发货单和销售发票时，通常会涉及商业折扣的处理。系统提供了两种处理商业折扣的方法，即"单笔商业折扣"和"总额分摊商业折扣"。"单笔商业折扣"指对销售单据中不同的货物按照不同的扣率进行打折,而"总额分摊商业折扣"指对销售单据中所有的货物按照同一扣率进行打折。

2. 开票直接发货

开票直接发货与先发货后开票销售业务模式不同。首先根据销售订单填制销售发票并审核,审核后的销售发票自动生成相应的发货单、销售出库单以及应收账款,并传递到库存管理模块和存货核算模块。

对于开票直接发货的销售业务模式,在销售管理需要做的工作有录入销售发票、审核销售发票、根据销售发票生成发货单。

实验十　购销存系统初始设置

【实验目的】
1. 掌握用友 T3 会计信息化软件中购销存初始设置的相关内容。
2. 理解购销存系统业务处理流程。
3. 掌握购销存系统基础信息设置、期初余额录入的操作方法。

【实验准备】
引入"实验三"账套数据。

【实验内容】
1. 启用购销存模块、核算模块。
2. 设置基础信息。
3. 设置基础科目。
4. 输入期初数据。

【实验要求】
以"郑通"的身份进行购销存初始设置。

【实验资料】

1. 基础信息

(1) 存货分类

存货类别编码	存货类别名称
01	原材料
02	产成品
03	其他

(2) 存货档案

存货编码	存货名称	计量单位	所属分类	税率(%)	存货属性	参考成本	参考售价	启用日期
1001	光盘	张	01	17	外购、生产耗用	2.00		2009-01-01
1002	复印纸	包	01	17	外购、生产耗用	15.00		2009-01-01
2001	杀毒软件	套	02	17	外购、销售	150.00		2009-01-01
2002	百问 ERP 多媒体课件	套	02	17	外购、销售	80.00		2009-01-01
2003	工商管理案例集	册	02	17	外购、销售	38.00		2009-01-01
2004	ERP 模拟体验光盘	套	02	17	自制、销售	90.00		2009-01-01
2005	ERP 普及教程	册	02	17	自制、销售	30.00		2009-01-01

(3) 仓库档案

仓库编码	仓库名称	所属部门	负责人	计价方式
1	材料库	采购部	魏大鹏	全月平均法
2	产品一库	销售一部	田晓宾	全月平均法
3	产品二库	销售二部	孟倩	全月平均法

(4) 收发类别

收发类别编码	收发类别名称	收发标志	收发类别编码	收发类别名称	收发标志
1	入库分类	收	2	出库分类	发
11	采购入库	收	21	销售出库	发
12	产成品入库	收	22	材料领用出库	发

(5) 采购类型

采购类型编码	采购类型名称	入库类别	是否默认值
1	材料采购	采购入库	是
2	库存商品采购	采购入库	否

(6) 销售类型

销售类型编码	销售类型名称	出库类别	是否默认值
1	批发	销售出库	是
2	零售	销售出库	否

2. 基础科目

(1) 存货科目

仓 库 编 码	仓 库 名 称	存 货 科 目
1	材料库	光盘(140301)
2	产品一库	杀毒软件(140501)
3	产品二库	ERP 模拟体验光盘(140504)

(2) 存货对方科目

收 发 类 别	对 方 科 目
采购入库	材料采购(1401)
产成品入库	生产成本/直接材料(500101)
材料领用	生产成本/直接材料(500101)
销售出库	主营业务成本/杀毒软件(640101)

(3) 客户往来科目

基本科目设置：应收科目为 1122，销售收入科目 600101，销售税金科目 22210102。

结算方式科目设置：现金结算对应 1001，转账支票对应 100201，现金支票对应 100201。

(4) 供应商往来科目

基本科目设置：应付科目为 2202，采购科目 1401，采购税金科目 22210101。

结算方式科目设置：现金结算对应 1001，转账支票对应 100201，现金支票对应 100201。

3. 期初数据

(1) 采购模块期初数据

2008 年 12 月 24 日，采购部收到大众印刷厂提供的复印纸 100 包，暂估单价为 15 元，商品已验收入材料库，至今尚未收到发票。

2008 年 12 月 28 日，采购部收到联诚软件开具的专用发票一张，发票号为 A00116，商品为百问 ERP 多媒体课件，数量 150 套，每套售价 80 元，由于天气变化影响运输，该货物尚在运输途中。

(2) 库存和存货系统期初数据

2008 年 12 月 31 日，对各个仓库进行了盘点，结果如下：

仓 库 名 称	存 货 编 码	存 货 名 称	数 量	单 价
材料库	1001	光盘	2 200	2.00
材料库	1002	复印纸	460	15.00
产品一库	2001	杀毒软件	71	150.00
产品一库	2002	百问 ERP 多媒体课件	98	80.00
产品一库	2003	工商管理案例集	226	38.00
产品二库	2004	ERP 模拟体验光盘	2 000	90.00
产品二库	2005	ERP 普及教程	4 000	30.00

(3) 客户往来期初数据

应收账款科目的期初余额为 157 600 元，以销售普通发票形式输入。

日　期	发票号	客　户	业务员	科　目	货物代码	数　量	单　价
2008-10-25	B000123	北方管理软件学院	田晓宾	1122	2004	498	200.00
2008-11-10	B000456	天津图书城	孟倩	1122	2005	1 450	40.00

(4) 供应商往来期初数据

应付账款科目的期初余额为 276 850 元，以采购普通发票输入。

日　期	发票号	供应商	业务员	科　目	货物代码	数　量	单　价
2008-10-25	A000200	联城	魏大鹏	2202	2001	1 582	175

【实验指导】

1. 启用购销存模块、核算模块

① 启动系统管理，并以账套主管"郑通"的身份注册系统管理。

② 执行"账套"|"启用"命令，弹出"系统启用"对话框。

③ 选中"GX 购销存管理"复选框，弹出"日历"对话框。

④ 选择日期"2009 年 1 月 1 日"，如图 9-7 所示。

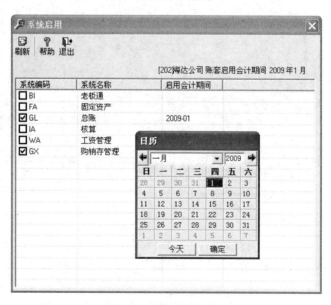

图 9-7　购销存系统启用

⑤ 单击【确定】按钮。再单击【是】按钮。

⑥ 同理，启用"IA 核算"子系统。

2. 设置基础信息

以账套主管"郑通"的身份注册进入用友 T3 会计信息化软件。

会计科目补充设置

科 目 编 码	科 目 名 称	科 目 编 码	科 目 名 称
140304	ERP 模拟体验光盘	140305	ERP 普及教程
600104	ERP 模拟体验光盘	600105	ERP 普及教程
640104	ERP 模拟体验光盘	640105	ERP 普及教程

存货分类

执行"基础设置"|"存货"|"存货分类"命令，按资料输入存货分类信息。

存货档案

执行"基础设置"|"存货"|"存货档案"命令，按资料输入存货档案信息，如图 9-8 所示。

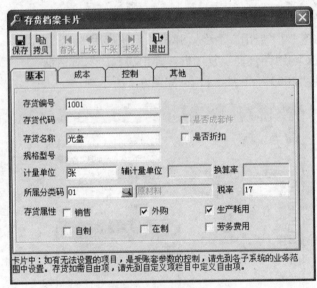

图 9-8　设置存货档案

仓库档案

执行"基础设置"|"购销存"|"仓库档案"命令，按资料输入仓库档案信息。

收发类别

执行"基础设置"|"购销存"|"收发类别"命令，按资料输入收发类别信息。

采购类型

执行"基础设置"|"购销存"|"采购类型"命令，按资料输入采购类型信息。

销售类型

执行"基础设置"|"购销存"|"销售类型"命令，按资料输入销售类型信息。

3. 设置基础科目

存货科目

执行"核算"|"科目设置"|"存货科目"命令，按资料输入存货对应科目信息，如图 9-9 所示。

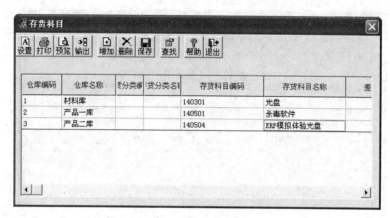

图 9-9　设置存货科目

存货对方科目

执行"核算"|"科目设置"|"存货对方科目"命令，按资料输入存货对方科目信息。

客户往来科目

执行"核算"|"科目设置"|"客户往来科目"命令，按资料输入客户往来科目信息。

供应商往来科目

执行"核算"|"科目设置"|"供应商往来科目"命令，按资料输入供应商往来科目信息。

4. 输入采购模块期初数据

采购管理系统有可能存在两类期初数据：一类是货到票未到即暂估入库业务，对于这类业务应调用期初采购入库单录入；另一类是票到货未到即在途业务，对于这类业务应调用期初采购发票功能录入。

货到票未到业务的处理

① 执行"采购"|"采购入库单"命令，进入"期初采购入库单"窗口。

② 单击【增加】按钮，输入入库日期"2008-12-24"，选择仓库"材料库"，供货单位"大众印刷厂"，部门"采购部"，入库类别"采购入库"，采购类型"材料采购"。

③ 选择存货编码"1002"，输入数量"100"，暂估单价"15"，如图 9-10 所示，单击【保存】按钮。完成后单击【退出】按钮。

票到货未到业务的处理

① 执行"采购"|"采购发票"命令，打开"采购发票"窗口。

② 单击【增加】按钮右侧下箭头，选择"专用发票"。

③ 输入发票号"A00116"，开票日期"2008-12-28"，选择部门"采购部"，供货单位"联诚"，采购类型"库存商品采购"。

④ 选择存货编码"2002"，输入数量"150"，单价"80"，如图 9-11 所示，单击【保存】按钮，完成后单击【退出】按钮。

图 9-10　录入"期初采购入库单"

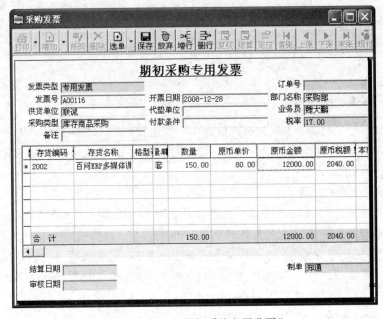

图 9-11　录入"期初采购专用发票"

采购管理系统期初记账

① 执行"采购"|"期初记账"命令,弹出"期初记账"提示框。

② 单击【记账】按钮,稍候片刻,系统提示"期初记账完毕"。

③ 单击【确定】按钮返回。

注意

- 采购管理系统如果不执行期初记账,则无法开始日常业务处理,因此,如果没有期初数据,也要执行期初记账。
- 采购管理系统如果不执行期初记账,库存管理系统和存货核算系统不能记账。
- 采购管理系统若要取消期初记账,执行"采购"|"期初记账"命令,在弹出的提示框中单击【取消记账】按钮即可。

5. 输入库存/存货期初数据

各个仓库存货的期初余额既可以在库存模块中录入,也可以在核算模块中录入,只要在其中一个模块输入,另一模块中自动获得期初库存数据。本例在核算模块中录入。

录入库存、存货期初数据并记账

① 执行"核算"|"期初数据"|"期初余额"命令,进入"期初余额"窗口。

② 先选择仓库,然后再单击【增加】按钮,根据实验资料输入库存期初数据,单击【增加】按钮,如图9-12所示。

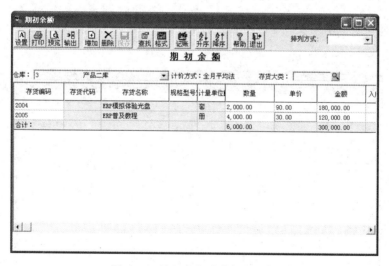

图9-12 录入库存/存货期初数据

③ 单击【记账】按钮,系统对所有仓库进行记账,系统提示"期初记账成功!"。

6. 输入客户往来期初数据

① 执行"销售"|"客户往来"|"客户往来期初"命令,打开"期初余额-查询"对话

框，单击【确认】按钮，进入"期初余额明细表"窗口。

② 单击工具栏上的【增加】按钮，打开"单据类别"对话框，单据类型选择"普通发票"，单击【确认】按钮，进入"销售普通发票"窗口。

③ 按实验资料要求输入应收期初数据，如图 9-13 所示。

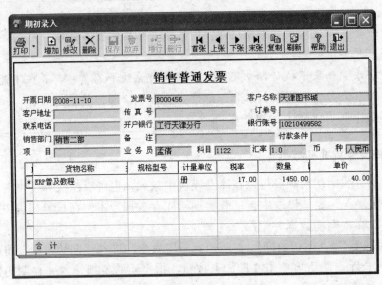

图 9-13 录入应收期初数据

④ 在"期初余额明细表"窗口，单击【对账】按钮，与总账系统进行对账，如图 9-14 所示。

科目		应收期初		总账期初	
编号	名称	原币	本币	原币	本币
1122	应收账款	157,600.00	157,600.00	157,600.00	157,600.00
1123	预付账款	0.00	0.00	0.00	0.00
	合计		157,600.00		157,600.00

图 9-14 应收与总账期初对账

7. 输入供应商往来期初数据

执行"采购"|"供应商往来"|"供应商往来期初"命令，打开"期初余额-查询"对话框，与客户往来期初数据录入一样，录入后与总账对账。

实验十一 购销存业务集成应用

【实验目的】
掌握用友 T3 会计信息化软件中普通采购业务、普通销售业务的处理流程。

【实验准备】
引入"实验十"账套数据。
在系统管理中，增加"05 魏大鹏"、"06 田晓宾"的公用目录设置权限。

【实验内容】
1. 普通采购业务。
2. 普通销售业务。

【实验要求】
以"05 魏大鹏"的身份进行采购与应付业务处理。
以"06 田晓宾"的身份进行销售与应收业务处理。

【实验资料】

1. 普通采购业务

(1) 1 日，向联诚软件公司订货一批，商品为百问 ERP 多媒体课件，数量为 100 套，单价为 80 元，预计本月 3 日到货。

(2) 3 日，向联诚软件公司所订商品到货，商品为百问 ERP 多媒体课件，数量为 100 套，单价为 80 元，将收到的货物验收入产品一库。填制采购入库单。

(3) 当天收到该笔货物的专用发票一张，发票号 F001。填制采购发票。

(4) 财务部门根据采购发票开出转账支票一张，票号为 C1 付清采购货款。填制付款单。

2. 普通销售业务

(1) 12 日，创远系统集成公司订购 ERP 模拟体验光盘 80 套，单价为 200 元。

(2) 14 日，销售二部从产品二库向创远系统集成公司发出其所订货物 ERP 模拟体验光盘 80 套，单价为 200 元。填制销售发货单。

(3) 当天开出该笔货物的专用发票一张，发票号为 X001。填制销售发票。

(4) 15 日，财务部门收到转账支票一张，票号为 Z001，创远系统集成公司付清采购货款。填制收款单。

【实验指导】

1. 普通采购业务

采购订单处理
在采购模块中填制采购订单并审核。

① 执行"采购"|"采购订单"命令，进入"采购订单"窗口。

② 单击"增加"按钮，输入日期"2009-01-01"，选择供货单位"联诚"。

③ 选择存货编号为"2002"，输入数量"100"、单价"80"、计划到货日期"2009-01-03"。

④ 单击【保存】按钮。

⑤ 单击【审核】按钮，如图 9-15 所示。

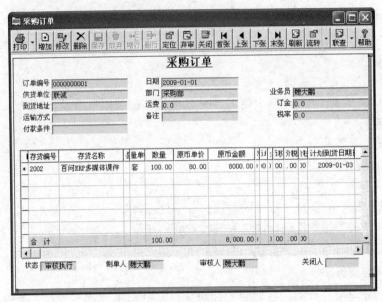

图 9-15 "采购订单"窗口

⑥ 单击【退出】按钮，退出"采购订单"窗口。

💡 注意

- 在填制采购订单时，单击鼠标右键可查看存货现存量。
- 如果在存货档案中设置了最高进价，那么当采购订单中货物的进价高于最高进价时，系统会自动报警。
- 系统自动生成"订单编号"，可以手工修改，订单编号不能重复。
- 如果企业要按部门或业务员进行考核，必须输入相关"部门"和"业务员"信息。
- 采购订单保存后，可在"订单明细列表"中查询。

采购入库单处理

(1) 在采购模块中填制采购入库单

① 执行"采购"|"采购入库单"命令，进入"采购入库单"窗口。

② 单击【增加】按钮，根据资料输入采购入库单内容，如图 9-16 所示。

③ 单击【保存】按钮。

④ 单击【退出】按钮，退出"采购入库单"窗口。

图 9-16　"采购入库单"窗口

 注意

填制采购入库单时，可单击鼠标右键，参照已审核的采购订单。

(2) 在库存模块中审核采购入库单

① 执行"库存"|"采购入库单"命令，进入"采购入库单"窗口。

② 单击【审核】按钮。

③ 单击【退出】按钮返回。

(3) 在核算模块中对入库单记账并生成入库凭证

① 执行"核算"|"核算"|"正常单据记账"命令，打开"正常单据记账条件"对话框。

② 单击【确定】按钮，进入"正常单据记账"窗口，如图 9-17 所示。

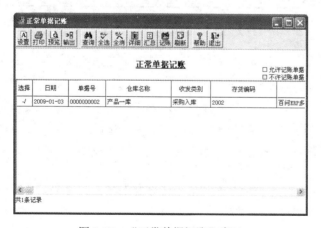

图 9-17　"正常单据记账"窗口

③ 选择要记账的单据，单击【记账】按钮，退出。

④ 执行"核算"|"凭证"|"购销单据制单"命令，进入"生成凭证"窗口。

⑤ 单击工具栏上的【选择】按钮，打开"查询条件"对话框。

⑥ 选择"采购入库单(暂估记账)"，单击【确认】按钮，进入"未生成凭证一览表"窗口。

⑦ 双击要制单的记录行，单击【确定】按钮，进入"生成凭证"窗口。

⑧ 选择凭证类别为"转账凭证"，输入存货科目"140502"、对方科目"1401"，单击【生成】按钮，进入"填制凭证"窗口。

⑨ 修改凭证日期为"2009/01/03"，单击【保存】按钮，凭证左上角出现"已生成"标志，表示凭证已传递到总账系统，如图9-18所示。

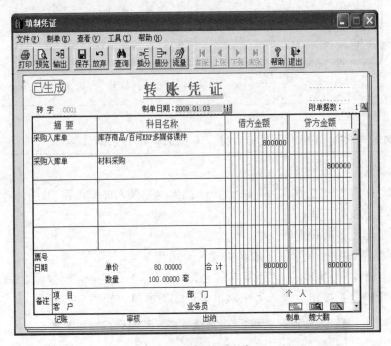

图 9-18 "生成凭证"窗口

采购发票处理

(1)在采购模块中填制采购发票

① 执行"采购"|"采购发票"命令，进入"采购专用发票"窗口。

② 单击【增加】按钮，再单击鼠标右键，从弹出的快捷菜单中选择"拷贝入库单"命令，进入"过滤条件"窗口。单击【过滤】按钮，进入"入库单列表"窗口。也可根据资料直接输入。

③ 选择需要参照的采购入库单，单击【确定】按钮，将采购入库单信息带入采购专用发票，输入发票号"F001"，如图9-19所示。

④ 单击【保存】按钮，再单击【退出】按钮。

(2) 在采购模块中对采购发票进行复核并与入库单进行采购结算

① 对刚填制的采购发票进行审核，单击【复核】按钮。

② 单击【结算】按钮进行采购结算。单击【退出】按钮返回。

图 9-19　录入采购专用发票

 注意

- 采购结算也可通过执行 "采购"|"采购结算" 命令完成，有手工结算和自动结算两种方式。

- 由于某种原因需要修改或删除入库单、采购发票时，需先取消采购结算。

(3) 在核算模块中对采购发票生成应付凭证

① 执行"核算"|"凭证"|"供应商往来制单"命令，打开"供应商制单查询"对话框。

② 选择"发票制单"，单击【确认】按钮，进入"单据处理"窗口。

③ 双击需要审核的单据，选择"转账凭证"。

④ 单击【制单】按钮，进入"填制凭证"窗口，如图 9-20 所示。

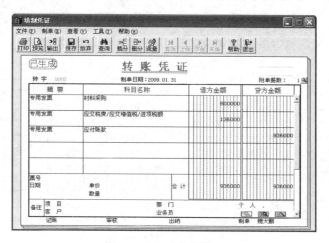

图 9-20　生成应付凭证

⑤ 单击【保存】按钮，凭证左上角出现"已生成"标志，表示凭证已传递到总账系统。

付款单处理

(1) 在采购模块中填制付款单并核销

① 执行"采购"|"供应商往来"|"付款结算"命令，进入"付款单"窗口。

② 选择供应商"联诚"。

③ 单击【增加】按钮，输入结算方式"转账支票"，金额"9 360"，单击【保存】按钮。

④ 单击【核销】按钮，系统调出要核算的单据，在第 2 行单据后输入结算金额"9 360"，如图 9-21 所示，再单击【保存】按钮。

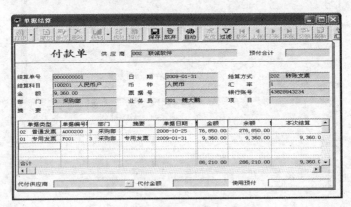

图 9-21　录入付款单并核销

(2) 在核算模块中对付款单生成付款凭证

① 执行"核算"|"凭证"|"供应商往来制单"命令，打开"供应商制单查询"对话框。

② 选择"核销制单"，单击【确认】按钮，进入"单据处理"窗口。

③ 双击需要审核的单据，选择"付款凭证"。

④ 单击【制单】按钮，进入"填制凭证"窗口，如图 9-22 所示。

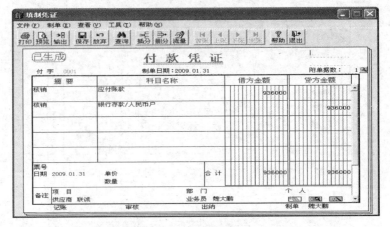

图 9-22　生成付款凭证

⑤ 单击【保存】按钮，凭证左上角出现"已生成"标志，表示凭证已传递到总账系统。

2. 普通销售业务

销售订单处理

在销售管理模块中填制并审核销售订单。

① 执行"销售"|"销售订单"命令，进入"销售订单"窗口。

② 单击【增加】按钮，输入日期"2009-01-12"，选择销售类型"批发"，客户名称"创远"公司，销售部门"销售二部"。

③ 选择货物名称为"2004 ERP 模拟体验光盘"，输入数量"80"、无税单价"200"，如图 9-23 所示。

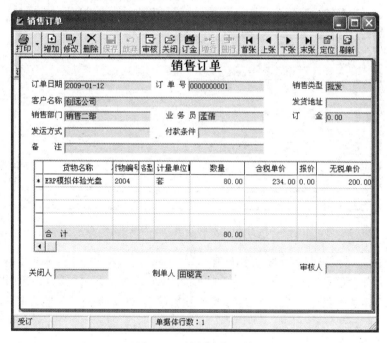

图 9-23　填制销售订单

④ 单击【保存】按钮，再单击【审核】按钮。

注意

- 已保存的销售订单可以修改、删除，但不允许修改他人填制的销售订单。
- 系统自动生成"订单编号"，可以手工修改，订单编号不能重复。
- 如果企业要按业务员进行销售业绩考核，必须输入"业务员"信息。

销售发货单处理

(1) 在销售管理模块中填制并审核销售发货单

① 执行"销售"|"销售发货单"命令，进入"发货单"窗口。

② 单击【增加】按钮，打开"选择订单"对话框。单击【显示】按钮，选择步骤 2 中生成的销售订单，单击【确认】按钮，将销售订单信息带入发货单。

③ 输入发货日期"2009-01-14"，选择仓库"产品二库"。

④ 单击【保存】按钮，再单击【审核】按钮，如图 9-24 所示，保存并审核发货单，退出。

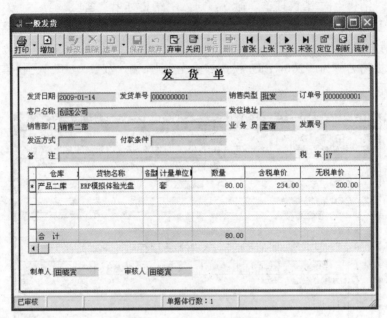

图 9-24　填制并审核发货单

(2) 在库存管理模块中审核销售出库单

① 启动库存管理系统，执行"库存"|"销售出库单"命令，进入"销售出库单"窗口。

② 单击【生成】按钮，选择参照单据"发货单"，选择下面具体的发货单，单击【确认】按钮。

③ 单击【审核】按钮。

(3) 在存货核算模块中对销售出库单记账并生成凭证

① 执行"核算"|"销售出库单"命令，补充销售出库单的单价 200 元并保存。

② 执行"核算"|"核算"|"正常单据记账"命令，打开"正常单据记账条件"对话框。

③ 选中"产品二库"复选框，保留"销售出库单"单据类型，单击【确定】按钮，进入"正常单据记账"窗口。

④ 单击需要记账的单据前的"选择"栏，出现"√"标记，或单击工具栏中的【全选】按钮，选择所有单据，然后单击工具栏中的【记账】按钮。

⑤ 系统开始进行单据记账，记账完成后，单据不在窗口中显示。

⑥ 执行"核算"|"凭证"|"购销单据制单"命令，进入"生成凭证"窗口。

⑦ 单击【选择】按钮，打开"查询条件"对话框。

⑧ 选择"销售出库单"，单击【确认】按钮，进入"选择单据"窗口。

⑨ 单击需要生成凭证的单据前的"选择"栏或单击工具栏中的【全选】按钮，然后单击工具栏中的【确定】按钮，进入"生成凭证"窗口。

⑩ 选择凭证类别为"转账凭证"，单击【生成】按钮，系统显示生成的转账凭证。

⑪ 修改确认无误后，单击工具栏中的【保存】按钮，凭证左上角显示"已生成"红字标记，表示已将凭证传递到总账系统。

销售发票处理

(1) 在销售管理模块中根据发货单填制并复核销售发票

① 执行"销售"|"销售发票"命令，进入"销售发票"窗口。

② 单击【增加】按钮，选择"专用发票"，单机【选单】按钮，选择发货单，打开"选择发货单"对话框，单击【显示】按钮，选择要参照的发货单，单击【确认】按钮，将发货单信息带入销售专用发票。

③ 输入发货日期"2009-01-14"，单击【保存】按钮。

④ 单击【复核】按钮，如图 9-25 所示。

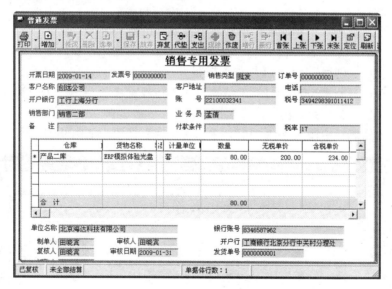

图 9-25　填制销售专用发票

(2) 在存货核算模块中根据销售专用发票生成销售收入凭证

① 执行"核算"|"凭证"|"客户往来制单"命令，打开"制单查询"对话框。

② 选中"发票制单"复选框，单击【确认】按钮，进入"销售发票制单"窗口。

③ 选择凭证类别为"转账凭证"，单击工具栏中的【全选】按钮，选择窗口中的所有单据。单击【制单】按钮，屏幕上出现根据发票生成的转账凭证。

④ 修改第 2 行的科目编码为 600104，单击【保存】按钮，凭证左上角显示"已生成"红字标记，表示已将凭证传递到总账系统，如图 9-26 所示。

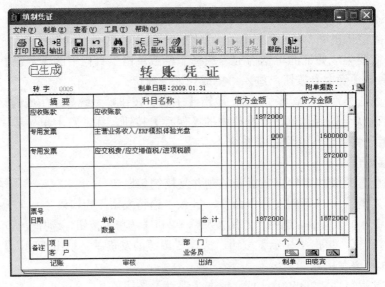

图 9-26　生成应收凭证

收款单处理

(1) 在销售管理模块中填制收款单并与销售发票核销

① 执行"销售"|"客户往来"|"收款结算"命令，进入"收款单"窗口。

② 选择客户"创远"，单击【增加】按钮。

③ 输入结算日期"2009-01-15"，结算方式"转账支票"，金额"18 720"。

④ 单击【保存】按钮，再单击【核销】按钮。

⑤ 在本次结算栏中输入"18 720"，单击【保存】按钮，如图 9-27 所示。

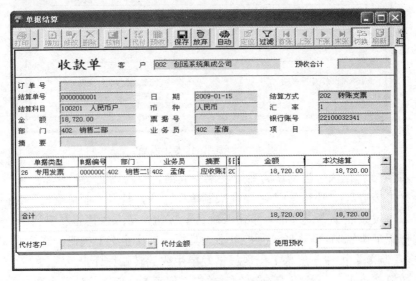

图 9-27　录入收款单并核销

(2) 在存货核算模块中根据核销的收款单生成收款凭证

① 执行"核算"|"凭证"|"客户往来制单"命令，打开"制单查询"对话框。

② 选中"核销制单"复选框，单击【确认】按钮，进入"核销制单"窗口。

③ 选择凭证类别为"收款凭证"，单击工具栏中的【全选】按钮，选择窗口中的所有单据。单击【制单】按钮，屏幕上出现根据收款单生成的凭证。

④ 单击【保存】按钮，凭证左上角显示"已生成"红字标记，表示已将凭证传递到总账系统，如图 9-28 所示。

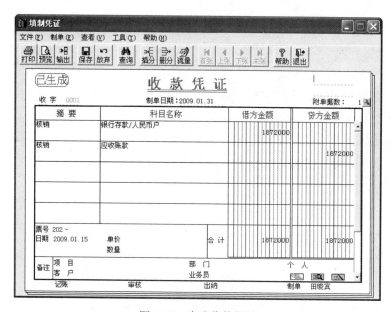

图 9-28 生成收款凭证

复习思考题

1. 购销存系统包括哪些模块？各模块的主要功能是怎样的？

2. 购销存系统的业务流程是怎样的？

3. 购销存系统初始化主要包括哪几项工作？

4. 理解购销存系统各模块参数的含义。

5. 购销存期初数据的主要内容是什么？以什么方式录入系统？

6. 采购管理系统包括哪些主要功能？

7. 采购管理系统和其他系统的主要关系是什么？

8. 普通采购业务的处理流程是怎样的？

9. 销售管理系统包括哪些主要功能？

10. 销售管理系统和其他系统的主要关系是什么？

11. 普通销售业务分为哪两种处理模式？各自的处理流程是怎样的？

第 10 章

应用与实践

本章学习目标

通过本章内容的学习，你将能够：

1. 调查企业进行信息化建设的原因。

2. 比较会计信息化给企业带来了哪些积极的变化。

3. 分析企业实际业务流程。

4. 对比会计信息化建设给不同企业带来的效益。

5. 了解企业会计信息化建设的实施过程。

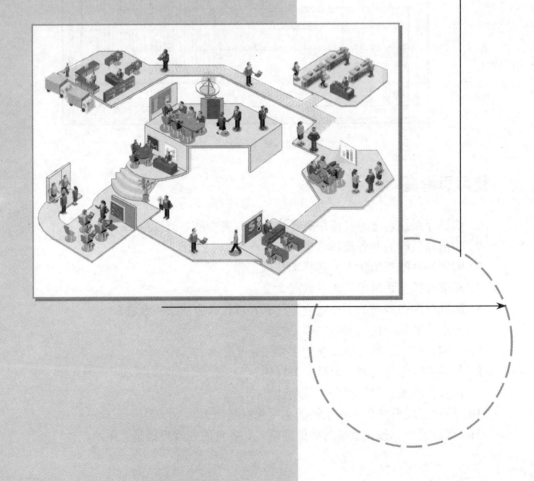

　　2005 年 2 月的一天，南京安达电器厂的财务主管王燕经理正在沉思中。在刚刚结束的厂部经理会上，总经理给财务工作提出了新的要求：第一，要按电器设备项目制进行财务费用的核算与考核管理；第二，每周必须上报往来账款的明细分析表。王燕深知，这一决策对于安达电器这个以专业工用电器设备生产安装为主的小型工业企业而言是非常必要的，因为随着企业业务的发展，及时准确地把握财务数据信息的要求越来越迫切，以往那样等到月底甚至年底算账才能知道到底哪个项目赚钱、哪个项目赔钱的信息状态，已经不能满足老板的需要了。

　　现在的主要问题是，安达电器的全部财务人员只有两个人，每月要进行日常的财务记账、费用报销、财务报表、报税以及全厂 200 多人工资奖金的考核发放等工作，繁重的工作已经使财务人员根本无暇进行财务数据的细化管理与分析工作。

　　很显然，解决上述问题单单靠手工核算已经无法满足了，必须要借助现代的信息化技术来实现企业财务管理工作的信息化。

　　其实，王燕经理所遇到的问题，也是令很多成长型企业的财务人员越来越感到头痛的问题。一方面，随着成长型业务的快速发展，及时了解财务数据、准确掌握往来账款、进行必要的财务分析已经成为成长型企业的迫切需要；而另一方面，由于在资金、技术、人才领域的制约，广大成长型企业的信息化比例还相当低。如何帮助成长型企业快速实现会计信息化，真正做到"精细管理，卓越理财"，已经成为会计人员面临的一个全新的命题。

　　为了帮助学习者了解企业的实际管理需求和信息化应用情况，本章收集整理了部分最新成长型企业会计信息化应用案例的内容。作者无意说明企业的成败及其管理措施的对错，仅供大家讨论学习。由于涉及企业商业机密，本章的部分内容进行了虚构处理，未经书面许可，禁止以任何方式复制、传播、使用本案例，请大家谅解。

10.1　粤兴纸品有限公司信息化之路

　　市场瞬息万变，为什么总比对手的销售反映速度慢，销售价格也不理想。有时销售订单越来越急，存货出入库频繁，仓库面积又有限，在途的多少？已占用的多少？现存的多少？可用的多少？都是我们要随时掌握的数据，怎么办呢？

　　这就需要有一个很好的管理系统，能随时实时地查询到订单情况、存货现存量、在途量和可用量。

——粤兴纸品有限公司总经理

10.1.1　企业简介

　　珠海市东区粤兴纸品有限公司，位于浪漫之城珠海市吉大景园路 8 号，公司成立于 1997 年，是一个专业生产电脑纸、复印纸、传真纸、收银纸等高档办公用纸及各种计算机商业表格印刷的现代化厂家。该公司引进德国最新设备，能根据客户的要求特殊加工或来样定做如银行对账单、信用卡消费单、邮局话费单、医院收费单、工厂进出仓单、酒店收银单等单据；销售网络以珠江三角洲为核心，下设有东莞办事处、广州办事处，辐射全国各地以及东南亚、港、澳地区。

粤兴纸品有限公司组织结构如图 10-1 所示。

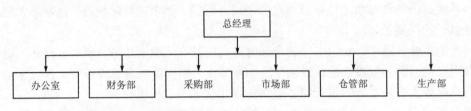

图 10-1　粤兴纸品有限公司组织结构

10.1.2　信息化背景

近几年全球造纸行业发展很快，亚洲以 8.5%的增长名列各大洲之首，而中国造纸行业又以 18.13%的增幅名列亚洲之首。庞大的市场需求的拉动，使中国办公用纸市场步入快速增长期，粤兴纸品也得到了快速发展。

粤兴纸品以前的业务处理是手工做账，财务账交由代理记账公司处理。粤兴纸品的销售订单是通过传真方式传递到市场部的计划员，计划员用 Microsoft Excel 制作销售发货单。由于每天客户需求量大，加之产品小批量、多规格、变更性大等特点，制作一份发货单需要在不同的电子表格里频繁切换、拷贝、复制，操作烦琐且易发生错误。而且，市场部计划员手工统计当月销售数据，完成上报的销售报表一般需要 5 个工作日；而仓库统计收发存报表和采购统计采购汇总表也各需要 5 个工作日左右的工作时间。各部门与财务之间信息不能实现实时、有效共享，必须要等到月末各部门上报原始表单将数据交到财务进行再次汇总，单据报表多且重复劳动现象严重，员工的精力很大部分都消耗在核对数据上面，非常影响对数据的分析，经常会出现对账困难、回款信息不及时的现象，使得销售单据和表格的汇总统计效率降低。销售过程缺乏有效监督，也给后续部门的计划安排和日常运作增加了难度。

目前，粤兴纸品的销售环节，从珠海到全省乃至全国、到各地区的办事处、到下级的零售终端，涉及的环节非常多，整个业务流程也比较复杂。粤兴纸品有限公司生产的纸的种类有 200 多种，不同品牌的纸又有不同规格型号，同一规格型号的克数又有所不同。所以，就非常需要及时、动态地查询库存现存量，以保证销售业务的正常开展和资金流的良性循环。

企业规模在不断扩大，企业决策者如果不能很好地、快速地了解企业的收款情况，在某种程度上来说就会阻碍企业的发展。这就需要一个有效的管理工具来适应企业全面发展的需要。对此，粤兴纸品有限公司总经理深有感触地说：

"平常工作中发现人手不足，一人多职，要严格执行业务制度就根本不可能了，而且缺乏有效的监控手段。销售回款的不及时直接影响到企业的资金周转运作，因此，我们迫切需要一张能随时了解各个客户的应收款、已收款、未收款情况的统计表及明细表，这对于企业的决策者来说是非常重要的。

在以前的工作中，这张表是用 Excel 进行统计的。我们的业务多数是批发业务，有时在提货时客户会和我们直接现金结算，有时也会在下月或以后再付款，出纳和会计每天都需要进行对账，出纳部分统计的是现收款，会计部分统计的是应收款、现收款和未收款情况，数据有时会统计得不准确、不及时。

随着企业销售规模的扩大，对物流和资金流的管理难度也越来越大。手工统计销售数据，速度慢、容易出错，账物经常不符，造成汇总数据不及时、不准确，对销售过程缺乏有效监督，造成大量死账、呆账。结果造成企业在流通领域的成本居高不下，企业的生产、市场决策缺乏准确的量化依据。这就需要我们要有一个良好的管理系统，及时准确地解决这些问题。"

2005 年初，粤兴纸品计划上一套管理软件，希望能做到实时监控、实时查询、动态了解企业的发展情况，同时可以很好地了解某一客户的价格管理情况，为企业经营者的决策提供服务。

10.1.3 信息化解决方案

1. 总体要求

前期阶段粤兴纸品最急着要解决的是客户的应收款问题，即要实时查询到在某一时段某一客户的应收款、已收款、未收款，然后要规范出入库业务，实现电子打印单据，改变过去手工填写的习惯，提高工作效率。由于公司人员方面的原因，加上公司原材料的管理比较复杂，难以在短时间内整理客户的基础档案和基础数据，同时也担心系统上线后人员素质跟不上，影响正常生产工作，因此，2005 年的实施计划是对产成品仓库进行管理，希望能实现实时的往来款管理、销售价格管理、出入库业务管理等，2006 年再开始实施原料仓库部分。

粤兴纸品在信息化规划中提出，在未来几年时间内，将依托计算机技术与软件管理理念，逐步优化业务流程，规范管理环节，建立沟通公司上下、内外联系的集物流、信息流、资金流于一体的信息管理系统。

2. 选用用友 T3

通过几个月的慎重比较，2005 年 5 月中旬，粤兴纸品有限公司最终开始正式启用用友 T3 财务业务一体化系统。经过快速的系统实施，在进销存和财务等手工账和计算机账并行 3 个月后，粤兴纸品财务业务一体化系统正式上线，甩掉了手工账。

对于系统选型的决策过程，谢总(公司总经理)回忆说：

"当时用友的销售人员给我做产品介绍，我仔细研究了用友的资料。在选型时，我比较了好几家软件厂商，一是看软件厂商的实力，二是看软件厂商的产品功能，三是看软件厂商的售后服务能力，最终我还是选择了用友。为什么呢？可以这么讲，技术发展到现在，地域已经不再是优势，重要的是品牌的可信度、服务的支撑能力、企业的可持续发展。用友人的工作态度是我比较敬佩的，他们耐心地给我讲解产品功能、业务流程。我想，企业要发展，软件肯定要不断升级，如果找的企业开发了软件以后自己都不存在了，我最终还是要换软件的，这就很麻烦，所以要考虑这个企业的可持续发展，而它的可持续发展又能给我提供更好的服务。我们所处的位置离珠海用友很近，平时也经常看到他们的服务车在穿梭，也让我看到了用友的专业、真诚的服务。基于此，当时我就决定采用了用友软件。"

3. 粤兴纸品信息化系统解决方案

(1) 系统实现目标

① 项目目前使用供应链的销售、采购、库存、核算模块。

② 系统能较好地协调销售与采购、仓库、物流管理之间的关系，各部门的计划编制有科学的依据，并能够根据实际需要进行规划和调整。

③ 系统能够集成各职能部门的各项资源并进行合理分配，缩短产品交货期，降低总体运营成本，提高客户服务满意度。

④ 系统实现各部门信息共享，提高各部门工作效率。

⑤ 系统能够理顺企业现有的主要流程并进行优化，促进企业核心竞争力的形成与提升。

(2) 所使用系统模块的具体内容

① 财务系统：总账、往来管理、现金管理、项目管理、报表、现金流量表。

② 业务部分：采购管理、销售管理、库存管理、核算。

(3) 主要业务流程

用友 T3 的业务工作流程如图 10-2 所示。

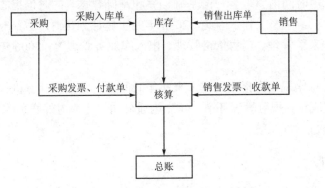

图 10-2　业务工作流程

结合业务工作流程，用友 T3 为销售岗和财务岗绘制了针对岗位的操作流程，如图 10-3 所示。

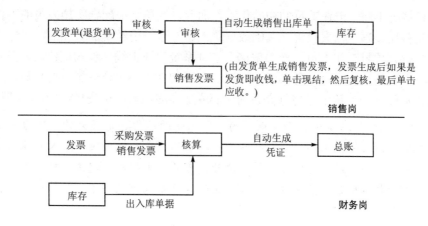

图 10-3　针对销售岗和财务岗的操作流程

(4) 实施阶段和交付成果

实施过程主要分为 6 个主要阶段，各阶段要以文档形式提交工作成果。

① 项目规划阶段：提交项目实施主计划。

② 蓝图设计阶段：提交项目实施方案。

③ 系统建设阶段：产品安装完毕。

④ 切换准备：系统基础档案初始化和录入。

⑤ 系统切换：系统构架完成。

⑥ 持续支持：第一个月数据无误，项目验收。

10.1.4　信息化实施过程

人员培训是信息化实施的一个重要环节。在实施信息化前，企业的部分人员往往还没有意识到掌握计算机操作的重要性，这些操作人员中又有一部分会有一定的计算机基础知识，这就需要在整个实施过程中带动基础好的人员先熟悉掌握，而个别不会操作的人员也就会有压力，环境会迫使他们去学习。

粤兴纸品有限公司目前软件操作员水平参差不齐。前台打单人员对 Windows、Word、Excel 操作还比较熟悉，但对管理软件的认识很少；财务人员欠缺，因为以前公司的财务账是交由代理记账公司做的，所以他们内部不做财务账。而现在要实现财务业务一体化，人员对管理软件的应用能力是必不可少的。因此，项目实施人员初步拟定先给他们进行简单的软件流程培训，让他们有一个大概的认识和理解，这对于今后的实施工作非常有必要。经过进一步的沟通，了解到销售部的李晓华小姐所学的是会计专业，也就是说现在只有她接触过用友软件，曾经参加过会计电算化培训，而且考试用的软件也是用友软件。可以说，她具有一定的软件使用功底，因此谢总要求将初始化建账这个艰巨的任务交由李晓华来处理。

李晓华首先协助实施人员完成前期初始化。她本人负责的是销售部的工作，业务比较繁忙，电话接听不断，但在繁重的初始化工作面前，她还是很配合实施人员的工作，从建账到基础资料的整理、档案设置、基础数据录入、补账……经常加班加点，毫无怨言，因为她心里与所有项目工作人员一样渴望这个管理系统快速上线、步入正轨，为企业的发展贡献力量。为实施这套系统，粤兴纸品有限公司对硬件设备也进行了一些更新。

刚刚开始接触一个新生事物总会遇到这样或那样的不顺，李晓华(营销部经理)说：

"系统的初始化阶段是辛苦而又艰巨的，所承受的压力也是巨大的。因为一边要忙业务，一边要忙系统初始化工作，而人的精力是有限的，我真担心数据录入有什么差错而导致返工。刚开始，每次用友的实施人员一离开，我的心里就吊了起来，非常害怕出错，害怕不懂得怎样操作，后来慢慢地我对整个系统的操作都比较熟练了，问题也少了，心里也踏实多了……"

李小雪(公司出纳)说：

"我虽然是公司的出纳，但在工作上我除了进行现金收点工作外，还要跟客户、供应商进行对账，和会计对账，工作也比较繁杂，平常对管理软件的认识就不深。当用友的实施人员告诉我要操作哪一部分时，我的心里也是充满了疑问，不知道自己能否胜任这个岗位的工作，能否熟悉这个系统。于是，我让实施人员做了个简单的流程图，在图上反映我的日常工作，即要告诉我从哪里来到哪里去，一步一步写下来，然后我按着流程图进行操作。我不是会计专业毕业，所以对会计分录完全不了解。但由于公司人员资源有限，不可能在短时间内去招兵买马，上了软件之后，谢总让我负责日常的核销、往来对账、业务核算、做凭证工作。用友实施人员为了方便我的工作，把我们企业中经常发生的经济业务写成模板，让我以后照着分录模板来做就可以了，用友人的服务真是贴心周到呀！"

粤兴纸品的实施历时两个多月，2005年6月中旬左右，整个系统实施已进入尾声，经过1个多月的运行维护，系统运行逐步走入正轨。营销部经理李晓华说：

"自从上了软件以后，我每天都反复告诉自己要多学习知识，快速掌握操作技巧，通过管理软件的先进理念来减轻我们平时的工作量。软件技术发展到现在，软件本身不会成为实施的障碍，主要是相关人员的认识和支持程度。而公司其他人员对管理软件的认识又不是太深，因此我也不太放心他们录入这些基础数据，虽然前期我会辛苦一些，等系统正式上线后，我想大家就会露出欣慰的笑容的。

实施中我一直坚持只要我们领导层足够重视，加强培训、教育，人员上的问题都能解决。谢总的决心大，项目推动也就很快。说信息化工程是一把手工程，就是老总能够让大家认识到这个东西是好的，一定要做下去，碰到什么事情，你去找他，他都可以解决。一把手重视了，下边的员工肯定会重视。尽管在前期实施中有些同事不理解我的工作，但是领导重视此项工作，有什么难题谢总扛着，因为谢总心里清楚，这个管理系统对企业来说是多么的重要和必需，所以他铁了心，让我无论如何把这项前期实施工作做好。事实证明，只要我们都齐心协力，就不怕有跨不过去的槛！"

谢总说：

"企业上信息化，一些业务流程、运营方式一定要改革。软件是工具，但你如果不去适应它，也是不行的。上了这个软件以后，我们一定要按软件的流程来走，不能像手工做那样随心所欲。我刚开始只是设想通过软件达到电子打单、简单的数据统计，不想录入发票，也不想进行核算记账，但如果这样做，变成了只是用了软件中——小部分功能，根本没有达到财务业务一体化目的。因此，后来我听了实施人员的认真讲解后，决定按规范流程走，改变过去的陈旧业务模式，真正实现了财务业务一体化。"

10.1.5 信息化效果

自从上了用友 T3 后，粤兴纸品的所有出入库单都采用了电子打单，大大的提高了工作效率，还可以实时动态地查询到库存的现存量、可用量；往来对账也轻松多了，可以快速地查询到某个客户的应收款、已收款、未收款情况，实时了解某个客户的交易价格，轻松生成财务报表，给企业的经营运作带来了很大的方便。

副总经理兼财务部经理刘玲说：

"我觉得用友软件的这套系统对操作人员的计算机水平要求不高，各项操作和应用都非常简单，有流程导航，界面非常友好。因为像我们这样的传统企业，操作人员的计算机认知程度相对并不高，如在操作上存在困难的话，系统就很难推行下去。现在我们从公司前台打单到采购、从销售到财务，全部都用上了用友软件，感觉非常方便，而且单据设置非常灵活，因为我们本身就是做纸业的，我们希望能通过电脑打印出入库单，这样客户看起来也比较专业，也是一个企业的形象问题。使用用友 T3 产品能灵活、方便地进行单据设置、还可以自由地增删自定义项，非常方便，满足了我们企业的个性化需求。"

营销部经理李晓华说：

"我是负责销售业务的。销售业务非常繁忙，以前每天手工填写发货单，工作效率很低，有时客户着急时根本就忙不过来，只能让客户坐在一旁等着，客户有时会怨言不断，电话接听也顾及不了，严重影响了正常业务的开展。用了用友 T3 以后，我感觉轻松多了，只要把发货单往电脑里一输，其他的统计表、明细表等就自然出来了，太方便了，工作效率也提高了不少。"

谢总经理说：

"我每天上班时看到我的员工忙而有序地工作，货物出库频繁，每天的现收款统计是那样的及时，我暗自笑了，我要说，感谢用友软件，感谢我的员工为企业的发展所立下的汗马功劳……

现在我可以随时查询我所需要的数据，方便而且快捷，同时实时掌握相关库存分布情况、应收账款情况、实收货款情况、客户退货情况以及商品销售趋势，得到全面的销售数据汇总，这样就能有效监控销售环节，减少信息受损，减少企业坏账、呆账，促进企业资金的良性循环。"

谢总还说:

"我知道上管理系统是需要一定的过程的。我之所以今年计划对成品仓进行管理,是因为成品仓业务比较简单,原材料仓相对来说比较复杂,基础资料的整理也需要很多时间。我们现在人手比较欠缺,在短时间内难以整理基础资料,所以我们想通过运行半年后看看效果如何,然后再考虑渐渐把整个公司业务规范化、系统化。通过这3个月的运行结果来看,我们的选择是对的,我们现在对账比以前轻松多了。一个企业要达到接近零库存的状态,需要在运输方面进行协调,也需要信息,完整的库存数据将大大减少库存账物不符的现象,把库存降到最合理的程度。同时,利用系统准确快捷的信息反馈,可合理调配库存资源,逐步实现全国一体化仓库的规划。我们的生产、采购将会和营销部门一起同步运作,逐步实现零距离,当然这有一个过程,我想用半年到一年的时间来逐步推广。同时,将来系统运行得好,企业发展壮大后,可能会考虑增加站点或升级。总之,愿用友软件一直伴随着我们企业的成长,给我们提供可持续性的专业、真诚的服务,为粤兴的发展贡献一份力量。"

10.2 信息化助力欣荣保健健康成长

2005年初,保健品销售进入一年当中的黄金时期。对于南京欣荣保健品有限公司来说,同样进入销售旺季,客户的订单应接不暇,同时问题也暴露出来了:由于断货导致发货不及时;无法及时了解客户的回款;各种让利促销活动使价格管理混乱,领导更是不能及时了解业务情况……

10.2.1 信息化背景

南京欣荣保健品有限公司是一家专业从事药品、保健品等批发零售的民营企业,经过多年的发展,公司已经成为南京地区最大的保健品分销商,代理产品400多种,客户近500多家。公司设有采购部、销售部、仓储部、行政财务部等职能部门,两家直销店,共有员工50多人。

公司很早就意识到信息化管理工作的重要性。多年前公司就使用了某软件公司的一套商品管理系统,不过由于受各种条件限制,目前来看该系统无论是技术方面还是功能方面都不能满足企业管理的需要了。主要表现在:

(1) 只是仓库一个部门使用,进行简单的核算统计。

(2) 公司总部与仓库信息无法共享,所有信息通过电话、传真传递。

(3) 部门与业务员的业绩考核无法准确、及时统计。

(4) 往来账不清,更无法及时统计客户的发货、开票、回款、余款情况。

(5) 客户供货价格混乱,价格管理不严格。

(6) 统计、分析、预测缺少基础数据。

这时，作为公司业务主要负责人的张新华女士意识到，公司经过多年的发展，现有的管理系统已经不能满足公司管理的需要。

张新华说：

"我们需要一套更先进的、能够满足公司各个部门各个岗位人员需要的管理系统，来提高我们的核算、统计、分析、预测能力。"

10.2.2 信息化解决方案

欣荣保健与用友公司经过洽谈，双方很快便就合作事宜达成了一致，希望能够携手共赴信息化之路，双方对欣荣保健的业务流程以及管理思路作了细致的分析。

1. 采购业务基本流程

欣荣保健品有限公司采购业务基本流程如图 10-4 所示。

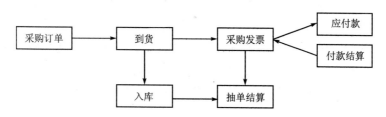

图 10-4 欣荣保健品有限公司采购业务基本流程

2. 销售业务基本流程

欣荣保健品有限公司销售业务基本流程如图 10-5 所示。

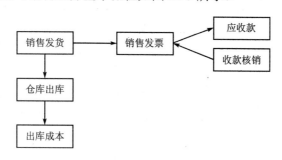

图 10-5 欣荣保健品有限公司销售业务基本流程

3. 欣荣保健品有限公司的自身业务特点

(1) 仓库距离公司总部 5km，仓库需要打印出入库单、管理商品收发业务。

(2) 所有商品采购、销售要求进行严格价格管理。

(3) 应收款按客户、按商品结算。

(4) 销售统计按发货和发票两个类别分别进行统计。

(5) 应收款差异的处理。

(6) 公司、客户、供应商之间代垫费用、转账业务的处理。

(7) 商品辅助计量单位、商品批号管理。

针对上述业务特点，欣荣保健品有限公司认为用友 T3 软件能够满足企业需求，一些方面甚至超出了公司的期望，所以决定全面应用该系统。

10.2.3 信息化实施过程

根据欣荣保健品有限公司的实际情况，经过双方的协商、沟通，由用友 T3 的合作伙伴南京友孚科技有限公司制定了实施方案，欣荣保健品有限公司也组织了项目小组，由总经理张新华总负责。

第一阶段：2005 年 3 月 20 日前，硬件到位、局域网搭建完成，准备基础档案数据。

第二阶段：2005 年 4 月 1 日~4 月 30 日，实施用友 T3 系统，测试阶段。

第三阶段：2005 年 5 月 1 日~5 月 31 日，正式实施用友 T3 系统。

1. 实施第一阶段

首先完成硬件、网络的配置工作，将总部与仓库宽带(ADSL)安装到位，应用 Windows XP 操作系统的远程连接功能，实现远程连接操作成功。这一阶段的另一主要工作是整理商品、供应商、客户、部门、职员的档案资料，全公司要求统一编码、统一名称，力求做到规范。

(1) 商品参考成本、销售价格、客户价格的整理。

(2) 应收款、应付款清理。

(3) 公司的核算以及业务流程标准制定，如成本计价方式、费用摊销等。

(4) 岗位职责划分、操作员权限制定。

(5) 软件操作培训。

(6) 3 月 31 日仓库盘点。

2. 实施第二阶段

系统运行初期，由于各种各样的原因，或多或少地会出现一些问题，有些是操作不熟练，有些是对软件功能的不了解，还有客户临时的个性化需求问题，这些都需要实施人员一一解决。

张新华说：

"一个项目的成功实施是需要一个适应的过程，而且是双方的，还要做好面对困难的准备。"

她的这种观点不仅给予欣荣保健品有限公司的人员以极大的鼓励，同时对用友软件的实施人员也是一种理解与支持，使双方对最终的成功充满信心。经过多方面的共同努力，试运行阶段进行得比较成功，为下一阶段正式运行打下了基础。

3. 实施第三阶段

经过一个月的试运行，欣荣保健品有限公司认为软件的稳定性、安全性都得到了验证，欣荣信赖用友 T3 软件，决定公司 5 月份全面实施该系统替代原来的软件。具体流程如下。

(1) 采购业务流程

欣荣保健品有限公司采购业务系统应用流程如图 10-6 所示。

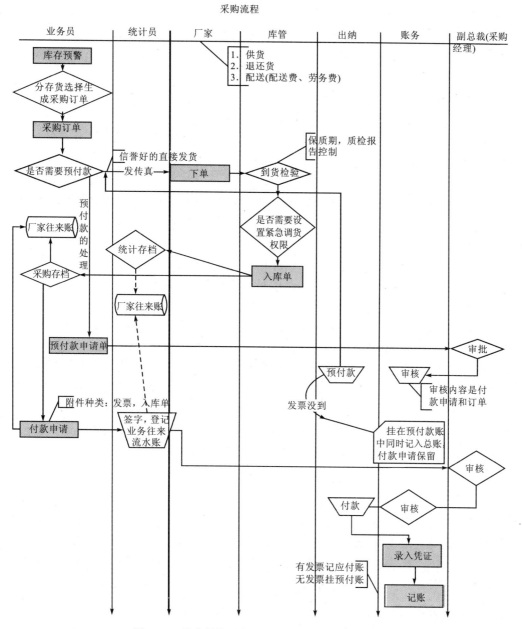

图 10-6　欣荣保健品有限公司采购业务系统应用流程

① 采购部门填制订单→领导审核→打印→传真订货。

② 到货通知→仓库收货→填制商品入库单→打印(供应商、采购部门、财务、核算员、仓库 5 联)。

③ 供应商发票→核算员→录入发票→与入库单核销→财务审核→应付账款。

④ 采购部门付款申请→审核→财务付款单录入。

(2) 销售业务流程

① 客户订货单→核算员录入发货单→领导审核→自动生成销售出库单→仓库打印发货单(客户、财务、仓库、业务、存根 5 联)→仓库发货→送货。

② 客户发票开具申请→核算员参照发货单→自动生成发票→审核→财务应收确认。

③ 收款→收款单录入→核销发票(或形成预收款)。

(3) 财务核算流程

所有单据复核→记账→期末处理→生成销售收入、成本等明细账→结账。

10.2.4 信息化效果

通过三个月的运行,用友 T3 软件成功实施,欣荣保健品有限公司从上到下都非常认可,不仅给日常工作带来了方便,提高了工作效率,而且使整个公司的管理提升到了一个新的高度。

(1) 实现了远程仓库与公司总部的实时操作,达到了信息共享。

(2) 实现了严格的价格管理,对商品采购最高价控制、发货最低价控制,如果超出限制系统单据需要口令才能保存,从而把住了价格关。

(3) 实现"客户+商品"的价格管理模式,即定义每个客户对应每个商品的销售价格,并由专人维护,发货时自动带出价格,极大提高了工作效率及价格输入的准确性。

(4) 全面、丰富的统计查询为公司领导、部门经理、业务员等相关人员提供了所需要的统计、分析表。如发货、开票、回款、差异、应收款勾对表,发货预估毛利表,销售统计表等。

(5) 全员工作效率提高。一些岗位的工作职能发生转变,变过去单一的核算统计职能为现在的核算、分析、管理职能,岗位职责更加明确,责任心加强。

张新华说:

"由于业务繁忙,以前手工状态下业务员无法及时对清账,客户的应收款很难控制,现在我们在系统中设定了每个客户的信用额度,有力保证了应收款的控制。有个客户以前欠 100 多万元,通过用友 T3 软件的系统控制这次压缩到 70 万元,降低了风险。

软件是死的,人是活的,系统中还有很多好的功能,我们还没有用上。我相信随着我们对系统的进一步熟悉了解,会越用越深,让系统在企业管理中发挥更大的作用。"

欣荣保健品有限公司通过信息化工作,突破了以前企业管理的障碍,使企业管理达到了一个新的高度,为企业的快速、良性发展奠定了基础。

10.3 信息化为世通化纤带来企业管理的突破

通过用友 T3 软件的实施，库存管理和销售管理实现了业务管理的事前预警与监控，提高了市场的反应速度，实现企业管理的过程控制，使公司的管理由以前的粗放管理进入到精细管理阶段。

——济宁世通化纤纺织有限公司财务部部长郭德良

10.3.1 信息化背景

济宁世通化纤纺织有限公司属民营股份制企业，拥有三万纱锭、一万线锭的纺纱生产加工能力，年产各类化纤及化纤混纺纱线 10 000 余吨。公司资产 6 000 万元，占地 90 亩，现有员工 1500 人，各类专业技术人员 160 人，技术力量雄厚，有较强的产品开发、设计和生产能力。除了在山东占有较大的市场份额外，产品还远销华东、东北等地，属于典型的成长型企业。

然而，市场需求的不断扩大，公司业务的不断扩张，尤其是市场变化频率的加快，无一不对世通化纤管理运行的效率提出了新的挑战。在产品个性化需求的推动下，对资源调配的合理性和材料供应的及时性等方面的要求更高了，但是由于各项工作完全采用手工核算，制约了公司的发展。主要表现在：

(1) 财务不能实时监控全公司的资金运作、物流运转等情况。购、销、存、生产各环节数据不能集中管理，不能和财务一体化。所有的流程都必须通过纸张打印出来进行传递，内部管理各自为政，部门之间无法实现信息共享，造成了严重的"信息孤岛"。

(2) 由于采购部与库房无法共享，每次采购部在做采购订单时都要到库房，通过手工方式对库存情况进行核查。另外，采购部在以往的采购计划中没有余量化的概念，订单什么时候下，什么时候交货，随意性很强。

(3) 由于世通化纤的仓库面积大，材料的品种多，料品的管理没有规范的编号，货品的堆放都是凭借保管员的习惯，或是手工制作一些卡片插在料品上面。账簿的记录也都是通过手工记账的方式，一方面数据不准确，难免出现遗漏的现象；另一方面在对账时要去翻账本，有时候甚至还要去清点货物，很麻烦。

(4) 由于各部门相对独立，数据的来源和标准不一致，财务部门在统计、核算时，常常与各部门的数据不符，不得不重新核对数据。有时候一次核对不清楚，还要进行多次核对，大大增加了财务部门的工作量。

(5) 内部的管理也存在着很多问题，诸如成本管理不系统，造成产品成本居高不下；库房管理混乱，原材料、产成品库存过大，造成资金占压严重等诸多管理瓶颈。诸如此类的问题，严重影响着各部门的工作效率，为此，广大员工也迫切希望能够通过信息化系统来改善办公条件，提高工作效率。

公司要发展壮大，必须要控制生产成本。在这些问题面前，财务主管郭德良一心想着变革。然而，在传统的管理模式下，很难有所作为。信息化的出现，让郭德良看到了希望。

10.3.2 信息化实施过程

2005 年 5 月，济宁世通化纤纺织有限公司经过几个月时间的调研，进行多方比较，从产品本身的特点、实施能力、服务能力等因素考察之后，最终决定选择山东亿维信息科技有限公司作为公司财务业务一体化系统实施的合作伙伴，并抽调财务主管郭德良负责公司财务业务一体化系统项目实施的整体把控，刘猛作为技术主管对实施进行全程跟踪。

5 月 28 日到 5 月 31 日，由双方共同组成的项目实施小组通过参观走访、问卷填写、现场交流等方式，对世通化纤的销售、采购、仓库、财务等各个部门进行了业务需求调研。在充分了解世通化纤相关部门业务现状的基础上，确定了各部门对软件的大体需求。

通过前期调研，项目实施小组很快确定了明确的项目目标，即以企业局域网为技术平台，使用用友 T3 系统的总账、财务报表、固定资产、工资、采购、销售、库存、核算、财务分析等模块。通过系统加强资金流与物流、生产的协同，实现企业内外资源的集成，并借助用友 T3 的管理系统性、数据共享性、动态应变性等特点适时提供销售、生产、供应及财务数据和信息，协助公司领导和各级管理人员随时掌握各方面的运行状况，不断改善经营决策，提高公司的应变能力。

经过近两个月的实施后，计算机统计汇总出的数据报表与手工报表的基本一致，世通化纤决定以计算机系统全面代替以往手工财务记账方式。7 月，该项目顺利通过了双方共同组织的财务与业务一体化项目验收。

10.3.3 信息化效果

经过几个月的运行，系统的作用逐渐显现，世通化纤的管理发生了明显的变化。主要体现在以下几个方面。

1. 建立数据中心、数据高度共享

"数出一门，全厂使用"。财务核算中心、物流管理中心、决策支持中心的数据共同放在一个机房，用 NT 连接形成数据中心，集中维护，非常利于数据的综合利用。

现在，济宁世通化纤纺织有限公司的大多数部门都已统一在了一个信息管理平台上，一次输入、多道审核，保证数据准确。在各子系统直接录入的原始单据，由计算机自动生成记账凭证传入总账系统，并且自动登记各相关账户，如出、入库单，发票信息一次录入，仓库、财务以及各业务部门共同使用，实现了数据共享和信息的有机集成。

2. 工作效率更高、更正确

信息的共享和数据传递的及时、准确，给各个部门都带来了明显的效率，其中最明显

的就是库房管理。原来库存的料品没有规范的编号，通过系统把 8 000 多种原材料的基础数据全都统一起来，料品都通过编码系统整理，名称、规格一清二楚，要查什么料品，只要通过系统就可以查到。在财务部，由于数据录入唯一入口的确立，财务人员不必再为每月月底的账目核对而犯愁。这样，大大减少了各部门之间的扯皮现象，各种报表的生成也能在瞬间完成，使企业的财务核算水平与效率大幅提高，为领导决策提供了准确、及时、科学的数据。

3. 管理会计思想到处体现

从财务核算到各业务工作都做到事前预测、事中控制、事后分析，如部门费用预算、应收应付信用额度控制、成本考核、销售分析等。在手工记账的情况下，难以提供及时准确的数据，进而影响生产。现在，每种原料、辅助材料的库存量可随时调取，不仅为生产和采购的制定提供了方便，又实现了库存占用资金的最小化。通过企业信息化建设，改变了过去粗放的成本管理，实现了按产品单独核算成本，快捷、准确地为领导提供成本信息。此外，通过实际成本的比较寻找影响成本的因素，以便采取有效措施，达到降低成本的目标。使企业在产品采购和产品销售过程中，彻底摆脱了以往那种粗放式管理方式，实现了精细化管理，企业的利润显著提高。

4. 决策者掌握第一手资料

决策者查询数据通过决策支持等有关模块直接实时查询，不用通过有关部门整理汇报。使企业的决策者能够掌控企业的设计、生产、销售和库存情况，为领导者的决策提供了有力的支持。从而进一步加快了世通化纤经营战略：以"三个创新"为动力，即产品创新和制度创新、技术创新；以"两高两低"为目标，即高质量、高产量、低消耗、低成本；强化管理、以人为本、德情治厂；与客户建立风险共担、利益共享、相互支持、共同发展的紧密型合作伙伴关系；以质量和价格优势占领市场，走低成本扩张之路，实现公司利润最大化，使企业获得跳跃式发展，成为全国同行业最具竞争力和综合实力最强的企业。

10.4 康鑫家电与用友 T3 共享信息时代

10.4.1 企业简介

康鑫家电超市是贵州织金县最大的电器超市之一，目前在织金县城有 3 家分店。目前该超市除销售国内几十个知名品牌、上万种家用电器外，还增加了索尼、东芝、松下、西门子、飞利浦等几十种进口家用电器，同时还销售各种大方时尚、豪华精美的上百种款式的灯具以及电脑、数码相机、MP3、打印机、复印机、传真机等产品。

康鑫家电超市组织结构如图 10-7 所示。

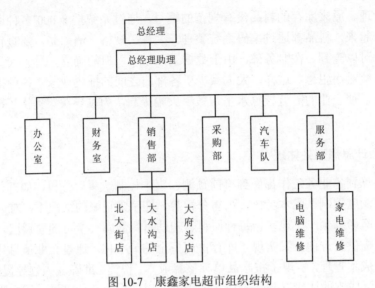

图 10-7　康鑫家电超市组织结构

10.4.2　信息化背景

为满足织金县广大人民群众对家用电器品牌、质量、价格、服务等要求的不断提高，康鑫家电的管理机制也要进行一次较大的改革，走向信息化建设的道路。

康鑫家电总经理助理黄占圳说：

"业务的拓展、分店的增加对于康鑫就意味着管理力度的加大和管理方法的改变，对企业整个物流部门进行系统的改造，以确保企业在发展过程中不至于落入管理困境。康鑫作为当地家电超市的领头羊，企业在信息化建设这一块也一定要领先，否则将会失去竞争力度。在这一前提下，我们不得不考虑上信息化软件。而且，以前的手工业务已经不能够实时地了解销售情况和库存的积压数据、什么产品需要及时的订货、什么产品需要促销，对于现有的人力资源去做是不可能实现的，从投入来说我们也不可能再请太多的人来管理，这样长期下去势必造成成本增高、利润减少的局面。我们必定要考虑管理软件的运用。"

作为商品流通业，将管理做到"看得见，管得着"，这就是康鑫家电想要的。财务科张开秀科长说：

"对于我们手工难以及时了解终端销售与库存状况，难以为客户提供个性化的服务，难以进行销售业务的考核都迫切需要解决。

我想如果能够及时准确地获得财务报表及业务基础数据，老板询问时我可以及时准确地汇报给他。"

库存会计喻涛说：

"手工经常会出现存货单价乱填，造成成本核算不准，与财务数据对不上。所以我首先要解决的是盘点问题。对于成本我们的计价方法是先进先出法，希望用上软件后不会再出现单据成本计价出错。"

经过选择，康鑫家电最终选定贵阳财致通软件技术有限公司作为康鑫家电信息化的合作伙伴。康鑫家电总经理助理黄占圳说：

"我们为什么会选择用友合作呢？我是这样想的，对于软件来说，能够有一定品牌的软件都是成熟的软件，只是看哪一家的服务更人性化。常言道：三分软件，七分实施(技术)。软件只是一个框架，具体的内容是要实施人员(技术员)来对我们企业进行个性化设置，让软件更好用、更易用、更实用，所以才与贵阳财致通软件技术有限公司合作。"

10.4.3　信息化效果

经过一段紧张时间的数据上线，康鑫家电从软件中深刻体会到以下几点：

(1) 从采购上来说，杜绝盲目采购并能保证产品正常供应，降低仓库成本，减少库存的资金积压。在信息化建设的短短一个月内，库存商品的资金积压从 190 多万元减少到 150 多万元，同时还保证最合理的库存数量，使商场的流动资金增多。实时准确地掌握库存量，杜绝管理上的漏洞，谁出现短缺谁就按原价赔款。同时，也不再会出现产品在商场内停留时间太长的情况了，因为我们启用了保质期的提示，到一定时间将进行相应的促销处理。

(2) 从销售来说，现在对促销人员的销售业绩可以随时看到，通过观察他们的销售量，能有效评估销售人员业绩，奖惩分明，同时也能对市场价格更准确分析，及时了解客户与市场需求变化，对于每一天发出了多少货，都是哪些二级分销商，应收账款是多少，在软件上随时都能查到，对于二级分销商的发货单价也得到了有效的控制。

(3) 从库存上来说，规范并细化了仓库管理，有效控制了各类库存资源，降低存货成本，避免缺货，减少缺货带来的经济损失。在库存给定了最高储备量的情况下，高于最高储备量的物资将无法入库进账，低于安全量时也及时报警。杜绝了各种人为因素在信息化和软件系统面前的违规操作，使得操作流程正规化。

(4) 从财务上来说，合理进行资金调配，提高资金的利用率，加强账款控制，减少坏账发生，及时地反映企业经营状况，给出有效的分析数据。决策靠数据，调研靠依据，使企业减少了决策的简单化、盲目化和失误。这也体现在企业全面实现了计划管理上，有计划才有采购、有计划才有支出，从而降低了运营成本，提高了资金使用效率和效益。

(5) 从信息方面来说，彻底解决了信息孤岛，信息资源得到了充分的利用，我们及时地了解动态数据。通过信息化管理软件的监督运行，使领导层的决策有了依据，管理力度得到了更大的提升，以业务为核心的崭新管理机制，加强了对企业资金使用的监管力度，使资金效益达到最优化，实现了资金流与物流一体化的管理。同时，利用软件的管理模式来规范我们内部的管理，提高了企业对市场迅速作出反应的能力，提升了企业竞争力，真正实现了优胜劣汰的市场竞争机制。

复习思考题

1. 粤兴纸品进行会计信息化建设的主要原因是什么？
2. 粤兴纸品信息化最初的目标是什么？有什么疑虑？
3. 粤兴纸品在会计信息化系统服务商选型中主要考虑哪几个因素？
4. 粤兴纸品的会计信息系统上线后带来了哪些变化？
5. 欣荣保健进行会计信息化建设的主要原因是什么？
6. 欣荣保健会计信息系统建设实施上线的过程是怎样的？
7. 欣荣保健会计信息系统上线后为企业管理带来了哪些效果？
8. 世通化纤进行会计信息化建设的主要原因是什么？
9. 康鑫家电进行会计信息化建设的主要原因是什么？
10. 会计信息化系统上线后，康鑫家电的企业经营发生了哪些变化？

清华大学出版社 用友 ERP 系列丛书

用友 ERP 实验中心精品教材

《会计信息系统实验教程(用友 ERP-U8 版)》

(书号：9787302103332 定价：29.80 元)

《会计信息系统实验教程(用友 ERP-U8 8.61 版)》

(书号：9787302138648 定价：29.80 元)

《会计信息系统实验教程(用友 ERP-U8.52 版) (新会计准则)

(书号：9787302205494 定价：33.00 元)

《会计信息系统实验教程(用友 ERP-U8.72 版) (新会计准则)

(书号：9787302211167 定价：29.80 元)

《会计信息系统(第二版)》 (书号：9787302150978 定价：23.00 元)

《财务软件实用教程(用友 ERP-U8.61 版)》 (新会计准则)

(书号：9787302180449 定价：35.00 元)

《财务软件实用教程(用友 ERP-U8.52 版)》 (新会计准则)

(书号：9787302188919 定价：33.00 元)

《财务软件实用教程(用友 ERP-U8 版)》 (书号：9787302093091 定价：32.80 元)

《财务软件应用技术(用友 ERP-U8.52 版)》 (新会计准则)

(书号：9787302206248 定价：33.00 元)

《财务软件应用技术习题与上机实验(用友 ERP-U8 版)》

(书号：9787302167587 定价：25.00 元)

用友 ERP 认证系列实验用书

《用友 ERP 财务管理系统实验教程》 (新会计准则版)

(书号：9787302194842 定价：33.00 元)

《用友 ERP 供应链管理系统实验教程》(新会计准则版)

(书号：9787302194859 定价：33.00 元)

《用友 ERP 生产管理系统实验教程》 (书号：9787302146810 定价：32.00 元)

用友 ERP 沙盘模拟实训课程体系

《用友 ERP 沙盘模拟高级指导教程(第二版)》

(书号：9787302207016 定价：20.00 元)

《用友 ERP 沙盘企业信息化综合实训》 (书号：9787302199786 定价：22.00 元)

"用友通" 系列教材

《财务软件实用教程(用友通标准版 10.2)》

(书号：9787302170488 定价：33.00 元)

《会计信息化实验教程(用友通 10.2 版)》

(书号：9787302180395 定价：29.00 元)

《财务软件应用技术(用友通 10.2 版)》 (书号：9787302199779 定价：29.80 元)